恩の形而上学

The Metaphysics of Kindness

森信三

致知出版社

恩の形而上学

序

哲学はそれが全の学、実在の学として、これを知に即しては真知即全知の学である限り、我われ有限的存在としての人間にあっては、ついに自覚の体系的な自証展開の外なきことは、今さらいうを要しないが、同時に自覚はそれが自覚として自を離れない限り、如何に体系的であっても、これが自証展開は、必然、思想家自身の身証体認に基づくものとして、その把握並びに表現は、当該思想家の個性的色調を帯びるを免れない。

今この書は、著者がその哲学的思索の首途《しゅと》において、古人立命の境涯を、現代に生を享《う》けた一邦人としての立場から、哲学的自証の光を介して領解しようとした一努力であって、著者は我われ有限存在における立命の境涯は、絶対者の絶対能照《のうしょう》光に目覚める所照《しょしょう》の自覚、並びにこれが現成としての行為との相即にあるとの立場にたって、これが自証確認の為に、一応哲学上の主要問題に即して、これが体系的展開を試みたものである。随ってこの書は、本来「所照の自覚体系」の一小素描とも名づけるべきものであるが、今これに名づけるに「恩の形而上学」の名称を以てしたのは、著者にあっては、如上の理論的自証の現実的の母胎の基調を為すものが、古来東洋に謂わゆる恩の自覚に存するが故である。かくして恩の自覚の最現実的帰結は、これを邦人としては、自己の所生即所照としての恩光の自覚に外ならぬゆえ、この書はまたこれを、東洋的自覚の立場にたつ一種の形而上学的努力ともいえるであろう。尚この書において、歴史の問題に関して触れる処が比較的少ないのは、著者はこの書において展開した形而上学的基礎の上に、今後歴史的実現の意義を論究することを期しつつあるがゆえである。即ち著者によれば、歴史的展開の真の中枢核心を為すものは、実に恩の自覚に基づくこれが実現の外なしと信ぜられるが故であり、そして我が民族の歴史的なあゆみは、著者をして深くこの信証に立たしめずには措《お》かぬのである。

顧みて著者は、学窓を出でてよりここに十余年、身を現実生活の只中におき、蹉跎《さだ》たる行路に行きなずみつつも、なお放棄し得ない思索の歩みの果て、ついに現実の真実性に開眼せしめられた者であるが、しかもその間よく自棄の迷路に陥らずしてこの境に達し得たのは、ひとえに師教の光被に基づくものと言わざるを得ない。随ってまたこの書は、これを個人的には、過ぐる十有余年の歳月を通して辿《たど》ってきた著者の心の回光転生の一記録ともいうべきであろう。今や我が民族は、その歴史的展開において、まさに空前ともいうべき一大飛躍的転換期に際会しつつあるの秋、この偉大なる国運進展の巨歩と相即すべき我が国の学界の現状を深省すれば、かかる小著の刊行も、邦家のためにまた必ずしも無意義ではないとも思うのである。

昭和十三年四月

森　信三

恩の形而上学

――目次

装幀——川上成夫
本文レイアウト——奈良有望

序論

理法は万古であろうが、これが真の具体的実現は、即今現前の一行為を離れぬが如く、実在は本来絶対唯一であろうが、これが体系的把握としての哲学は、人によりその体系の特質を有して、形式的同一を期し難い。仮りに体系構成の要素に分解し終ればほとんど一様の共通的要素に還元し得るとしても、それによって構成せられる一個の体系に至っては、それぞれその哲学者の個性を宿すこと、あたかも家屋はその構成材料たる木材瓦石としては大差なきが如くであっても、一個の家屋となるに及んでは、それぞれその設計者の意匠によって、その趣を異にするが如くである。かのフィヒテが、人が如何なる体系を選ぶかはその人による、といった周知の言葉は、彼の立場から見た独断論と観念論との二大対立に即していった処であるが、この語はさらに広義にも適用し得るのであって、人が如何なる体系を選ぶかは、全く思想家その人の個性に基づくのであり、究極的には、ついに一人一体系というべきであって、厳密には同一体系は人を異にしてはあり得べからずとしなければなるまい。

併《しか》しながら、同時にまた哲学が「全」の学、実在の学である以上、有限存在としての我われ人間における「全」の把握と体認は、所謂《いわゆる》天人の合一として、何等《なんら》かの意味で絶対と相対、全と個との会点の自覚的把握であって、その間相通ずる処があるというべきであろう。円は大小如何ようにも描け、その間千差万別があろうとも、円たる以上は必ず中心としての円心がなければならぬように、今哲学においても、実在の把握様式は人により如何に異るとも、いやしくもそれが哲学として、実在の円相を把握する限り、そこには必ずや一貫する処がなければならぬ。かくしてこの一貫的なある物を如何ように摑《つか》み、またそれに従ってこれを如何に名づけるかは、人によって千差万別であろうが、その一貫的な或るものが、所謂《いわゆる》天人の合一として、絶対と相対、全と個、神と人との合一境の自証展開である一事に至っては、毫《ごう》も疑いを容れない。けだし哲学は「全」の学、実在の学ではあるが、これが把握の当体たる我われ人間が、被造物の一員として有限相対の一面を免れ得ない限り、「全」としての実在の把握も、これを如実には、如上絶対と相対、全と個との会点合一における把握たる外はない。かくして哲学の中心は、ついにこの天人合一の自覚的把握の外なく、さらには、一切人間生活の終局目標も、またこの一点にあるというを妨げない。

全と個、絶対と相対との会点に、哲学の究竟《きゅうきょう》の中心があるとは上述の如くであるが、飜《ひるがえ》って考えれば、万有本来みな全と個、絶対と相対との会点ならぬはない。一茎の微といえども、本来造化の所産たらぬはなく、一粒砂といえども、本来絶対者の絶対的統一より漏れるはない。かく考えれば、哲学の中心が全と個との会点の自証展開にあるとは、畢竟《ひっきょう》人がその自覚によって、被造物の一員としてのこの現実の自己において、如実に全と個との具体的合一を、身証体認しうることを意味するといえる。かくして哲学の中心は、畢竟じてついに自覚の外なく、随って哲学はまたこれを、自覚の体系的展開にあると言いうるわけである。現に哲学の中心を自覚にありとする立場は、哲学史上にもその例少なくはなく、また直接に自覚の語を顕わに用いないとしても、ほとんどすべての哲学は、その体系の中心を自覚に置くと言い得るでもあろう。さらにまた哲学の中心を自由に置くものに至っては、自覚をその具体的な作用の観点から見たものとして、まさに自覚と異名同質というを妨げない。けだし自由とは、欲念固執の当体たる自己の如是相の深刻なる自省によるこれが解脱に外ならぬがゆえである。かくして哲学の中心は、これを形式に即しては自覚というべく、これをその作用《はた》らきに即しては、自由というを妨げない。

然るに自覚に基づく自由の境涯は、それが真に究竟的意義を有する時、これを東洋における世界観人生観の側面より言えば、まさに立命の境涯というべきでもあろう。即ち自覚即自由の境涯とは、所謂随処に主となる現実の絶対肯定の立場であって、この立場にたつ時、人は一面無限の精進を離れずして、そのまま一個安立の絶対境に立つことが出来るのであって、これ所謂意必固我なきの境である。ゆえにまたこの立場は所謂知命の境として、人間最終の立場であり、随ってまた哲学的思索においても、その最終的帰結は、まさにこの一境に在るともいえるであろう。然るに今自ら哲学の首途に際して、かかる人生の究竟的課題を問題とするは、決して自ら知らないわけではないが、実に人間的自覚の特質に基づくという外ない。即ち人間の自覚的生活にあっては、始が終を予想し、発展はつねに反始の意義を有するが故に、今哲学的思索の第一歩を踏み出すにあたり、あらかじめ哲学の最終的帰結が、諸もろの先哲によって、如何に把握し体現せられたかを窺うことは、決して無意味なこととは思われぬし、また必ずしも僭上《せんじょう》の沙汰とも思わぬがゆえである。かくして期する処は、ただ旅立ちの首途にあたって、命を終るの地点の方向と所在とを誤ることのなからんが為めに、まず先哲の光を仰いで先達と頼もうとするゆえんである。

一

人間における全の把握は、必ずしも哲学のみとは限らない。芸術は感性的領域におけるこれが表現であり、また如実なる現実生活における具体的実現としては、これを形式に即しては宗教というべく、またこれを内容に即しては道徳といえるであろう。かくして今哲学は、これらに比すればまさに全の知的把握というべきであらう。そして知の最も確実なものは、これをその形式よりいえば、まさに自覚知である。知といい覚といい証という、何《いず》れも本来自覚の意義を宿すのである。自己と対立する如何なる他物も、真に自らを証する力はない。最も自己に親しく、間髪を容れることなく自己を証するものは、ついに自己そのものであるとは、一応どうしても承認せざるを得ない論理である。かくしていま知の最終的確証としての哲学が、かく自覚知の体系的展開であるとは、一応拒否すべからざる主張というべきであろう。

併しながら、同時にまた哲学の中心を、かく自覚にあるという時、そこには一事の注意を要するものがあるであろう。けだし普通に自覚という時、自覚においては、知るものと知られるものが、共に自己とせられる。併しながら、かく能知《のうち》と所知《しょち》とが共に自己であるという時、そこにはかの広瀬淡窓《ひろせたんそう》が、その「約言」において「我が心をもって我が心を改めるは、なお左手と右手とが闘う如きのみ」と言うような一面のあることもまた看過し難い。知って悪を為す能《あた》わず、悪と知りつつ為すとは、為す刹那すでに、それを善とする立場への退転脱落を意味するといわれるように、自己が自己を知るという時、そこには盗人の見張りに盗人をおくが如き一面がないとはいわれぬ。先きに立命論とは、自覚の究竟的体認を、世界観人生観として把握せるものの東洋的表現といったが、現実界の絶対的肯定としての、真の立命論に承当する自覚は、この現実の自己を被造物の一員として、宇宙的秩序に随順《ずいじゅん》すべきものと諦観《ていかん》する、真の絶対的自覚でなければならぬ。即ちかかる自覚にあっては、知られるものは言うまでもなく現実如是の自己であるが、これを知るものは、これを照らす絶対光として、真の絶対無制約的主観の一面を具せねばなるまい。即ち能知即能照としての主観が、絶対的な超主観に交わるでなければ、所照としての自己が、被造物の一員として、真の如見相を知ることはできない。かくして自ら真の如見相が、かく被造物の一員たることに目覚めるに至らねば、如何に自覚というとも、自己はその自己中心的な世界観人生観を放棄して、宇宙的秩序への随順に転ずるには至り難い。かく考えて来れば、立命論を内に支えるものは、これを知に即しては自覚という外ないが、その自覚たるや、真の絶対的自覚であるべきであり、従って立命論の真の哲学的解明は、先《ま》ず斯《か》くの如き自覚の吟味に在るというべきであろう。

能知は常に所知を超越し包摂《ほうせつ》する一面がある。即ち知るとはそれだけで、すでに能知による所知の限定という処がある。もとより、被造物の一員としての我ら人間に顕現する知は、宇宙内容としての全客観界を包摂し得るものではない。絶対者にあっては、全知と全能とは全く同一であり、随ってまた、創造と認識とは全然の一体であるが、被造物の一員たる我われ人間にあってはその認識は、決して造化の全容を尽すことは許されない。しかも形式的には、或る意味で全知の形式に与《あず》かりうる人間にあっては、知は前述のごとく能知による所知の限定包摂との意味がある。同時にこの事は、知られるものが現実の自己そのものの場合に、最も切実である。我われは、単に自己が自己を知るというだけでは、前述の左手と右手とが相闘うが如くであって、未だ真に自己の全相を知るに至らない。人は自己の全容が絶対光被の只中《ただなか》に投げ出されたと覚えるに至って、始めて真に自己を知るのである。けだし、この時初めて能知は、能照として所照の自己を全脱超出するとすべき一面を呈する。同時にかかる能知の絶対超越の一面を認めるに至らない自覚は、自覚として未だ真に絶対自反に徹するものではなく、随ってまた人をして真に立命の境に住せしめるものではあり得ない。

併しながら、個における全の超越性は、必ずしもひとり主観的側面のみには限らない。有限存在としての我われ人間は、客観的側面においてもまた、或る意味では無量の超越性を認めざるを得ない。かのカントが内なる道徳律と並称した星辰の夜空はいうまでもないが、或は行雲流水に、或は山川草木に至るまで、一つとして我れを超越せざるものなしというも可である。けだし我われ自身が、これら万有の間に介在する被造物の一員たるに過ぎないが故である。就中《なかんずく》自己と同類の人間自体に関しては、万有中唯一なる自由意志の保持者として、全く自己と相対するのであって、自己は自己中心的見解を放擲《ほうてき》しない限り、対等の意味で相手を包摂することは出来ない。これ自我を中心とする思想家に対して、絶対他者の意義を呈して来るゆえんである。客観界は、自己の有限性の自覚に立たなくて、たんに主観の根底に作用らく先験的自我の統一の立場からは、先験的自我の構成する処といい得るであろうが、一たび自己の現実内容に即する有限性の自覚に立つ時、人は客観的側面においても、無限の超越性を認めざるを得ない。人が自己をあるいは国家社会の一員と自覚し、あるいは四時の循環に儼たる宇宙的秩序の流行を観ずる等、何れも主観における超越性が、同時に客観的側面の超越性と相呼応する趣を示すものというべきであろう。

かくして人は、自己の現実内容に即する有限性の自覚に立つ時、主客の両側面に、無限なる超越性の存することを知るのである。併しながら、かかる超越性の自覚は、同時にまたその現実的地盤における内在性を予想せざるを得ない。けだし単なる超越性は、超越性とも覚えられぬわけであって、超越と自覚すること自身が、実はその内在的一面が潜勢態《せんせい》より顕勢態《けんせい》に転ずるゆえんを知るべきである。かくして今自覚における主観的側面の超越は、ついに絶対主観の絶対無限定性によるというの外なく、かの虚霊不昧《きょれいふまい》であるとすれば、客観的側面における超越性は、衆理《しゅり》の全一的体系としての一即一切、一切一即なる万有の理法的秩序でなければならぬ。故にまたこれは、仏教に所謂空観と、それに対する実相観ともいうことが出来る。しかも虚霊不昧にしてよく衆理を具するが如く、また空観にたって初めてよく実相観を得るように、絶対的自覚における主観的側面と、その客観的側面とは本来別物ではない。鏡の払拭の度は、これに映ずる万象の映像の明度によって測る外ないように、自覚における主観的側面の虚明性は、一応これに映ずる万象の理法によって窺う外ない。否、両者は本来別物ではない。たゞ我ら有限存在にあっては、両者の一体は形式的に、即ち自覚の静観裡において、これを得るの外なく、同時にその如実一体の実現は、自覚の現成としての行為の一瞬においてこれに与かるの外ないのである。しかも行為は、一瞬は即ち一瞬であるが、内に自覚における無量の宇宙秩序を宿すかぎり、一瞬にして尚《なお》よく永遠なる不滅の意義を有して、これを物心の合一として客観界裡に刻むのである。

二

自覚における主観的側面は、その主観的なるの故をもって、必然に一であり、これを如実には虚明であるが、客観的側面はこれに反して、その客観的なるのゆえに必然無量多であり、これを理に即しては一即一切、一切即一的なる万有の秩序である。しかもこれらの両者は、もと自覚裡における主客の両面として、かりに分かち考えたに過ぎないのであって、その如実としては、まさに相即一体でなければならぬ。同時にかかる一体的なるものの根底は、即ちまた自覚そのものの根底として、かの絶対虚明でなければならぬ。所謂上天の載《こと》は無声無臭である。しかも絶対者を無とし空とし虚とするは、有限存在の立場からは、絶対者そのものさえ、対象化的限定によってこれを相対有とするを恐れてのことであって、絶対者そのものの立場にたてば、「絶対無」は同時に「絶対有」でもなければならぬ。かの周濂渓《しゅうれんけい》の「太極図説《たいきょくずせつ》」に、「無極而太極」とあるのは、まさにこの趣を言えるものに外ならぬ。かくしてかかる自覚裡における主客の合一は、これを現実には、ついに我われ人間の即今《そっこん》現前の一行為の外ないわけである。天地人の三才も、これが合一現成の立場よりいえば、人こそその合一の会点に立つもの、そしてかかる合一の可能の絶対的根拠は、天地を合わせた絶対的天にある。現にアウグスティヌスも、その「懺悔録」においては二種の天を認めている。古来人間をもって小宇宙と為すの深意は、まさしくここにあるといえる。

如上《じょじょう》人間は、天地の合一的実現の会点にあり、これが絶対的根底は、「天の天」たる絶対者にあるであろうが、しかもこれが実現的根底としての自覚は、つねに主観の自反に始まる。自己の有限性よりしてこれを言えば、主客の両側面が、共に絶対的超越性を具すると見られることは既述の通りであるが、しかも主観的側面における超越性の自覚は、主観における超主観的絶対主観の光被《こうひ》による。山に威霊を感ずるは、山自身の超越性によることは勿論であるが、しかもこれを照らす真光は、主観の奥底を透《とお》して照射して来た絶対光そのものでなければならぬ。ここに主観の優位は、カントにおけるが如き単なる自然と意識との対照を超えて、自覚そのものにおいて、自覚と自覚の背後の絶対虚明との間に認められるのである。勿論このとき主観の優位は、絶対主観として有限主観よりの絶対超越となり、自己はただ所照の自己として観ぜられるといえるが、同時にまた自己を所照の自己と知るものも、一面また自己たることを離れぬのでなければならぬ。けだし現実の能知は、何等かの趣で個的主観としての自己を離れてはあり得ないからである。唯これを自己と限定し了《おわ》る時、すでに純主観性の何程かの限定となり、随って又それだけその喪失となる。ゆえに主観の優位は、自覚において最も著しいが、しかもそれは、如実には、主観の超越脱落において実にせられる。西洋近世の哲学が自覚という時、どこまでも能・所共に自己を立てようとするに対して、仏教にあっては無我といい、また西洋でもアウグスティヌスが懺悔という時、却って主観の超越脱落の趣を見得るのである。

人間における主観の優位は、ある意味では、絶対者の全知との形式的合一ということが出来るが、人はその能力においては、絶対者の全能とは、厳密には形式的にも一致し難いと言わねばならぬ。かく言えば、あるいは農作物の播種《はんしゅ》耕作、家禽《かきん》家畜の飼養等をもって、これに擬《ぎ》する者があるかも知れないが、元来知はこれを能と対比せしめるときは形式的であって、人は形式的には、ある意味では全知と合一しうると言え得るとしても、全能にいたっては、全く人間の分際《ぶんざい》を超出する。ゆえに被造物たる人間に許されるのは、唯全能の趣を知ることに在る。人間本位の立場からは、知即在であり、随ってまた創造といっても、この立場からは人知の展開の過程であって、人知を外にしては創造なしとの説も立つ。これもまた確かに一理があるわけで、形式的にはこの立場からも、一切を包摂することが出来るのである。併しながら、一たび現実内容に即して観ずる時、造化の全容は、もとより人間のよく尽しうる処ではなく、造化はつねに人知を超越する一面がある。限定的とは、本より末に分化発展するの謂《い》いであり、反省的とは、末より本に還らんとするもの、これを大観すればもとより一円ではあるが、しかも反省的とは、末なるものがその本源に還えろうとする努力である以上、もとより限定的なものの全容を尽すことは出来ない。

併しながら、単にこれのみに留まるならば、人は絶対の境涯に与かることは出来ないであろう。我われの認識は、内容的には造化の全容を尽し得ないとしても、少なくともその意義においては、造化の全内容をつらぬく理法の全的統一を、何等かの趣で把握する処がなければならぬ。元来万有はそれぞれ、絶対者の絶対的自己限定である以上、物々本来無量の理法の会点たるべき意義がある。一即一切とは、即ちこれを言うのであって、内容に即しては人知の有限なる、実に万有の九牛《きゅうぎゅう》の一毛《いちもう》だにも把握し難いが、その意義においては、物々本来一切理法の会点である。ゆえに我われ人間の知るところ、内容的には天地の間渺《びょう》たる一角に過ぎないが、しかもそのあらゆる断面において、つねに全実在をつらぬく理法の全的統一を見るとも言えるのである。かくして一物に会する理法の統一も、これを大にしては、元来宇宙的秩序そのものゆえ、これが真の体認には、我見の全的否定を要する。けだし我見とは、人が自ら被造物の一員たることを忘れて、自ら万有の秩序の支配者たるかに誤想するの謂いであり、随って人は我見の棄却によって、始めて一茎草《いっきょうそう》の裡にも、宇宙的秩序の流行を観じ得るのである。即ち一茎草といえども、これをその自全の境において観れば、そのまま一天地であり、四時の循環昼夜の交替も、またその裡に観ぜられるとも言える理である。

先人すでにいうあり「人知涯《はて》あり、物理涯《はて》なし」と。静かに自己を省みる時、誰か眼よく観、耳よく聴くのゆえんを知り得ようか。生《うま》れてしかも自ら生れたるを知らず、自意識を生ずるにも、生後幾歳を要する我われ人間に、（アウグスティヌスもまたこれを感得していたが）何《いず》くんぞ古往今来《こんらい》について、その始終を知るを得よう。否、内容的にはひとり宇宙の際のみならず、近くはわが一身にしても、知り得ぬところ少なくはない。（病は直接的には己が身体の無知に基づき、根本的には我が心の無知と我慢に基因する）ゆえに先人も「人の患はつねにその能く知りうる処を捨てて、知ること能わざる辺を求めるにあり」といっている。その能く知る処というも、これを内容的には、天地万有の渺たる一角に過ぎないが、しかしそこにも宇宙的秩序は、ある意味では自己の全容を呈露《ていろ》するを惜しまぬ。一生の全円は一歳四時の一循に現われ、一歳四時の一循は、昼夜の一交替裡に自己を全現するの理である。否一呼吸裡、すでに一生の全円は宿るとも見られる。現に出生というも、地上最初の一吸気の意であり、臨終というも、地上最終の一呼気をいうに過ぎない。ゆえに先人も「その能く知る処を知らず、これを愚といい、知る能わざるの辺を知れりと為す、これを誣という」といっている。かの孔子が弟子の死を尋ねしに対して「未だ生を知らず、安んぞ死を知らん」と答えた深意も、またこの辺に存するでもあろうか。

三

如是の立命論は、これを西欧近世に求めれば、ライプニッツの最善観が最もよくこれに当るというべく、随ってその根底には、かの「形而上学叙説」の冒頭の「神は絶対的に完全なるものなり」とか、またこれが展開ともいうべきヘーゲルの「歴史哲学序論」に見られる理性の世界支配等の命題が横たわる。げに神が絶対に完全だとは、神による万有の絶対的統一の信証に外ならない。なるほど人間本位の立場からは、世界は種々の不合理と矛盾と偶然性との錯綜継起《さくそうけいき》とも見られるであろう。近時行なわれる歴史の非合理性の思想の如きはその一例である。しかしながら世界の非合理性とはこれを如何に解すべきであろうか。万有の根底に、その絶対的統一を予想せずしては、一切の思索はその帰趣《きしゅ》を失って無意義となるのではあるまいか。否、神による万有の絶対的統一の予想なくしては、一瞬の生活も本来不可能なわけである。ゆえに非合理性とはむしろこれを超合理性ともいうべく、人知の有限性をもってしては解し難い処であるが、しかもその根底には、本来絶対的統一の厳として行なわれていることを信ぜざるを得ない。現にライプニッツも、「規則が非常に複雑になれば、それに適うものは却って不規則だといわれる」といっている。けだし人知が自己の有限性を忘れて、自らを絶対的規準とするが故である。

神の絶対的完全性とは一応は先ず神による万有の絶対的統一を意味する。宇宙間のもの、本来一つとして神の絶対的統一より洩れるものは無いはずである。そもそも存在とは、本来被限定存在の意であり、被限定存在とは、所摂存在即ちまた所統存在の義である。しかも所統存在の根源は、実にそれが所生存在たる点にある。ゆえに万有の存在は、一面絶対者の絶対的自己限定、即ちその分身であると共に、それはまた所摂存在、即ちまた所統存在である。故にまた物が有るとは、宇宙的秩序において在るとの謂いに外ならず、神の万有燮理《しょうり》は、実に宇宙的秩序の普遍的法則を通して行われる外ない。ゆえに大よそ天地間、古往今来生起し来たる事象は本来一つとしてかかる神の絶対的統一より洩れるものはない。ただ神の絶対的統一は、平面的な機械的統一ではなくして、いわば立体的であり、否、その内容としての一切万有は、本来神そのものの無量の自覚点ともいうべく、ゆえに厳密には無限の無限次元的全体ともいうべきであって、華厳《けごん》にいわゆる因陀羅網《いんだらもう》の比喩による重重無尽なるものである。随ってライプニッツもいうように、神をしてかかる世界を選んで罪悪を容れ、人の為めになる恩恵を、ある仕方もて配るに至らしめた理由を、個々の場合について知ろうとすることは、まさに有限的精神の能力を越えた業といわねばならぬ。しかもその故をもって、世界を非合理的とすることは出来ない。けだし斯くいうこと自身が、有限的精神をもって絶対的精神に擬せんとする背理《はいり》だからである。

ヘーゲルは歴史における理性の支配を力説し、かつこれを歴史的展開に即して一々実証しようと試みたが、そこには多少の歪曲強弁あるを免れない。けだし絶対者の無量の内容は、我われ人間の有限的理性をもってしては、個々の場合の一々《いちいち》を尽して、その合理性を明し難いが故である。名は実の賓であって、彼が宇宙的精神を、あるいは理念《イデー》と呼びあるいは理性と呼ぶところ、そこにはすでに絶対者の何ほどかの有限相対化、総じて人間化があるともいえる。かくして我われの有限的認識は、神の絶対的完全性の内容である宇宙的秩序の全容を、その一々の場合を尽して洩れるところなく実証することは出来ないが、しかもその根本においては、万有一つとして神の絶対的統一を洩れることなき一事に至っては、いやしくも被造物の一員として、自らの有限性の自覚に徹する以上、何人もこれを信証せざるを得ないのである。げに一たびかかる人知の有限性の自覚に徹すれば、ライプニッツのいわゆる「絶対に不規則なるものは虚構すら出来ぬ」との信証に到達すべきである。人間の虚構すら尚規則がある。如何にいわんや実事をやである。

神の絶対的完全性は、これをその内容に即しては、万有の無限連関と、その一々の自立とにある。厳密には物々みな自余一切の物と、無限の連関性を有するのであって、ただ我われの有限的知識は、これを末通《すえとお》って知るに至らぬまでである。かの我われが居常《きょじょう》矛盾とし錯誤とするのは、実にかかる有限知の部分認識に因《よ》るわけである。しかもかかる有限知の有限知たる主因を為すものは、「我見」と称せられるものであって、我見とは、もともと宇宙的秩序の裡にある万有を、自己をあたかも主宰者であるかに考えて、これが統一を試みようとするの謂いである。しかも宇宙的秩序は、それが客観的普遍的な秩序ゆえに、我見といえども、これを無理には押し通し得ないのであって、もし強いて押そうとすれば、幻影的主宰者たる自己そのものが破滅に陥る外ないわけである。ゆえに個我の幻影的主宰の妄を破れば、そこには直ちに宇宙的秩序の顕現を見るわけであり、宇宙的秩序とは、即ち万有の無限連関とその一々の自立である。万有の無限連関は、これを裏より見るとき、一々における一切包摂、即ちかの一即一切と呼ばれるものであるが、かく裏より見るとは、また理に即して見るとの謂いに外ならない。同時にまたかく理に即して見るとは、結局、有限性の自覚としての絶対知の信証の謂いであって、単なる理とは、未だ事の具体的把握に至らぬことについての信の表白《ひょうはく》に外ならぬ。

我われは、個我を中心とする自己の有限的認識を絶対化して、一々の事物について、あるいは美醜をいいあるいは善悪をいう。併しながら、事物そのものには本来善悪、美醜もないのである。しかも物そのものには善悪美醜がないとは、万有は本来絶対善美との謂いに外ならぬ。即ち神の立場からは、万物みな絶対善美なのである。アウグスティヌスも「爾が造り給いしもの、それを爾は善しと観給えり」といっている。人間の相対観に比すれば、神の眼からは物々皆絶対善美であるが、しかも万有は、その絶対統一としての全的統一においては、さらに一層善美である。アウグスティヌスも「まとまっては善であると共に甚だ善であった」といっている。物々がすでに絶対善美であるとすれば、全的統一においてさらに一層善美であるとは、如何なることを意味するのであろうか。無限に二種のあるように、ここで二種の絶対善美をいうのは、何ら矛盾ではない。一々皆全として皆善であるが、真の一切統一としての全一はさらに一層善である。ただ我われの有限認識においては、その有限性の自覚即ち我見の徹底棄却によって、一々善美という趣は、ある意味ではこれに与かり得るとしても、一々善美という真の全的統一に至っては、ついに如何なる意味にても、我ら人間的享受の分際ではない。ただ我われは、一々事物の自全の裡に、これが映像を観じ得るに過ぎない。これ被造物としての我われ人間に免れ難い根本制約の一つである。

四

万有の無限連関は、万有それぞれ絶対者の絶対的自己限定であることに基づく。ゆえに万有は、その絶対的本源に至っては、みな唯一絶対者に連《つらな》るというべきである。同時にかく万有が絶対者そのものと直接する処をさして、これを個性ということも出来るわけである。万有が、一面からはみな絶対造化の所産として無限連関を具しつつ、他面それぞれ一個自全の完体として自立するのはこの故である。ライプニッツのモナドが、一面自余《じよ》一切の世界を表現すると考えられつつ、他面「無窓」として、絶対自全たり得るのも、まさにこの理によるのである。故にまた一切万有は、これを絶対者の自己限定とその反射との会点とも言えるであろう。限定とは、本より末へ向う分化発展であるが、それは同時に末より本へ向かう反射反省の方向をも含む。その反射反省的方向も、また無量の段階を有するであろうが、プロチノスもいうように、一切の万有はすべて「太一《たいいつ》」に還《か》えることを努めつつあるとも見ることが出来る。かくしてこの限定と反省の両者の会点に即していえば、万有はまたこれを絶対者の無量の自覚点ともいうべきであって、かのライプニッツが、モナドの名称にいたる前に、「形而上学的点」と名付けたのも、また一脈相通ずるものがあるといえる。

そもそも神は何ゆえ個体を創造するのであろうか。この問いは自ら被造物の一員たる我われ人間の、終局的にはついに答え得ない問いといわねばなるまい。何となれば一々の個体は、絶対者の絶対的自己限定の所産として、被限定存在だからである。そもそも存在とは、本来被限定存在の謂いでなければならぬ。故にまた限定以前は存在以前である。かくして神在りとは絶対的存在の謂いであり、随って今我われ相対有の立場からは、全く「超在」というの外なく、即ちつねに相対存在としての被限定存在に即して伺う外ないわけである。即ち神は能限的超在である。かくしてまた神の万有創造は、神の自己表現であると共に、これを内面的には、その大愛の顕現というべきでもある。即ち無限に自己を分身せしめながら、一毫も失う処のない絶対者にあっては、創造は同時に絶対的慈愛でもある。しかも絶対的慈愛は、いわゆる愛して愛せざるものとして、愛憎の相対を全脱するが故に、いわゆる天地不仁との一面がある。かのスコトゥス・エリウゲナの「創って創られないもの」と「創らずまた創られないもの」とは、まさに我われ有限存在における絶対者の把握の両面を示すといってよく、万有創造の神は愛の神であるが、愛の神の背後は直ちに「創らずまた創られない」「無」の神でなければならぬ。かくしてこれら両者の全的一体に真の神が在るとは、まさに我われ人間の思議《しぎ》を絶する処であって、神はついに、われわれ有限存在の把握を超出することを意味するわけである。

神は絶対自由の行為として、その絶対的なる自己限定によって万有を創造するが、しかも万有としての個物には、無量の種類と段階とがある。しかも万有の段階は、一応自由を標準としてこれを考えることが出来る。即ち鉱物には我われの認めうるほどの自由はないが、植物にいたって自由は始めて生長として発し、動物にいたっては、さらに運動として現われ、そして人間にいたるに及んでは、ついに意識の自由として現われるのである。然らば何ゆえ神は、個体にそれぞれの自由を与えたのであろうか。この問いもまた絶対的自由を有しない被造物の一員としての我われ人間の、十分には答え得ない問いではあるが、このように個体にそれぞれの自由の賦与《ふよ》せられる処に、実は神の内容の無限なる豊かさを伺い得るともいえるのであろう。そもそも神の絶対完全と性は、その絶対的なる創造性と統一性に在るといえるが、しかもその創造たるや、形質共なる絶対的創造であり、その統一はまた無量の個体に、多元的自由を許しての絶対的統一である。個体の自由を認めない機械的統一なら、その内容も単調平板であるが、個体にそれぞれの自由が与えられての統一ゆえ、その内容は無限の豊富を可能とする。かの華厳にいわゆる珠玉無尽に相映す因陀羅網の比喩は、また個体の自由を、その無限の可能において象徴するものと見ることが出来る。

しかも個体の自由は、本と神的内容の無量の豊富を期せんがためであって、もとより宇宙的秩序への反抗または離脱を、その本来の目的とはしない。しかも自由は即ち自由であって、個体は自己に与えられた自由をもって、自らもまたその一員たる宇宙的秩序にして対抗し、これを個我的企図《きと》に逆転せしめようとのいわゆる誤れる自由にも陥る。これ即ち悪であり、かくして悪とは、誤れる自由と異名同実ともいえる。しかも真の自由は、即ち宇宙的秩序の体認とこれへの随順であるが、しかもそれには何らかの程度で、かかる誤れる自由による自己喪失を通過しなければ到りえない処に、我われ人間の根本的有限性があるといえる。動物の自由は、広義における運動の自由に留まるが、人間に与えられた自由は意識の自由である。しかも意識の自由とは、個体の観念的超越と、理法の普遍性の認識の可能を含むが、しかも意識の自由はさらに一転して、自己そのものへの自反に還って、宇宙的秩序における自己の位相を直視するに至らねば、その理法とするところも、畢竟じてまた幻影たるを免れず、随って自由もまたその本来に至らない。即ち自由と言いつつも、根本我執の束縛からは、一歩も脱しえない不自由である。

このように、我われは、その自身の全存在を挙げて被限定存在である以上、我われ個体の有する自由は、何らかの意味における限定的自由であって、形式内容共なる絶対的自由ではあり得ない。我われ自身の肉体はもとより、これと相即する心そのものも、また何らかの意味での生得的限定を免れ難いのが現実である。ゆえに個体の自由は、客観的秩序に即しては宇宙的秩序の賦与によるが、これを自に即しては、自己の本限的限定の意義の自反体認である。神と個物とを結ぶ糸は、唯《ただ》一筋にして一筋に限られる。この一筋の限定は、もとよりこれを自覚せずとも免れぬもの、否自覚せぬほど免れ得ない。この時これを運命といい、呪うてはまた宿命ともいう。またこれを、人間相互の相関関係における自覚としては、時に使命ともいうのである。かくして、かかる限定の絶対的根源に帰入するに至って、始めてこれを天命といい、これを知るを知命といい、知ってこれに安んずるを立命というのである。かのライプニッツの予定調和説を初めとして、各種の前定論は、（例えば我が国にも佐藤一斎に前定論がある）人間的自由の立場にたつ近代人の好まぬ処であるが、前定の真意は、決していわゆる機械的平面的な固定的前定の意でないことはいうまでもない。静かに来《こ》し方を顧みる時、何人か、わが身が宇宙秩序の一大運行裡に介在する渺たる一極微存在たることを感じない者があるであろうか。併しながら、前定への信と前知の可能とは必ずしも同一ではない。もちろん神にあっては、両者は全的同一であろうが、有限存在としての我われ人間にあっては、前定への信も、必ずしも前知の洞察を与えはしない。しかも前定への信は、即今現前の一事の決定に対しては、時に前知の明を与える。かくして歩々序を追うて進みゆく外ない我われ人間には、現前一事の決定は、実はそのまま全前知への極微的限定たるの意義を有《も》つともいえる。ライプニッツも過去に対しては満足を説き、未来に対しては判断のできる限り、神の意志を推定して行うべきことを説いている。

五

前定というとき、人多くは機械的限定の意に解するようであるが、絶対者の眼からは、人間の自由そのものが本来限定である。即ち人間的自由は、元来形式的自由であって、形式内容共に自由なる神の絶対的自由の立場からは、人間的自由そのものが一種の限定である。ライプニッツも、神は事物を必然に動かすが、人間には傾動《けいどう》だけで強いないとしている。ここに傾動とは、人がその自覚によって、神的意志に従い得んがためである。即ち「神は、我われの意志が最善と見たものを選ぶようにしている」わけである。ライプニッツが「必然の真理」と「事実の真理」との区別を認めたことは、彼が単に一面的な数学的真理の抽象性より、無限に多次元なる人生の実相に目覚めたことを語るものであるが、「事実真理」といえども、本来絶対者の絶対的自己限定の内容に過ぎない。人は自己を中心として考えている間は、いわんやその形式的自由にのみ心を奪われている間は、自己の相対的自由をもって、あたかも絶対的であるかに考えるが、人間の頭は高く蒼空を仰いでも、その脚は大地の地上的限定から一歩も離れ得ないのである。五尺の肉体七、八十年の人寿《じんじゅ》は、古来人間の絶対的限定として、人類が如何に進むとも、いささかの進歩があるとも思われない。

かくして真の人間的自由とは、自己に本具するその内容的限定に即《つ》いて、その本来の意義を知るにある。そして自己の本原的限定の真意を知るとは、自己をその置かれている宇宙的秩序に返照して見る外なく、随ってまた自己を知るのと、宇宙的秩序を知るのとは、本来同一事に帰する。しかも秩序は必然に差別を含むが故に、この我われの現実界は、差別あるが故によく秩序あり、秩序あるが故によく完全というべきである。けだし秩序と完全とは全的同一というべく、完全とはその形式に即いていい、秩序とはその内容に即していうに外ならない。ゆえに全の感性的表現としての芸術も、その現実内容の側面からは、調和によるほか全の現わしようはないのである。かく考えて来るとき我われ有限者の立場からは、不完全・欠陥・罪悪等々と見える事柄も、神そのものの立場からは、必ずしも無意味ではないであろう。勿論悪は程度の差こそあれ、人間的個我の我見による神への反抗をその特質とするが故に、それ自身何ら積極的意義を有するとは言えないが、しかも一大交響楽は、協和音のみでは却《かえ》って単調に堕しやすく、若干の不協和音をも交えて却ってその内容を豊富複雑にし得るように、悪もそれ自身としては、一種の消極的存在に過ぎないが、しかも善の積極的顕彰に対して、全然無意味とは言いえない。

プロチノスも、その「摂理論」においてこの旨を論じて、画家は人体のすべてを眼のみをもって掩《おお》いはせぬとか、あるいはまた我われは絵画に陰影をつける画家を責めるにも似ている等の比喩をもってしている。併しながら、ここに注意すべきは、悪はあくまで消極存在であって、それ自身の積極的意義は有せぬということである。かく消極的存在であって積極的意義を有せぬとは、その存在は他のより大なる善の実現の契機となって、初めてその意義を附与せられるとの謂いであって、もしかかる善の実現の契機とならねば、それだけ全の否定であり、秩序の破壊たることはいうまでもない。即ち悪はそれ自身では、何ら積極的価値は有たぬもの、随ってまた絶対にこれが勧奨をすべきでないことは言うまでもない。ゆえに、立命の境にあっては、なるほど相対観の棄却によって、悪をも生かしうる絶対善の力を認めはするが、しかしそれは、悪の単なる肯定に堕するでないこと言うまでもない。悪の肯定は、悪を自覚の契機とする善の実現によって、悪そのものも、ついに包摂容触せらるるに至って、初めて可能である。ゆえに一たび立命の境涯に達すれば、それは、ともすれば誤り解せられるような、単なる虚無寂静《じゃくじょう》の立場ではなくして、実に無量の意志的努力に即《そく》して、これを包摂する謂わゆる動的静観の立場である。故にまたこれを現実に即しては意志と静観《せいかん》との会点、或はこれを実現の過程に即しては、意志と静観との弁証法的統一というもまた妨《さまた》げない。

　かくして真の立命の境は、現実の絶対的肯定の立場として、所謂相対善の立場に留まるものではない。善という時すでに悪を予想し、善悪はもと相対的であって、絶対的善悪は言い難いとの立場もある。所謂善悪不二とはかかる立場をいうわけである。が同時に、この言葉ほど注意を要するものはないのであって、この善悪不二とは、単に世には善もなく悪もないというようなことではなくて、却って実に善の絶対性の根底を明かにしたものと言うべきであろう。けだし相対的な善悪は秩序の上に成り、秩序に順うが善、これに背くのが悪であると一応は言いうるが、秩序そのものの展開は、単なる秩序からは生れない。秩序の展開には、その根底に秩序の一切を超えて、これを包む絶対的統一がなければならぬ。かかる秩序の能産者そのものは、秩序的限定を超える上からは、これを無極と言い、さらには不仁というも妨げないが、同時に一切の秩序の能産者としては、「秩序即善」としての至善であり、さればこれは無極に対しては太極というべきであろう。ゆえに至善とは、善即秩序の至極せるものとの謂いである。かの藤樹《とうじゅ》が人から「善し悪しと思ふ心を払ひ見よ本との心に善し悪しぞなき」との歌を示して、その所見を求められたのに対して、歌の趣意に誤りはないが、無の見に堕ちるのを恐れるとして、結句を訂して「善し悪しぞある」とせられた深意は、深く味わうべきものがある。

かくして立命の境とは、知の自反としての自覚の徹底によって、全知の個における具現にあずかる立場であって、その中心は、畢竟我見の徹底自反に即する宇宙的秩序の諦認に外ならない。ゆえにこの立場は、所謂「人はその憂に堪えず、回やその楽みを改めず」ともなる。所謂自得の境涯である。プロチノスも年若くして戦場に死すとも、人間不可避の死を少しく早めたに過ぎず、人はその財物を失うとも、それは他人に帰属し、また己より奪った者も、さらに第三者に奪われるまでの、しばしの間を所有するに過ぎない等と言っている。ゆえに一たび立命の境に達すれば、もとより善への努力を否定するものでは決してないが、しかも他面つねに一切の相対性の棄却によって、真の精進の源泉を新たならしめようとするのである。真に時を惜しむとは、時をその相対有限の相において見ることではなくて、絶対永遠の立場に照して、三千年の寿も一瞬に等しいことを痛感するに始まる。立命の境における現実の絶対肯定は、げに絶対否定によって初めて得られるのである。しかも絶対否定の中心は、この現実の自己の我見の自反に徹するにある。如何なる数も、無限大に対せしめれば零となるように、如何なる人間も神の前には無となる。ゆえに自覚の窮極は、またこれを無の自覚ともいい得るであろうが、ここに無というは、絶対者の前には我見そのものが無となるとの謂いである。有限存在の把握としては、絶対者をも相対有限化する恐れがあるとして、絶対者そのものをも無とすべきであるとの立場もあり、かかる立場からは、また然かあるのでもあろうが、しかし真の立命の立場としては、むしろ己私そのもの、我見そのものを無とする立場である。かくして真の立命の境を支える無の自覚とは、これを我見己私を無として空ずる無の自覚の立場というべきであろう。

六

如上立命の境とは、我見の徹底自反に即する宇宙的秩序の体認の、現実生活への具現の謂いであって、これを知の問題としては、一切知の真の最終的統一として、まさに哲学の終局的帰結というべきでもあろう。随って哲学上の主要な問題も、この立場に至って始めて、真の究竟的解決に達するというを妨げない。しかも宇宙的秩序の体認、並びに、これへの現実的参加は、これが真の如実実現としては、この現実の自己を中心とする、歴史と国家との会話交流を外にしては不可能であり、随って真の立命の現実的実現は、これを具体現実には、当人の属する国家及び歴史を離れ得ないのであり、否、現実の国家歴史を通して顕現する宇宙的秩序の具体的体認と、これへの献身的参加こそ、立命の境の終局的帰結というべきであろう。然るに我われ人間の有限なる、すでにヘーゲルも指摘しているように、絶対そのものの把握においても、容易にその如実の実相に至り得ずして、映像を捉えてもって真なりとする。所謂「悪無限」なるものがこれである。今立命論においても同様であって、宇宙的秩序の真の現実的体認は、既述のように、自己の一切を挙げて国家及び歴史の現実的結合の一点を措いて外にないが、しかも立命論において、かかる現実の最終的一点に帰入するものは、必ずしも多しとしないのである。勿論このことは、思想的表現としては、理に即すれば体系となるが、その実現に即しては、むしろ否定の一面のみを力説して、それに即して現われ出る肯定的側面については、予《あらかじ》めこれを言表せぬのを可とする用意に基づくともいえるが、同時にまたかの大満禅師が「愚心を去るを智といひ方便あるを慧という」といった立教婆心の立場は言うまでもないが、今哲学の門に入ろうとする自らの自戒の立場としても、否定を通って後に現われ出づべき肯定の立場を、予め明かにして、堅く操って進むを要するともいえるであろう。即ち円を描くには、一面からは弧を描いただけでも足るとの立場もあるが、また全円を描き了《お》えて、始めて完了するとの立場もある。今微力菲才の身を以って、古人の立命の境涯を領解しようと企《くわだ》てるが如きは、まことに自らを知らぬも極るとも見られるであろうが、ただ自ら期するところは、哲学的思索の首途にあたり、生涯を通して到り求めようとする人生の最終的帰趨を、予め方向的に探り求めようとするわけである。識者その迂愚《うぐ》を憐《あわれ》んで、著者の僭上《せんじょう》として咎められることがなければ幸である。

一　実在と自覚

一

真実在とは、そもそも如何なるものであろうか。自らも被造物の一員である我われ有限知の分際をもって、無量の万有を生んで止まない実在的生命の真相を把握しようなどとは、ある意味ではまことに分を知らぬ希求とも言えるであろう。併しながら、同時にまた人は、何等かの意味において、実在の真実相に目覚めるでなければ、自らの真の立命をえ難いとは、即ちまた自らの生命に徹するを得ないとの謂いに外ならない。あるいは神といい、本体といい、さらにまた善のイデアともいう。あるいはまた真如といい、法性といい、如来ともいう。さらにまた太極といい、また天之御中主神《あめのみなかぬしのかみ》ともいう。いずれもその名称を異にするだけ、それだけ実在把握の様式を異にし、随ってまたその捉え得たとする処の実在そのものも、その様相を異にする一面あるを免れない。併しながら、同時にまたそれが、いやしくも何らかの趣で、絶対的実在に承当したものである限り、これが真の把握体認は、人をして自らの生命に徹して、そこに一個立命の境に与かることを得しめるのである。ここには如上種々の把握様式を貫いて存すると思われる、絶対的実在の趣の一端を、われら有限存在の分際において、与かりうる限りにおいて、多少とも明かならしめようと思うわけである。

そもそも普通に存在と呼ばれるものと、実在さらには真実在と言われるものとは、如何に異り、またこれら両者は、如何なる関係に立つであろうか。すべて名辞は、一面普遍的客観性を有すると共に、その内容の精微に至っては、かりに同一名辞といえども、それぞれその趣を異にすべきであって、絶対厳密には、人によりその意味する処は、一々異ると言わざるを得ない。否、同一人といえども時処を異にすれば、たとえ同一名辞を用いても、その内容は厳密には同一を期し難いと言うべきであろう。これ名辞は、もともと宇宙内容そのものを、それぞれの角度から把握し表現したものであり、随って一々の名辞の内容は、窮極的には、いずれも宇宙そのものを背景とする、これが限定的表現に外ならぬがゆえである。ゆえにこの意味からは、一々の名辞は、本来それぞれ一小宇宙たるの意を宿すべきである。ゆえに名辞のもつ客観的普遍性の終局的根拠は、それが最窮極的には、全宇宙そのものに依拠する点に存するのであって、何ら抽象的固定的な形式に留まるべきではない。ゆえに普通には、最も抽象的と考えられる論理的概念すら、その窮極的根拠は宇宙そのものに存するのであって、この事はすでに西欧の近代にあっても、シェリングが、その究竟実在を「同一《アイデンティテート》」という論理上の概念を借りて、これを表現しようとした上にも窺われるが、その最も著しい典型的な実例は、かのヘーゲルの「論理学」がそれであって、実にヘーゲルにあってはその「論理学」は、そのまま実在の学としての形而上学たる意味を有し、また東洋においても華厳の教学のごときは、ある意味ではかかるものとも言い得るのである。即ち前者にあっては、理をその展開の相に即して見ようとするに対し、後者にあっては、一挙直ちに理の無限聯関を見るの差があるとはいえ、そのいずれもが理に即して宇宙の実相を把握し表現しようとした点においては、全く相通ずる。

かくの如くであるが故に、今存在と実在、ないし真実在との関係を問うことも、某《なにがし》かの学説にその終局的解明を求め得るのではなくて、如何に乏しくとも、とにかに自らの思索と内省を傾けて、自らこれらの名辞の位相聯関を決定しなくてはなるまい。しかも名辞と名辞との位相聯関の決定は、前述のように名辞の内容が、窮極的には宇宙内容そのものを根拠とする以上、結局は宇宙そのものを背景とする存在の諸相の位相聯関を決定する外ないわけである。然らば今このような立場にたって、存在と実在とは、そもそも如何なる聯関において考えるべきであろうか。近ごろ存在という言葉の流行があまねくして、実在の語を斥《しりぞ》け了わったかの観があるが、この語の我が国における流行の因である原使用者が、この「存在《ザイン》」の語を単に「時間《ツァイト》」と相即せしめて考えた点からしても、古来の偉大な形而上学において意味せられた真実在に比して、その実在性において稀薄な趣がないとは言えない。もとより名辞の窮極根底は、前述のように宇宙的生命そのものであるゆえ、今存在《ザイン》という一語をもって全実在を意味することも、もとより何ら差支えはないわけである。否かかる立場に徹すれば、存在とはひとり真実在のみならず、その発現としての実在の諸相をもあわせ含むとも解し得るであろう。唯ここには、如上この語の慣行に伴いやすい実在性の稀薄感をおそれて、実在及び真実在という語を主として用い、存在とは真実在としてのこの宇宙的生命の種々なる発現様相の意に解しようと思うのである。随って真実在は、唯一絶対なる宇宙的生命の実相として、必然に唯一であるが、これが顕現としての存在の諸相は種々であり、随って唯一なる真実在は、内に無量種、無量段階における存在の種々相を包摂するというべきである。これ言葉をかえれば、かの「実在の段階」とも称するものであって、プロチノスの哲学の如きは、この点の解明にその中心を置く体系であるといえる。かくして実在の考察は、存在の諸相の吟味識別であり、逆にまた存在の種々相の吟味識別は、やがて真実在の考察に導くともいえるであろう。唯ここには最初から、かような存在の諸相の詳細な考察を尽くすのがその本意ではなく、実在の考察の第一歩にあたって、我ら有限存在によって把握し体認せられるべき絶対的真実在の風光の瞥見《べっけん》をこころみ、もって全巻の理路の展開を辿る上での一助としようとするわけである。

では、真に実在するものとは、そもそも如何なるものであろうか。世には個物をもって、実在とする立場もあるかのようであるが、しかしかかる思想家とても、単なる有形有限の個物をもって、そのまま真実在と考えるのでないことは、もとより言うまでもあるまい。単なる有形的個物の恒常性の撥無は、すでに仏教の徹底力説した処であって、これは外物への慾念執着の断絶による解脱知を力説した仏教にあっては、その根本的立場からくる必然的帰結である。しかし、必ずしも仏教的立場にたつまでもなく、単なる個物がそのまま真実在たり得ないことは、今さら言うまでもあるまい。個物はそれが個物である以上、必然に他の個物との対立を予想すべく、同時にかかる個物の対立的存在の窮極根底には、ついに無量の個物を創造して已まない絶対的なる宇宙的生命を予想する外ないであろう。なるほど個物を生むものは、一面個物であるともいえようが、このように、個物を生むものが単なる個物とせられる限り、そこにはさらにその個物を生む能生者を予想しなければならぬ。かくして個物創生の無限系列の窮極根底は、ついに無量の個物を生んでうまない宇宙的生命に撞着《どうちゃく》する外ないのである。もしこれをしも個物というとすれば、これ実に語の真義における唯一絶対の個物であって、このかかる絶対的個物は直ちに神と同一としなければならぬ。かくして個物を実在とする立場は、ついに神を個物とする立場に至って、始めて妥当するというべきであろう。

如上真に実在するものは、単なる個物でなくして、実に無量の個生物を生んでやまない宇宙的生命でなければならぬというは、一応理の避く可《べ》からざる帰結であるが、然らばこのような宇宙的生命の真相は如何であろうか。またその把握は我ら有限存在にあっては、如何にして可能であろうか。そもそも絶対なる宇宙的生命とは、我れに対する単なる客観的存在ではあり得ないであろう。なるほど万象は、一応我れに対立する客観的存在とも思われる。げに客観とは、我れ以外の一切存在の謂いであり、さらにはリッケルトなどもいうように、鋭い認識論的反省の光の前には、普通には自己の内と考えられる肉体その他心意の働きさえ、自己の外なる客観とも言い得ぬわけではあるまい。同時にかく考えて来れば、客観とはあたかも全宇宙そのものの如く、主観なる我れは、その全法海裡に介在する極微の一粒子の如くでもあろう。さらにまたかかる一微粒子的存在に過ぎない我れは、またかかる絶大なる客観よりの所生存在に過ぎぬとも考えられる。事実またこのように考えることによって、一種の解脱に到達することも、必ずしも不可能ではないであろう。けだしこの時客観と言われるものは、何時しか我れと対立する相対的客観たるの意義を脱して、我れと共に万象を生みかつ包蔵するところの、絶対的客観の意義に転ずるのが故であって、事実素朴なる宗教的体験の中には、この種のものも少なくないであろう。

併しながら、一たび認識論的反省の立場にたって、主観の真意義に目覚めた者にとっては、如上相対的客観より絶対的客観、即ち主客の真の一体境に転ずる過程は、決してこれを上述のように曖昧模糊《あいまいもこ》の裡に葬っておくことは出来ないのである。事実、理論的には無自覚であって、この間の消息の理論的自証を欠く者とても、宗教的体験としては、まさに個我中心的人生観の根本的転換に基づく無我的世界観への転入の問題ともいうべく、この一事は如何に素朴ではあっても、いやしくもそれが一個の宗教的信念として、回心転生の意味を有するものである以上、そこには生命の全的転換の意義がなければならぬ。これあたかも、円は大小無量であるとはいえ、円である以上、必ずその中心としての円心を具すべき点では、全然同一であるというにも似ている。かくしてまた理の自証を任とする哲学にあっては、この転換の一機の蔵する深趣を、理法の組織に即して明かならしめる事を力《つと》めるでなければなるまい。かくして先に述べた相対的客観より絶対的客観、即ち真の主客一体境への転入は、自証としては先ず主観の根本的転換を意味しなければならぬが、そのためには予め先ず、客観に対する主観の意義を明かにするの要があるであろう。もっともこのような主観の意義の重視は、ひとり理の自証の立場にたつ哲学のみの問題ではなく、宗教は或る意味ではさらに深くこの境に与《あず》かるものとも言いうるであろうが、しかも主観の意義の理論的自証の一事に至っては、まさに哲学特有の領域と言わざるを得ない。

所観即ち見られるものとしての客観界が、見るところの能観的主観に依存することの体験は、必ずしもこれをカントの創見とのみいい得ぬとしても、とにかくに認識におけるこのような主観の優位を、自然科学的認識に即して体系的に究明したカントの歴史的偉功は、十二分にこれを認めなければなるまい。併しながら構成主観としての認識主観は、直ちにこれを創造主観と同一視することの出来ないことは、改めていうを要せぬ。我われの構成主観は、それが認識の素材としての直観を、不可知なる物自体に負うとする以上、到底真の絶対的な創造主観ではあり得ない。同時にまた我われが、通常主観と称するものにおいては、成る程認識の立場にあってはもとより超個人的なる認識主観に与かりはするが、一たび具体的な実践的動作に転ずるにあたっては、認識主観としては依然として超個人的主観に与かりつつも、行為的主観としては、全く我欲に陥没する個人主観の域を全脱し能わぬのを常とする。かくしてかかる行為的な実践主観における個我の超克《ちょうこく》が、如何にして可能であるかが、先ず問題とならざるを得ないわけである。同時にかかる行為的な実践主観における主我性の超克は、何よりも先ず個我の有限性の自覚、即ちまたこれを内容に即しては、その為我性の自覚の欠除は、個我における主観性そのものの素朴な肯定に外ならぬが故である。

かくして、対象的存在としての自然的客観界が、真実在でないことは言うまでもないが、同時に主観が主我的個人主観に止まる限り、客観的対象界との合一そのものが、実は不可能といわねばならぬのである。否、主我的個人主観という名称そのものが、すでにその自己否定性を欠くところよりして、客観的対象界との真の合一を不可能とするわけである。かくして主観の深刻なる自反に基づく主我性の自覚、即ちまたこれを形式的には、その有限性の自覚による為我性の否定超克によって、ここに初めて対象界は、一面対象界でありつつ、これとの合一融会によって、一如合一の趣に与かることができるのである。これ即ち真の自覚界と称せられるものであって、ここに実在は、単なる対象界としての客観的自然界、並びにかゝる外なる自然界に対応する、内なる自然界としての主我的欲界たる心理界をも超出して、主客の相即円融の真の自覚界に入ることができるのである。これ即ち死の関門としての自己否定の一関を透過して、初めてその如実に触れうる境涯である。

併しながら我われは、この被造物の一員としての自己が、その自覚界裡において与かりうる境涯をもって、直ちに真の絶対的究竟界とすることは許されない。即ち我われは、有限存在としてその相対性を全脱しえない以上、我われ人間の与かりうる究竟的世界は、厳密には自覚の境を脱し得ないものとしなければならぬ。が同時にまたこのことは、かかる自覚の世界を以って、直ちに絶対的実在界とすることの許されない一面のあることをも知らねばなるまい。かのライプニッツが、人間の自覚的精神を以って神の嫡出子としたのは、よく這般《しゃはん》の機微を示して誤らぬものというべく、我われは一面自覚において初めて絶対的実在界の真境に接するといい得ると共に、他面真実在そのものは、もとより我われ人間の自覚の裡に尽きるものではないのである。自覚において自己を知るところの自知の背後は、一面直ちに絶対者の絶対能知即能照の世界とも言えるが、同時にこの無限なる絶対者の絶対能照界は、われわれ有限者が宿命的とも称すべき、その対象化作用としての自己分裂的な悟性の分別知を以ってしては、到底これを如悉し得ないと言わねばなるまい。即ち我われは、自らかかる絶対能照界裡の所照の一員と自覚することによって、一面ではこれと直接し得るとしても、絶対能照光そのものの全的把握に至っては、ついにこれを期し難いのである。かくしてここに有限的被造物としての我われ人間に免れ難い根本制約があると言わなければならぬ。かくして今自覚界をもって第一次的実在とすれば、その根柢たるこの絶対能照光そのものはまさに「超在」という外あるまいが、しかもこれは謂わばわれわれ人間の現実的側面を主としての謂いであって、存在そのものの究竟的根柢としては、かかる絶対能照光こそ、真の第一次的実在であり、随ってその立場からは、自覚の世界は第二次の嫡出子的次位というべく、その差は、唯これを見る立場の如何に基づくのであって、如実そのものに至っては、もとより寸毫《すんごう》の差のあるべきではない。

二

上述の如くにして、自覚が超在と実在との会点、即ちまた天人合一の一境である限り、真実在の究明はわれら人間にとっては、まさに自覚の究明そのものでなければならぬ。少なくとも自覚の究明を通してでなければ、如何なる実在の考察もその真を得難いであろう。そもそもかの「実在の段階」という言葉自体が、実は一面からは、大いに人を謬《あやま》る危険を蔵する処無しと言えない。というのも、実在の次序段階という語に囚われて、これをもってあたかも梯子段の如くに考える者があるとしたら、謬りこれより甚しきはないからである。けだし実在の段階というも、畢竟するにこれ意識におけるその自覚の実現的段階の差をいうに外ならぬが故である。しかもこのように自覚の実現的段階の差というとき、またもや人は、知らず識らずの間に段階の語を用いている。故にもしこれを避けようとすれば、実在の段階とは、畢竟するに意識の明暗の差に外ならぬと言うべきでもあろう。故にかの対象的客観界より、自覚界への超出転入といっても、その実一面からは、何ら所謂天上界的別世界に入るというわけではない。即ち自覚界裡の客観的対象界も、依然として旧《も》との客観的自然界の外ないのであるが、唯これを眺める主観の転換に伴って、自《オ》ら一面別乾坤《べつけんこん》たるかの趣を現出するをいうに止どまる。かくして自覚界は、その次元の高次元性よりいえば、まさに自然界を超出してその上に位するというべきであるが、しかもその如実の真境は、これを誤らない為には、むしろ自然界の意義に徹してこれを光被し包摂する世界というべきであろう。

以上の如きは、今さら蛇足的な婆言を費すの要はなかるべきはずであるが、しかもわれわれ有限存在にとっては、とかく心的境涯の次序をもって、あたかも空間的段階の如くに表象する傾きを脱し難いのである。かの浄土教における「指方立相《しほうりっそう》」の問題はいうまでもないが、プラトン哲学においても、その最も難関とせられるのは、現象界とイデア界との関係であり、そしてこれら両者の関係の困難性は、ひとえに真実在界たるイデア界の超越性を、如何に把握するかにあるといえる。もしこの超越性をもって、単に空間的にのみ表象するとすれば、プラトン哲学も一個の素朴な物語に化し去る外ないであろう。然るに一面からは、プラトン自身の表現の中にも、人をしてかく謬り解せしめるような箇処が少なくないのである。しかも畢竟これ象徴というべく、内的境涯の次序も、一たびこれを表現の上に移すとなれば、空間的次序を介せざるを得ない処に、われわれ人間の根本的有限性は存するわけである。故にかのプロチノスの教説にあっても、その層層次序を為して説かれる実在の諸段階は、謂わば提灯を引き伸したものとも言うべく、もし一たび「太一」を根柢とする叡知界（自覚界）に立てば、あたかも畳んだ提灯のように、一切の実在的階層は、一瞬にして自覚界裡に包摂せられるを見るわけである。これあたかも明暗の度は、これが模式図としては、層層無限の次序を積む外ないとしても、現実界における意識の明暗の序は、すべてこれ絶対者の全知としての絶対明裡に包摂せられるが如くである。本来自明であるべきこの種の事柄に関して、如上徒《いたず》らに言を重ねるのも、この点に関する如実体認の如何が、その人の現実生活上に毫釐千里《ごうりせんり》の差を生ずる場合の多きを見るがゆえである。同時にこれ思想の具体性と抽象性との岐れる最大の分岐点とも言うべきであろう。かくして一切の世界は、すべて自覚界裡に包摂内含せられるのであり、これを離れては、すべてが抽象的表象の投影に外ならぬことを知るのは、まさに真の哲学入門における最重要事というべきであろう。かくしてまた真実在の究明は、自覚の如実実相の究明を外にしては、その途なきことを知るべきである。

然らば自覚とは、そもそも如何なるものであろうか。自覚とは、すでに文字も示すように、自己が自己を知ること、即ち、自己の如是現前の相を知ることをその中心とはするが、しかも自己の現前如是の相を知るとは、同時にまた自己と自己を囲繞《いじょう》する万象との無限聯関の実相を知るの謂いでもある。そもそも自己というが、なるほど自己はその主観の無限超越性においては、一切の万象を超出して、万象限定の本源に会することができるが、同時に他の一面、人はその身体を介して外万物と交わるのである。同時にこの点より見れば、人は万象中の渺たる一極微存在であって、まことに大海の一粟《いちぞく》にも如かない。ゆえにこの立場からは、自己は外《ほか》万象との無限聯関裡に介在する一極微存在であり、随って自己の如是現前の相の体認は、必然に自己と万象との無限聯関の如是相の識認を意味しなければならぬ。ゆえにまたその意味からは、われわれの苦悩と称するものは、実はこの自己と万象との無限聯関の認識が、その如是の真に到らない為めというべく、随ってまた苦悩の超克ないし解脱とは、畢竟またこの自己と万象との無限聯関の如是相の諦認に至るの外無いのである。勿論ここに万象というは、謂わば包括的全体の立場からいうことであって、現実においてわれわれに最も直接的交渉を有するのは、同類としての人間がその第一位を占めるのであり、又その人間の中でも、妻子眷族《けんぞく》等日常接触交渉を有することの深い小部分に限られるともいえるが、同時にまた他面、如何に極大なる円においても、円心と円周とは相即して相離れぬように、われわれのこの地上的存在は、つねに万象との無限聯関を離れてはあり得ないのである。即ちあるはただ直接間接の差のみである。否、直接間接といっても、実は有限存在としての人間中心的立場にたっての言であって、もし一たび真の絶対的立場にたつとすれば、地上万物の相互聯関のうち、何れか直接でないものがあろうか。万有はすべてこれ絶対者の絶対的創造の所生存在であり、即ちまたその所統存在だということ自体が、そのまま万有の直接的無限聯関そのものに外ならぬわけである。

さて以上自覚の究明に入ろうとして、やや傍路へ外れた観があるかと思われるが、実は決してそうではない。自覚における主観的側面の吟味は、しばらく後廻しとして、その客観的側面をなすものは、実にこの如是現前の自己を中心とする万象の無限聯関そのものでなければならぬ。自覚をもって、単に自己が自己を知るとするのは、もとより誤りとはいえないが、しかしこれは自覚知を、物に即する対象知より弁別しようとする為めであって、一たびその自覚を実にすれば、自己を知るとは、実は自己を中心とする万象の無限聯関裡の自己を知るのである。もっともここに自己を中心とするとは、一応のことに過ぎない。即ち自己をもって、この現実界裡の秩序の具体的中心と見るというのでは勿論なく、ただ有限存在としてのわれわれの実在把握の観点が、内容的には、つねに自己を離れ得ないことを言うまでである。故に今例えば、一家においても親があれば、一家の能統的中心は親であるのは言うまでもないが、ただ子としての立場からは、子としての自己の真位置を認得することが、その中心を為すべきである。即ち自己においては、子は子たりという一点に即して、始めて家族的生命の全一的聯関を、その如実において把握するわけである。かくして自覚における真の客観的側面は、この意味において自己を中心とする万象の無限聯関の如是相でなければならぬ。そうでなければ自覚といっても、単に対象知との次元的差違の形式的力説に止どまり、何等その現実内容を有しない空語に過ぎないこととなる。

然らば自覚における主観的側面は如何。即ち自己と共に、自己を中心とする万有の無限聯関の如是相を照らすもの如何。これ自覚の究明において最も本質的な問題である。そもそも自己が自己を知るということは、如何にして可能であろうか。われわれが普通に知るという時、それは自己ならざる人及び物について知ることに外ならない。即ちそれは対象知に外ならず、即ちまた対象的限定の謂いに外ならぬ。然るに今自覚においては、能知所知共にこれ自己とするのである。随ってこの場合における能知とは、かの自己ならざる人及び物を知るところの所謂対象知とは、本質的に異る処がなくてはならぬ。故にいま対象知を半円とすれば、自覚における能知は元来全円たることをその本来とする。然らばこのような知の本来相は果して如何。またそのわれわれ有限者における出現は、如何にして可能であるか。すべてこれらは哲学上究竟の問題であって、これを哲学の部門に即しては、まさに認識論と形而上学との会点ともいうべきであろう。

三

自覚とは、前述のようにわれわれが、事物及び他人について知るところの所謂対象知ではなくて、自ら自己の如是現前の自相を知るの知である。そしてここに自相とは、ひとり自己の有形に即する外相のみでないことは、もとより言うまでもない。われわれが普通に自己とするのは、実は見聞覚知、さらにはそれらの背後にあって、かく発動するところの意念に、その根本があるとせられる。ゆえに真の自覚知は、単なる外物に関する見聞覚知の知ではなくて、見聞覚知そのものをも、更に照らして見る本知本覚でなければならぬ。随ってまた真の自覚知は、ひとり見聞覚知のような対象的認識を照らすに止どまらず、さらにこれら見聞覚知の背後に働らく、意念そのものをも照徹するものでなくてはならぬ。げにわれわれが、その反省において自己の有限性を自覚するのは、わが見聞覚知の自省に基くものであり、またわが為我性主我性、即ち約してわが如是現前の自相に目覚めるとは、即ちそれら見聞覚知の背後にはたらく意念の根本反省によって始めて可能である。然るに見聞覚知が、それ自身すでに一応の知であるといい得る時、かかる見聞覚知そのものを照らす知とは、そもそも如何なるものであろうか。また意念の如きは、ある意味では見聞覚知以前であるとも言えるが、かかる意念そのものをも照徹する知とは、そもそも如何なるものであろうか。しかもこれ単なる理の対象化的分析によって捉えられるものではなく、却ってわれわれがその居常切実なる自反において、つねにその現前に会しつつある心の真の「主人公」に外ならぬのである。ゆえに問題は唯自証において、これが真相の一端を瞭かならしめる外ないわけである。

われわれは居常その見聞覚知について、普通には何らその背後に働らくものがあるとは意識しない。またかくてこそ見聞覚知も見聞覚知たることを得、またその背後にあるとせられる主人公も、よく主人公たることを得るともいえる。もしこれに反して見聞覚知に即して一々その主人が顔を出しては、見聞覚知も見聞覚知たり得ぬと共に、またその主人公も、真に主人公たり得ぬともいえるであろう。しかも一たび内に省みるとき、われわれは自己が現在見て居ることを知り、聞いて居ることを知ることが出来る。否、かかる覚知そのものすら、これを覚知と知ることが出来るのである。この事は見聞覚知の背後、常にはその顔出しこそしないが、常にこれを知る処の主人公があるということであって、問題は唯これに気づくか否かにある。もとよりこれに気づかなくても、主人公がないとは言えない。すでに見聞覚知の成立そのものが、ある意味ではかく主人公の常在を語るものといわねばなるまい。併しながら、同時にまた主人公の常在に気づくと否とは、見聞覚知そのものの趣を一変せしめることを看過してはならぬ。同じく花は花であっても、単にわが見聞覚知の対象として見るのと、本来わが心の主人公の絶対常照裡の花と見るのとでは、一面からは全く天地懸隔《けんかく》するが故である。

かくしてこの差は、単なる観照の立場としての対象認識の立場を一歩すすめて、客観的対象界に対する具体的行為としての実践の立場に転ずるとき一層瞭かとなる。けだし意念そのものが、実は客観対象界に対する単なる観照の立場でなくして、その内すでに実践への機を蔵するのである。否、場合によっては、一念裡すでにあるいは国を傾け、あるいは国を興すの機を蔵するとさえ言えるであろう。かくして意念の反省は、それ自身すでに全実践界の反省たる意義を有する。ここに全実践界というは、単なる対象認識としての観照の立場にあっては、その客観対象界に対する関係は、いわばなお平面的であるに対して、客観自然界との交渉が立体的深さを有して来ることを意味するのである。かくして意念の反省は、内《うち》見聞覚知我を超えて、我執の根源を照破すると共に、これに応じて外《ほか》客観対象界に対しても、単に見聞覚知的認識の皮相を超えて、その深底に徹するのである。今一幅の名画を単に美しいと見るのと、これが奪否を決するのとでは、その間実に霄壌《しょうじょう》の差《さ》があると言えるであろう。けだし単に美と観ずるだけならば、そこには何らの道徳的即ちまた現実的問題は起こらぬが、一たびこれを奪おうとするに至っては、そこに一念の動きも、現実界裡における重大なる一事件を惹起するの機が動く。かくして自反としての自覚の問題は、単なる対象認識の立場としての見聞覚知の域を超えて、一念の意念の自反に至って、始めてその真に達するといえる。

然らば、かく見聞覚知の背後に常在して、常にこれらを照らすものとは、そもそも如何なるものであろうか。われが見ることを知り、われが聞くことを知る。即ちかく自らの覚知そのものを覚知するものは、最早これを単なるわれと為すことは出来ない。否その本来よりいえば、見聞覚知そのものすら、元来個我の作用《はたら》きとのみ言えぬ一面があるが、我われ有限存在にあっては、常にその内容に執して、これが普遍的側面を看過するのが常である。かくして見聞覚知そのものも、その本来よりこれをいえば、本《も》と我相なしというべきであろう。しかし最初からかく言って了《しま》っては、却って真の会得が難いかも知れぬ。ゆえに以下しばらく、思索内省の次序段階を一応辿ってみようと思うのである。かく見聞覚知そのものすら、ある意味では我相超出の一面があるとしたら、かかる見聞覚知の主たるものが、我相超出の一面を具するはもとより当然である。勿論ここに超出とは、超越即内在の義であり、随って個我よりの超越は、一面直ちに個我への内在的側面を具すべきであって、個我よりの単なる遊離抽象を意味するでないことはいうまでもない。かくして見聞覚知の主は、一面見聞覚知を超えつつ、しかも常に見聞覚知に内在する。しかも超えるが故に、よくこれに徹してしかも執せず、随って又よく常在常照たるを得るのである。

かく見聞覚知の主が、常在常照たるの趣は、単に見聞覚知に執している間は了知し難いのである。単に個物去来の相にのみ着する者は、かかる個物の去来そのものが、実は陽光光被裡の出来事たることを自覚し得ないのが常である。しかもかく個物の去来を去来とするのは、その背後に陽光の照射光被の事実を予想しなければならぬ。同様に今見聞覚知の背後にあってこれを照らすものは、一たびこれに目覚めれば、本来常在常照たることに気づくのである。即ち顕としての見聞覚知には已む時があっても、かかる常在常照者には本来断続がない。否、かかる常在常照者には本来断続なきが故に、よく見聞覚知の断続を知り得るのである。自ら常に断続するものが、如何でか断続を判ずるを得るであろうか。断続に即して断続を超えるものにして、初めてよく断続を判じ得るのである。

かくして見聞覚知は、その本来よりしてこれを言えば、元来所照知でなければならぬ。同時に見聞覚知がかく所照知であるとは、同時にまた見聞覚知の対象たる万象も、本来所照存在であることを意味する。万象が本《も》と所照存在なるが故に、よく見聞覚知の対象たり得るとは、これを有形に即しては、万物は本《も》とこれ陽光所照裡の存在なるが故によくその存在を知り得るというのと同様である。個我に執する者は、有形的事物の認識さえ、対象たる個物とわが肉眼とのみで、認知が成立するかに考え易いが、陽光なくしては、肉眼もその作用《はたら》きを為すことは出来ない。かくしてわれわれが普通に見聞覚知とするものは、本来これを超えた本智常照裡の事物を認識するの謂いであり、随って今この常在常照の光は、見聞覚知を透過すると共に、本来その対象たる一切万象の根底にまで、瑩徹《えいてつ》するものでなければならぬ。これが自証展開は次節に譲るとして、とにかくかかる本智の常在常照を本《もと》としなければ、眼前一物の微も元来これが存在を認め得ないわけである。かくしてかかる見聞覚知と共に、その対象たる万象をも瑩徹透過して已まない本知は、またもとよりわれわれの我相を常照照破して已むことなきものでなければならぬ。しかもかくと気づかぬ者にとっては、その常在常照も永遠に実とはならぬ。即ち自らの全存在が、常にその全所照裡の一極微存在でありつつ、かくと悟らぬ。一たび眼を開けば、三界はこれ我が有なるも、かくと気づかぬ間は一介流浪の一窮人《ぐうじん》たること、ひとりかの法華経の一窮子《ぐうじ》のみに止まらぬのである。

　かくして万象と共に、われわれの自己そのものも、本来所照存在たることは、すでに理として明かであって、元来所生存在ということ自身が、そのまま所照存在たるの謂いである。元来知・

能の全的一体たる絶対者にあっては、生むことと照らすこととは、本と絶対的同一事であるが、ただ我われ有限存在にあっては、しばらくこれを分かって、有形に即いては生むといい、無形に即しては照らすと言うまでである。かくしてわれわれ自身が所照存在たることは、われわれの全存在が所生存在として、被造物の一員たることによってすでに瞭かであるが、しかしこれは謂わば外側から理に即して言うまでであって、その如実なる把握は、飜って即今現前の自反に還えり来たってこれに徹する外ないのである。そもそもわれわれの個我とは、有形の自己としてのこの身体、並びにこれに応ずる謂わば内的有形とも称すべき意念の統体に即していうのであり、随って今意念の統体の全反省によって、これが全的超出の一境に至れば、元来われというものは無かるべき理である。これ古来解脱を主とする仏教において、無我を力説して来たゆえんであり、同時にまたそれに至るの途として、意念の根本反省を力説したゆえんである。げに全仏教の眼目は、これを一語に約すれば、畢竟じてついに覚教、即無我教という外ないであろう。かくして万有は、その本来相よりしてこれを言えば、所謂万象森然として物物寸毫の増減なく、万物本来解脱相というべきであろう。

意念の自反は、その自反たるの故を以って、その中すでに本知本覚としての絶対能照光への還帰融会を意味する。なるほど自反という限り、もとより一面自の作用《はたら》きではあるが、しかし反り至ってそこに相会するものは、元来自を超え、さらには万象をも超えたものでなければならぬ。即ちその超えるもの、豈《あ》にただに即今現前の一意念のみならんやである。そは全自己を超えるのみならず、実に一切万象をも超出するの意味がある。かくして現前の一意念の自反は、何等かの程度において、常在常照なる絶対能照者との交会を意味する。これかの個に内在する全に即して、一路直ちに個我と絶対者との合一を力説する禅において「自心の衆生を識らば自心の仏性を見ん、仏を求見せんと欲すれば但だ衆生を識れ」との語あるゆえんである。かくして自覚は本来所照の自覚でなければならぬ。かくして所照の自覚とは、これを有形に即しては即ち所生の自覚の謂いであり、これを具《つぶ》さには所生存在としての自覚であって、ここにまた自覚の最現実的焦点は、わが現身の所生の自覚として、孝の自覚に還えり来たるべきゆえんが見られる。絶対能照者はその絶対性の故をもって、その如実の真は、これを対象化的投影に即して把握することは出来ぬ。対象化は、元来限定の最基本的特質であり、随って今絶対無制約者は、如何様にこれを表象しようとも、いやしくもそれが単なる表象作用としての対象化である限り、真の絶対無制約者の真に触れるものではない。かくして本章の最初に提出した、われ等有限者における真実在の把握の途は、これを如実には、如上所照存在としての自己に目覚める所照の自覚の外なく、またこれを内容的には、自己の為我性の徹底自反に即してこれに触れるの外ないであろう。かくしてこれを今工夫の端的よりいえば、ついに現前一念の自反に徹し来たるの外なきことを知るべきである。

四

自覚の本来が上述のように所照の自覚にあるとすれば、自覚におけるその主観的側面は、一面直ちに絶対者の全知としての、絶対能照光そのものに直接する処がなくてはなるまい。唯われわれ有限者の自覚においては、かかる自覚の主観的側面と絶対能照光との接触は、厳密には時処位によって、それぞれその実現の程度、並びに様式を異にするといわねばならぬ。そしてその程度並びに様式は、最厳密には、各人それぞれ唯一独自的であって、即ちこのことはまた人と神との接触点は、それぞれ唯一絶対なることを語るものでもある。かくしてかかる自覚の主観的側面が、その背後の絶対根柢たる絶対者の絶対能照光と如何に接触するかによって、これと相即照応する自覚の客観的側面の風光をも異にして来るわけである。勿論自覚は、それが自覚である限り、超個人的一面を有して、そこに共相を呈するは言うまでもないが、同時にまた現実の自覚におけるその様相の差を看過するのは、畢竟思惟の抽象性に基づく理への偏執であって、それだけまた如実実相から遠ざかるものといわねばならぬ。勿論自覚以前の無自覚態にあっても、その対象界は畢竟唯一なる宇宙の外なく、またその主観も、よし個我の我執と偏執を十分には脱し得ぬとはいえ、すでにそれが主観である以上、絶対主観の絶対能照光所照裡にあるものである。随って各人畢竟するに唯一大宇宙間の住人として、共相に住する処が多大であるとしなければならぬ。然るに今自覚においてさえ、尚かつその現実的様相の差について一言するのは、以下自覚の根柢への反省の自証が、理論的自証の常として、主として普遍の相の顕彰に力めようとするゆえ、あるいはこの点を閑却する恐れもあるかと思われるが故に外ならない。

さて自覚が上来述べて来たように、本来所照の自覚であるとする時、かく自覚において自相を照らして已まぬ絶対能照光とは、そもそも如何なるものであろうか。すでにも述べたように、自己の一切を光被して已むことなき絶対能照光は、自己と共に万象を光被する絶対常照の常在者でなければならぬ。ゆえにこれは、畢竟するに自己と共に万象を超出する常在常知者として、絶対者という外ないわけであるが、唯絶対者はこれを単に絶対者とするだけでは、未だこれと内面的に直接するとは言い難い。また絶対者を単に万有の創造者能統者として見ることも、尚これを外側より対象化するものと言うべきであろう。勿論絶対者は能生即能統者であって、絶対者にあっては生むことは同時に統一することであり、また逆に統一することがそのまま生むことでもある。即ち造化と統摂《とうしょう》とは、絶対者たる神においては全的に同一つである。併しながら、生むとか統一するとかいうことは、前述のように単に外側からの観察に外ならない。然るに絶対者は、言うまでもなくその大外《ほか》なき絶大存在なるがゆえに、これを外から眺めるとは、畢竟それだけこれを限定し、抽象化するの謂いに外ならない。これ吾人の絶対者に関する考察が、単なる外側からの能生能統をもって終始するを得ないゆえんである。

かくしてわれら有限者において、最直接的な絶対者との直続の自覚は、自己の一切を挙げて所照存在たることを覚えるこの自覚にある。もとより絶対者としての神にあっては、能照即能生である限り、その所生存在としての一切万象は、本とこれすべて所照存在たるべきではあるが、しかも自らかくと自覚し得るものに至っては、われわれ人間の外ないのである。これ古来人間が、あるいは天地の心とせられ、また万物の霊長と言われるゆえんである。かくして万物いずれも所照存在である以上、万物は一面いずれも絶対者と直接せないはないと言い得ると共に、これを自覚しうるものは、実にわれわれ人間のみに限られるのであるが、しかもかかる自覚を欠く限り、その直接性はついにその全的実現を得ぬと言わねばならぬ。すべて生命は、その循環周流において生命たるの実を得るのである。それ故いま人間以外の万象も、すべてこれ所生存在であるとは、その意味においては、いずれも絶対者の絶対的生命の分身ということができるが、同時にその自覚に至らない限り、絶対的生命の周流は、未だそこに全現するとはいえぬ。なるほど一個の個体が、その生命を子孫に伝えることも、ある意味では確かに生命循環の一円を描くのであろうが、しかし子に伝わることによって描かれる生命循環の一円というが如きは、未だもって生命循環の真に徹したものとは言い難い。生命の循環の真の窮極は、実に一念裡の自覚において円成せられるのであって、そこには本来何ら時間的な過程を要しないはずである。かくして一個の個体が、子において生命の一循環を全うするとは、この一念裡における自覚の円成に即する生命の循環の、いわば外的有形的射影という外ないであろう。かくしてわれわれ人間が自覚の可能を恵まれたことは、まことに人間最上の恩恵としなければなるまい。けだし自覚によるでなければ、自ら自己の真を知るを得ず、同時に自らの真を自覚し得ないとは、即ち自己の生命の奥底に徹し得ないことを意味するがゆえである。

さて自覚が所照の自覚であり、自覚の背後が絶対者の絶対能照光である限り、自覚の背後の根柢は、真に「無底の底」と言わねばなるまい。すでに大宇宙は、これを有形に即して見ても、まことに無辺際《むへんさい》にして、久遠悠久その辺際を知らぬが、いわんやその本来たる絶対無形に至っては、ついに如何なる意味においてもこれが全的把握の途なく、真に絶対無制約的存在という外ないのである。げに前述のように絶対者については、厳密にはその存在性すらも言い得ないのである。けだし存在とは、元来被限定存在の意であり、そして被的存在は、必然そこに絶対的限定者を予想するがゆえである。ゆえに如何なる意味においても、その限定的把握を許さぬ絶対者については、われわれ有限者として直接端的には、わずかに所照の自覚に即してこれに触れ得るのみである。随ってその絶対無底性は、普通の意味では、何ら存在的言辞をもって限定することを許されるものではあり得ない。これ古来あるいは「無極」と呼ばれ、あるいは「無」または「空」等の言辞の与えられるゆえんである。

併しながら、自覚の最深の問題は、自覚における主観的側面の背後としてのこの絶対無底性は、その客観的側面の背後と、如何なる関係を有するかという問題であろう。自覚における客観的側面は、すでにも述べたように、即今現前の自己を中心とする森然たる万象の無限聯関としての宇宙的秩序そのものの外ないわけであるが、しかも秩序という時、そこにはすでにある意味での被限定性を有して、限定者の必在を予想する。勿論能限と所限とは、本来相即一体であって別物ではなく、これを分つは、ただ思惟考察上の一便宜に過ぎぬことは言うまでもないが、同時にまたそれ故に、いやしくもすでに秩序という以上、それに即してその限定が奈辺《なへん》から来るかについては、これを瞭かにするの要がある。かくして宇宙的秩序は、それが宇宙的秩序たる以上、宇宙以外にその限定の来処はなく、結局宇宙的生命そのものの自己限定という外ないが、しかし単に宇宙的生命の自己限定というだけでは、未だ形式的であって、その内容を瞭かにするものとはいい難い。けだし生命の内容は、自証を待って初めて瞭かにせられるのであり、随って宇宙生命の自己限定といってみても、これを如実に自証するでなければ、畢竟じてその真は得難く、同時に宇宙的生命の真をえない限り、宇宙的秩序といっても、単に概念の形骸を弄するに過ぎないわけである。

さて限定という時、そこには言うまでもなく能限・所限の対立一体を予想するが、しかも限定せられる対象の限定の可能な為めには、一応その背後に、限定の「場」ともいうべきものが予想されなければなるまい。かくしてわれわれ有限者の限定作用にあっては、この能限と所限及び所限の背景としての限定の「場」とは、一応それぞれ別箇と言わねばなるまい。仮りに限定作用を、有限者自身の自己限定の場合としても、なるほどその場合能限・所限はもと一体であるとしても、限定の「場」そのものは、ついにこれを別物とせざるを得ないのである。然るに今その大外《ほか》なき宇宙的生命の自己限定たる宇宙的秩序の所限流行に至っては、その能限・所限はもとより、その背後の限定の場すらも、宇宙以外の何物でもあり得ない。かく考えて来る時われわれは、先きに問題とした自覚の根柢としての絶対無底たるかの絶対者の絶対能照光は、絶対能生として絶対能照光であると同時に、また実に所照の万象の背景として、限定の究竟的場面たることも知らねばならぬ。即ち真の絶対能生者は、無量の万象の無限なる能生者であると同時に、無限に生まれる無量なる所生の万象の絶対能摂者でもなければならぬ。同時に所照の万象の背後が、直ちに絶対能照者であるとすれば、絶対者の絶対能照光は、如何なる方向的限定をも有せぬことを知るべきである。もっとも斯くの如きは、絶対者としての本質上、まさに当然ではあるが、しかもわれわれ有限知の常として、ともすればこの点を閑却し勝《が》ちである。けだしわれわれ有限知にあっては、如何なる純粋思惟といえども、何らかの表象的限定を介せざるを得ないからである。げに如何なる純粋概念も、最厳密には、ついに表象性を全脱し得ないのである。即ちこれは思惟の分裂性、即ちまたその対象化作用が、文字通り対象化作用であって、即ちまた投影作用に外ならぬがゆえである。かくしてわれわれにあっては、例えば自己と自覚する時、絶対能照光が主観を透してその背後から照射して来るとは、一応単なる比喩や象徴でなくして、主観の包蔵する自覚の優位よりして当然であるが、しかもこれは謂わば自己を中心とする立場からの一応的見解に過ぎないわけであって、この事は今自己と全然同資格をもって自己に対立する他者においても、同様でなければならぬわけである。そもそも自覚の背後などという言葉自体が、実は絶対無形界を語るに、すでに空間的表象の語をもってするものというべく、われわれ有限者としては、一面已むを得ないこととは言いながら、他面人を誤ることが大であるともいえる。

かくして、宇宙的生命の自内証裡の風光ともいうべき絶対者の絶対能照光は、絶対に如何なる方向的限定をも有すべきではない。唯われら有限者において、その風光の一端に与かり得るのは、主観の自省に徹することによって初めて得られる所照の自覚においてであるゆえ、我われはともすれば自覚の対象的側面の背後を暗黒の如くに思惟する。もっともこれもまた必ずしも故なき訳ではないのであって、我われ有限者にあっては、絶対者への直続は、屢説のように、主観の自反の徹底としての所照の自覚の外ないために、絶対光は、あたかも方向的限定を有するような趣となり、ここに自覚の客観的側面の背後に、一種の物質性を予想せざるを得ぬこととなるのである。この自覚の客観的側面の背後は、勿論自覚界裡のことゆえ、一応背後とはいうもの、、かの無自覚界の客観としての自然の背後が、全然の暗黒としての物質性であるのとは、全くその趣を異にするが、しかもそこには尚限定の場として、一種の物質性を予想せざるを得ないのである。これ即ちかのプロチノスに所謂「叡知的物質」と言われるものであるべく、即ち背後より照らされたる物質性の謂いであり、謂わば光背をもって裏付けられた暗黒とも称すべきものである。かくしてこの叡知的物質の背後にあってこれを照らす光とは、この叡知的物質を背景とする万象の無限聯関を、理法の宇宙的秩序として光被する絶対者の絶対能照光そのものに外ならない。かくして自覚においてすら、尚かつ主客を別たざるを得ない処に、われわれ人知の有限性があり、随ってまた叡知的物質は、上には自覚の客観的側面の背後を為す場面と言ったが、これは同時にまた自覚裡において、主客を分つ介在的なる無知無明としての非存在そのものでもあるわけである。故にかくの如き無明をその本質とする一切の質礙を全脱した宇宙生命そのものの絶対自覚の立場にたてば、全法界は実に一翳をも留めることなき「一顆の名珠」にも喩うべきは、すでに妙《たえな》くも道元の道破した如くであろう。そして道元の立場は、いわば形式に即する立場ゆえ、われら有限存在にあっても、よくこの境に与かり得るとするわけである。

五

上述のように自覚の本来は、自己が絶対能照光裡の所照存在たるに目覚めることにあるが、しかも絶対者の絶対能照光は、その絶対性の故をもって、「無底の底」として真に絶対無底である。同様にわれわれ有限知には、客観界の背後は暗黒なる物質的土台を予想するのが常であるが、今この絶対能照光の一端に与かる所照の自覚の立場にたてば、万象はすべてこれ絶対能照光裡の所照存在であって、謂わば光を背景とする浮彫り的存在ともいうべきである。即ち物々理法の象徴と見られるとは、万象の背後直ちに絶対光明界たることを予想するの謂いである。かくして主観の背後の絶対能照光と、客観の背後の絶対光明界とは、本とこれ別物でなくして全的同一であるが、ただわれわれ有限者の分別において、しばらく両界の別を設けるわけである。いま絶対能照光というは、絶対者の全知の自照に即いていうことゆえ、もとより有形の光ではなく、随ってその照射に何ら方向的限定は有りえない。すべて方向とは、個我の制約限定を規準としての謂いであり、随っていま照射の方向的限定があるとすれば、それは有限なる物質光であって、決して絶対者の絶対叡智光ではあり得ない。絶対者の叡智光とは、即ちまた神的全智の象徴的名辞に外ならぬのであり、随ってそこには、一切の方向的限定からの超出が予想せられる。これかの神は至るところ円心ともいうべき極大円であるというに等しい。

かくして、われら有限者の対象的認識はもとより、かの自覚知と称せられるものすら、実はこの絶対無限なる神の全知界裡の一微光に過ぎないわけである。われわれの有限知、即ち何らかの程度において暗を介在混入せしめることを免れ得ないわれわれの有限知には、かかる絶対的全知の無量光海は見えずして、却って暗黒とも見えるのである。けだし薄膜を距てては物象の正しき映像の得難いように、身はたとえ無量光海裡に漂うていても、心眼の掩いの除かれない限り、自ら無量光海裡にあると気付かぬのである。われわれの対象知とは、いわば斯くの如きものであって、我が身自身が、何よりも先ず無量光所照の身であり、またこのわれに対する万象も、等しくこれ無量光裡の映像でありながら、両者の間に介在する暗黒即ち無知の物量性は、空しく両界を隔絶せしめてその実相を示現しない。かくして一たびこの無明としての闇黒の朝霧にして霽《は》れゆくならば、対象界裡無量光光被の万象は、物物森厳なる理法の影現として観ぜられるべき理であるが、しかも一面なお物質性を全脱し能わぬもののあることは、すでに前節の終りにも述べた通りであって、これわれら有限存在にあっては、不可避の根本制約という外ない。

ゆえに今絶対全知の立場にたつとは、いわば相対する二面の明鏡の相映無尽なるが如く、万象は本とこれ明鏡裡に介在する物象のごとく、真に層層無尽の影現を見るのである。そしてこの際二面のというは、有形的比喩の免れ難い制約であって、絶対全知にあっては、この相映無尽の明鏡は唯一絶対なるがゆえに、また実に絶対無量であり、かくてこそ万象も相映たり得るわけである。有形界の鏡は片面であって、自らの前面は映しても、背後はこれを映じ得ないが、絶対全知としてのこの「古鏡」は、絶対虚明の唯一面鏡であると同時に、また実に絶対無量鏡なるがゆえに、万象を映して真によく相映無尽たり得るのである。かくして唯一「古鏡」は、同時に無量「古鏡」であって、万象の無尽相映というも、実はかかる絶対「古鏡」の、鏡鏡無尽相映に外ならぬのである。唯一と言い無量という。もとより共に量的限定を超出するがゆえに、已むを得ずしてまた一多相即とか、一即一切などともいうのである。いずれも法界裡における、万象の無限相関の風光の一消息たるに過ぎない。随っていま一が何故に多となり、多が何故に一に帰するか等と問うべきではない。けだし一多は「即」そのものであって、同時現成だからである。この一多の同時現成とは、即ち数に即して観られる実在の実相であり、即ちまた諸法実相に外ならない。単に有限的認識にあっては、多は見えても多の背後の一の現成は見えない。ゆえにまた創造の神秘も成立するわけである。もし多の背後なる一の現成を、同時存在倶時現成として、如是に徹見するを得るならば、所謂洞然《どうぜん》として瞭かであって、今さら創造の秘義の言うべきものは無いはずである。唯われら有限存在の有限知にあっては、この境涯はただ思弁を超出する全知との形式的合一としての信において、僅かにこれに与かり得るだけであり、随ってたとえ信の立場にたつとするも、内容的に創造の秘奥を拓くことは絶対に許されない。

かくしてわれら有限存在にあっては、知の窮極としての自覚にあっても、その窮極はついに信に帰するの外ないのである。即ち信とはわれわれ有限者の分際をもって、その有限知の一切を絶対全知に帰投して、これと形式的に合一するの謂いであって、その窮極は即ち知行合一としての行為に燃焼する。かくして知行合一としての行為に燃焼する知は、すべてある意味での信であって、このとき信は、一切分別知の否定消尽を意味する。ゆえにかの自覚の真髄としての所照の自覚も、これを所照の自覚というは、厳密にはなお分別知の上に映しての分析ともいうべき一面があるのであって、如実なる自覚そのものにあっては、一切の分別知の棄却消尽としての信に熔融し、それはまた直ちに行為にまで展開結実するのである。自己を所照の身と自覚する自覚の能知は、すでに所照としての所知と交って能・所相即の実現であるが、これが真の如は、客観界裡への展開実現としての行為に帰結するのである。かくして自覚が行為に帰結するとは、即ちその一瞬裡、実在の全現成への承当であって、かく行為を通して観ぜられる世界こそは、一面時空裡に在りつつよく時空を超出して、全現成の意味をもつのである。即ち未だ行為にまで燃焼するに至らない静観は、それが如何に明澄であろうとも、一点なお表象性の介在混入を全脱しえないが、一たび行為の全現に参ずるとき、知の一切の抽象性はその瞬間に雲散霧消する。

併しながら、行為という語は実に精査を要するのであって、行為の行為たるゆえんは、内に自覚知として万象の静観知を予想する点にある。もしこれ無くして、単に肉体の運動のみならば、これ単なる動作に過ぎず、さらには運動とさえ言うべきであろう。かくして行為は、われら有限者の与かりうる実在の全現成ではあるが、しかも行為がかかる意味を有する為めには、行為の一点に結晶する自覚知は、その背後の絶対無底の底から照射して来る絶対能照光に照らされる如是現前の自相の諦観を要とし、これを客観的には、かかる絶対光の光被する森然たる万象の無限聯関としての宇宙的秩序の静観を宿さねばならぬ。かくして自覚裡の主客の両側面は、共に層層無尽であるが、しかもこれが実現における統一は、主客両界の合一の一境として、行為による全現成の外にない。しかも行為の浅深は、内に包蔵する自覚の浅深の外に言うべきものはない。かくして行為は、なるほど有形的には、実在の全現成に直接する一点ではあるが、しかも内に包蔵する自覚の浅深如何によって、有形的には一応同一とも見える行為において、時としては実に天地霄壌の差を生ずるのである。随って行為の具体性を重視して、これを力説するは大いに可であるが、同時にその為めに内に包蔵されるべき自覚の浅深を問うことを忘れるに至っては、また大なる誤りと言わねばならぬ。

かくして自覚の本質は、なるほど所照の自覚に相違なく、そして所照の自覚は、根本的には絶対者の絶対能照光光被による自覚の外ないわけであるが、これをさらに具体的には、このように単に個としての自己と、全としての絶対者との直接的合一というが如き、形式的考察のみに止まるべきではないとも言える。即ち絶対者の真の能照光は、なるほど一面からは、直接個体を光被照徹するというべきであると共に、他面経験的には、その間層層無尽の段階を経由して、照徹して来ることを知るべきである。そしてその最も根幹大本を為すものは、わが個的生命の現実的能生者としての親、及び斯くの如き父子祖孫一系の生命の能照者としての民族的生命の自覚的統一との二者である。即ち無形なる神の絶対能照光は、これを有形現実には、君父の恩光光被をもってその枢軸として照射し来たるのである。神われを生むというも、現実には親を通して生む外なく、かくして神・親は本と相即不二であることを知るべきである。ゆえに宗教においては、神を親に即して「親様」と称する場合が多い。かくして個的生命を超えた民族生命の自覚的統一に至っては、国君たると同時にまた国父ともせられる程である。唯如上は国家として本来内具すべき理であって、理としては世界各国皆共通普遍であるが、その実現の度に至っては、国によってその趣を異にするは、現実界の現実界たるゆえんである。

併しながら、如上はいわば自覚について言うことであって、自覚が一たび行為として現成し来たるにおいては、如何なる自覚も、それが自覚である以上、その現成としての行為は、直ちにこれ一個自全の現成であって、現成ならずということは出来ぬ。これ一切の宗教が、その教理の高下、信の浅深を問わずして、一応その信行一如の現成界にたつ限り、何れもそれぞれの安心立命を得るゆえんであって、これを現成ならずとすることは出来ぬ。併しながら同時にまた自覚は、これを内容的には、自覚裡また無量の浅深の段階が存するのであって、特にその最根本的なものは、如上自覚が単に個と全との合一の立場に止どまるか、はたまた前述のように、全の現実的顕現の恩光光被に即して把握せられるかは、最も重大な差というべきであろう。これと比べれば、かの如何なる宗教宗派によって、解脱救済を得るかの別の如きは、全く消失すべきものとも言えるであろう。勿論行為に内包せられる自覚において、現実の恩光光被の自覚と、絶対者の絶対能照光の所照の自覚とが相即すると否とは、行為の外形の上にはさしたる差異もないともいえる。絶対的現成の立場からは、迷悟不二生死一如であって、自覚と無自覚との相違すら言わぬともいえる。絶対的全現成界裡には、無量種無量段階の自覚無自覚が、所謂柳緑花紅《りゅうりょくかこう》、眼横鼻直《がんのうびちょく》底に全現成するのである。しかも柳はあくまで緑、花はあくまで紅であって、世に緑花紅柳というのはない。眼横鼻直また同様である。ゆえに真の絶対究竟的自覚としての覚自体は、絶対全現成界としての絶対平等界であるが、しかもそれは、その絶対平等性の故をもって、所謂無差別でなくして、絶対差別に即する絶対平等界、即ち全法界の如是相そのものに外ならない。かくして真の迷悟不二とは、迷は迷に徹してどこまでも迷、悟は悟に徹してどこまでも悟、かく迷悟共に徹して迷悟なるところ、即ちこれ不二一物である。ゆえにこの立場からは、人間一切の云為《うんい》行動は、その自覚と無自覚とを問わずして、すべてこれ絶対者の絶対的自覚の全現成界裡の一々の内容というべく、無自覚は無自覚としてそのまま一現成、自覚は自覚として一現成というべきであって、その間何等差違の言うべきものはない。しかも共に現成界裡を逸脱し能わぬをもってのゆえに、一一皆現成である。かくして自覚の様式は実に無量種無量段階であって、所照の自覚といっても、単に個と全との抽象的合一による所照の自覚の立場に止どまるのと、神・親相即即一の具体境にまで瑩徹し来たる所照の自覚とは、これを行為の外形としては、いずれも一応それぞれに一現成であるとしても、一たび現実の立場にたてば、両者の差は明白々であっていささかの差過もない。これ共に全現成界裡の一自全現成だからである。かくしてわれにおいては果してその何れをとるべきであるか。これを理としては、もとより優劣を言い得ることであり、また大いにその要があるとしても、今はそれを意図していない。ゆえに取捨は唯現実そのものの問題として、その何れをとるのが果して真に絶対必定であるかにある。そしてかかる絶対必定性は、唯この現実の自己が、絶対者の絶対的限定としての現実界裡、何れの民族国家にその生を享けたかによって、本具内面的に規定させられるわけである。

二　所照の自覚

一

哲学が絶対反省の学である限り、哲学において何よりも先ず要とせられるのは、知の絶対的基準でなければなるまい。もっともここに基準というは、普通に所謂基準の語が意味するような有限相対的な標準、即ちかの仮定の如きものの謂いではなく、真の絶対的基準とは、その絶対性の故をもって、単なる架空的仮説的存在ではなくして、真の実有でなければならぬ。即ち絶対的実有としての神の全知でなければならぬ。そもそも基準と呼ばれるものの本質は、元来斯くあるべきであるにも拘らず、普通には単に仮定的であるかに考えられ易いのは、如上基準の本義としての真の絶対性に徹しないが故である。かくして今哲学が絶対反省の学たることとそのことが、そのまま知の絶対基準としての全知を予想することを意味する。もっともかかる全知の予想は、必ずしもひとり哲学とのみ言わず一切の科学、否さらには学問とのみ言わず、いやしくも知の作用らく限り、その根底にはかかる全知の存在が予想されるべきであり、更に一切の知は、すべてこれかかる全知の光影分身というべきであろうが、唯哲学以外の知にあっては、未だ十分にその反省自覚に至っていない。随って哲学において初めてかかる絶対全知を、その根底に予想するというは、実はその真を得たものではないわけで、いやしくも知の作用らく処には、その背後直ちに如是の全知が作用らくというべきであるが、唯これが自覚的把握に至っては、ひとり哲学の任とする処というべきである。ここよりしてまた前述のように、哲学において初めてこれを予想するとの見も生ずるわけである。

さて上述のように、一切の知の背後に作用らく全知は、哲学的反省によって、始めてわれらの自証界裡に、その真光を影現し来たるのであり、随って今知の絶対基準といっても、そこには何らの仮定的抽象性を容れることを許されないわけである。すべて有形しか見るを得ない立場、即ちまた単に分別知の立場に執して、事物を常にその対象化的限定においてしか把握するを得ない立場にあっては、無形は却って非実在と考えられる外ない。併しながら何らかの機縁によって、かかる分別知による対象化的限定作用の有限性が自覚せられるに至れば、無形こそ却って真の実有であり、有形はかえって無形の影に過ぎないとの体認に至るのである。ゆえに哲学的反省における知の絶対的基準として、全知というが如きことをいえば、かの自覚・精神さらには理性等の語を、単なる概念として把握するに止どまる人々には、全然の架空事としか思われぬであろうが、その実かかる全知こそ、知に即する絶対実在の真相の一面として、知の絶対的根拠であり、これに比すれば、普通により実在性を有するかに考えられる自余の一切知の方が、却って相対有限知として、それだけ非有性を介在混入するものと言うべきである。そもそも絶対的真実在は、その絶対性の故をもって、これが把握の様式は真に無量というべきであるが、これを知に即しては、ついに全知というの外ない。けだし絶対者の本質といっても、それがわれら有限存在において考えられる限り、それは常にわれら有限存在としての、人間の属性を介して把握せられる外ないからである。このことは例えばかのスピノザが、その「倫理学《エチカ》」において、神としての「実体」の属性を無量多としつつ、しかもわれわれ人間に把握可能な属性としては、わずかに思惟と延長との二者を挙げるに過ぎないことにも窺われる。けだし内外・物心の絶対一如の立場にたつスピノザの哲学にあっては、われら人間に把握せられる神の属性としては、如上思惟と延長のほか挙げ得なかったことは、けだし当然というべきである。思うにかれの哲学の根本中心は、普通には、ともすれば閑却せられやすいが、実は身体性に即する最具体的自覚というべきであって、今この立場にたつ彼が、「実体」としての神の属性のうち、人間に把握可能なものとしては、これを思惟と延長に限ったことは、即ち前途の絶対者の把握も、われら人間にあっては、ついに自己の属性を介する外ないことを示す何よりの証左というべきである。

ゆえに知の絶対的基準を求めて、これを神の本質的一面としての全知に見出すとするのは、何ら架空抽象のことではなくて、むしろ最も我れに親しきものでなければならぬ。けだし知はわれわれ人間にとっては、最根本的な一属性であって、人間存在の最基本的特質は、実に知の本来としての自覚の外ないからである。スピノザが知としての思惟に対して延長を掲げたことは、前述のように思惟としての自覚が、如実には身体に即せざるを得ない現実的制約を語るものとして、思惟の具体性を語るものというべきではあるが、しかも延長は思惟の内なるに対しては外であり、随って思惟としての自覚は、外を介する内なるものの自覚である。然るに今神を絶対完全者とし、そしてその完全を知・能に即して神を全知全能として出発したライプニッツの哲学は、スピノザの静的なのと比べては、まさに動的哲学の名に背かない。かくは言っても、もとよりスピノザ哲学を、いたずらに静的とのみ言うわけではない。けだし外を介する内なるものの自覚の最具体的なるゆえんであって、かの能といっても、内外一如の現成に至ることのない単に内なるものからは、到底出様がないからである。

かくして絶対自覚の学としての哲学が、その根本に予想すべき絶対全知は、屢説のように、単に架空的な想念上の仮説ではなくて真の実有であり、一切実有中での真実有でなければならぬ。しかもこれすでに、前章所説の絶対者の絶対能照光なるものに外ならぬわけであって、もしその根底に全知としての神の絶対能照を予想するでなければ、元来知とすべき何物もないはずである。知の本来は屢説のように自覚知であって、如何なる一微細知覚といえども、その裡すでに知ることを知る自証の意義を含むのである。その意味においては一感覚も、その裡すでに自覚の循環性を宿すこと、あたかも絶対者の絶対的自覚としての覚自体が、本来知の絶対循環性に成るのと同様である。かくして一感覚裡に蔵せられるこの自覚の循環性と、絶対者の絶対自覚としての覚自体の裡に蔵せられる自証の絶対的循環性とは、その循環性たるにおいては全的同一でなければならぬ。故にこの意味からも、かの一念三千の義は認められるべきであって、一念裡直ちに三千大千世界即ち大宇宙を蔵すべく、随ってまたその意義においては一々皆全であって、一念と大宇宙とは、真の絶対的立場の前には全然の同一である。げに大宇宙というも、われら有限存在にあっては、一念裡の把握を措いて外にないのである。かくしてこの立場からは、一念即大宇宙、大宇宙即一念であって、かの仏教に所謂一つの芥子粒の中に大千世界を蔵するとは、何ら比喩象徴ではなくして、絶対現成の大事実であるとすべきである。慈雲尊者の所謂唯知らぬ者が知らぬのみである。

　普通に基準という時、この有限界裡にあっては、多くは措定的仮説を意味し、随って基準は、それに照らして測られるものとは一応別物である。然るに今哲学的反省における知の絶対的基準としての全知にあっては、それが絶対的基準たるの故をもって、哲学は自らの基準としての全知界裡を寸毫たりとも出ることは出来ないのである。勿論このように、絶対的基準としての全知などと考えつつあることその事が、われわれ有限者としては、すでに何らかの程度におけるこれが対象化によるものと言わねばならぬが、しかもこれ実は絶対全知界裡の一微動たるに過ぎないのである。ゆえに真の哲学は、必ずや何らかの意味でかかる絶対全知界の体認を要とすべく、然らざる限り、絶対知の自証展開としての真の哲学たることは出来ない。また実に一切の哲学は、何らかの程度で、それぞれこの絶対全知界の消息を把握するものというべきであろうが、唯その把握の程度並びに様式に至っては、実に無量にしてかつ無量種々相を呈するのである。故にまたこの立場からは、一切哲学の差は、すべてこの絶対全知界への近接の度の差というべきであり、これを逆には、かかる絶対全知界よりの遠離の差ということも出来る。もっとも一切の存在は、すべて被造物的存在として所生存在であり、そして所生存在とは、これをその内面自覚の立場からは、所照存在の謂いに外ならない。ゆえに遠離とはいっても、一切の存在はすべてこれ絶対全知界裡の所照存在として、本来からは何ら遠離の仕様はないわけであるが、唯無知即隔離であって、知らねばたとえ自己の全存在が絶対全知界の只中にあっても、一面それよりの絶対遠離というべきである。かくてこそまた無神論も世に存立し得るわけである。ゆえに無神論の存立しうるところ、却って神の絶対無制約的包摂性を証し得べく、即ち全知の存在の否定せられる処に、却って全知の絶対能摂性は証せられるわけである。

宗教的絶対境の風光は、もとよりこれを種々に表現し得るであろうが、ある意味ではこれを絶対者の常照覧の自覚ということが出来るであろう。かの「神はまどろみ給うことなし」とか、「神よ照覧あれ」というは、恐らくは宗教的自覚の極致というべきかと思われるが、かかる絶対者の常照覧の自覚が、宗教的自覚においてその絶対的基準を為すことと、今哲学的反省において、全知が知の窮極的基準をなすこととは、まさに相応ずるのである。われら有限存在における全知の時に即する最現実的把握が、常知常照覧の自覚であるとの旨は、後に第四章「時空論」において、多少詳述を試みようと思うが、常照覧と常知・常照とは全的同一であり、それは即ち絶対者の絶対全知の具体的体認における趣の差に過ぎない。かくして、宗教の極致と哲学の窮極との全的一致は、何ら怪むに足りないのであって、それが共に有限存在としてのこの自己をもって、絶対そのものに承当せんとする人間究竟の努力である限り、自覚に即して捉えられる絶対境は、つねに何らかの趣において、全知による常知・常照覧の意義を有すべきである。哲学が体験を証するに理法の体系的自証を以ってするとすれば、宗教はまさに体験を証するにさらに体験を以ってするとも言えるであろうが、しかもかく体験を重んずる宗教にあっても、すでに体験を証するにというように、そこには何らかの意味での自証を要とする。しかも自証の本来は屢説のように、絶対者の自証界裡の所照存在としての自覚を中核とすべきであって、このとき絶対者の自証は即ち覚自体としての全知であり、このような覚自体裡の所照存在の自覚とは、即ち宗教的には常照覧の自覚の謂いに外ならない。げにわれわれの一挙一動、一投足、否一念の微も、全知の常照下では、あたかも明鏡の一塵をも弁ずるように瞭かなわけである。ゆえに古来聖人はその独りを慎むといい、心至れるものは、一念の微をも慎むと言われるゆえんである。かの東郷元帥の詠といわれる「おろかなる心につくす誠をばみそなはしてよ天地の神」とは、人間至心の境涯のもっとも邦人的な表現というべきであろう。

二

絶対者としての神の属性は、その絶対性のゆえに真に無量であって、もとよりわれわれの有限知をもって、知悉し得ないことは言うまでもないが、今これをその内容より見る時、先ず第一に挙げられるべきものが全知であることは、すでに前節に述べた通りである。が同時に神の属性としては、全知に即してさらに全能の挙げられるのを見るのである。そしてこれはひとりキリスト教のように、純宗教的な立場においてそうであるだけでなく、ライプニッツの如き哲学の立場においても、またこれを見ることが出来る。勿論西欧中世以後の哲学は、結局その根本をキリスト教的信仰に置かないものは稀れであって、今「弁神論」の著者たるライプニッツが、神の全知全能を基礎として、その哲学説を展開したのは当然であるが、しかもこの事は、ひとり彼の一学説たるに止まらないで、さらに普遍的な意義を有することを知らねばなるまい。そもそも絶対者の規定は、これを内容的観点より見る時、もとよりそこには無量の属性があるであろうが、そのうち全知全能の挙げられるのは、言うまでもなく有限存在たるわれわれ人間の現実的制約に即してのことである。否ひとり全知全能のみならず、すべてわれわれ人間の把握する絶対者の規定は、その何れもが、一つとして人間の有限的制約に即する把握でないものはない。例えばかの仏を以って十全具足とするが如きも、もとより絶対者としての論理的必然ではあるが、しかもその真の現実的基礎は、却ってわれわれ有限存在たる人間の、個における全の内在に即する一個自全の境涯の把握体認に基づくものと言わねばならぬ。

かくして今絶対者の基本属性を、知・能に即して全知全能とすることは、われわれ有限なる人間における一個自全の境涯の把握体認が、自覚の実現としての知行の合一に基づくことに外ならない。もとより絶対者の絶対性を信証して、個に先き立つ全の絶対優位を認めるものとして、絶対者の全知全能を以て、単にわれわれ人間における知行合一の拡大投影と見ようとするが如き意志は毫末もない。否われわれ人間における知行の合一こそ、却ってこれ絶対者における全知全能の絶対的合一性をその窮根基礎とすることは、吾人の深く信ぜんとする処である。が同時に又それだけに絶対者の全知全能と、有限存在としてのわれら人間における知行の合一とは、常にこれを相即して考える必要がある。もし然らずとしたら、ひとり知行合一が真の窮極根底を得ないだけでなく、そもそも神の全知全能そのものも、単なる抽象的架空の名辞となり了ると言うべきであろう。かくして如何に極大なる概念も、たとえ一点たりとも、この現実の自己に直接する処がなければ、ついに一片の空語という外あるまい。

さて絶対者の全知が、われら人間にあっては、その所照の自覚に即して把握せられる絶対能照光なることは、既述の通りであるが、かく考える時、かかる全知と全能とは、そもそも如何なる関係にあるとすべきであろうか。しかもこの問いに対して、先ず答えられるべき根本問題は、絶対なる神にあっては、知・能は全的一体であるということである。即ち絶対者としての神にあっては、全知即全能、全能即全知であって、その間一毫の間隙もなかるべきである。この趣は、もとより、われわれ有限存在としての人間にあっても、知行合一の行為的体験において、多少はその映像を認め得るともいえるが、しかもわれわれ人間の行為は、決して知行の全的一体ではなくして、まさにその合一である。合一とは合せ物の意であり、合せ物とは合一しつつも、その間厳密には若干の間隙の介在を否み難く、かくしてかかる間隙の介在は、やがてまた合せ物は離れ物たることを証するの機を包蔵する。然るに今絶対者としての神にあっては、知・能は全的一体とすべきであって、その間毫釐《ごうり》の間隙をも介在せしめない。又かくてこそ実に絶対的存在者といい得るわけでもある。然らば神における知・能の斯くの如き全的一体とは、そもそも如何なることを意味するであろうか。その真趣は、もとよりわれら有限存在の把握の分際ではないが、しかし何らかの趣において、その一端に触れてこれを髣髴《ほうふつ》せしめるでなければ、真に絶対者について思惟するゆえんとはいえまい。

今絶対者の全とは、屢説のように、自らの所照の自覚に即して、その一端を体認しうる神の絶対能照光であって、これを時に即していえば、かの一瞬にして永遠を見るものであり、これを空間に即しては、光被無辺際にして至らぬ隈も無かるべきである。しかもこの大宇宙たるや、他面断・常の絶対的一体であって、常と見ればまさに万古の静であるが、同時にまた断と見れば、瞬時といえども固定する何物もない。地上もっとも固定したと思われる物でも、自転する地球の運行より免れうる一物もないのである。しかもかかる絶対の断絶をそのままにして、そこに直ちに恒常不変、一貫の理が万古に行われるのである。まことに理は一面万古であると共に、刻々念々に用《はた》らくもの、念々刻々に用らきつつ、しかもそのまま万古たるを失わぬのである。そもそも理という時、人はともすれば固定し静止した、単なる抽象的形式の如きものを表象するかも知れぬ。これ一面からはもっともであるが、しかし真の絶対的立場からは、単なる形式としての固定的な理は実在せず、いやしくも存在すると思惟せられるほどの理は、本来悉く活理として、一瞬の已む暇もなく用らきつつあるというべきであろう。かくして真の絶対的立場としての絶対全知の立場からは、全法界裡一微塵の理といえども、単なる抽象的形式ではなくして、無限なる動静断常を包蔵する活理の現成、即ちまた絶対的事実そのものである。現に仏教でも「法」という語は、直ちにまた事実そのものを意味するとせらる。

かくして今限前一片の牡丹の花瓣《かべん》の落ちるのも、理としてはひとり地上の万物のみならず、実に全宇宙に反映する処あるべきであるが、われわれ人間の有限知はもとよりこれを「事」の上に認めるの術なく、随ってこれを事といわずして「理としては」と言うのである。否、斯くの如き事実は、通常理法としてさえ特に説くことをしない程である。然るに今絶対者の絶対全知の立場にたてば、斯くの如きは単なる理に止まらないで、まさに絶対的事実としての諸法実相裡の一事であり、しかも単に一片の落花が全宇宙に反映するに止どまらず、これと連続して継起する一切事象の無尽相映は、これまた単なる理としてでなくて、実に絶対の事実として一瞬裡にその全現成を見るわけである。かくして理とは有限知の無力さが、如実実相として把握し得ない両事象の両端を結んで、しばらくそこに連絡があるならんとして引いた点線の如きに外ならない。ゆえにかの天台の理事相即の立場を承けつつ、さらにこれを徹底せしめた華厳の教学にあっては、理事と並べて言わずに事事無礙《むげ》という。けだし真の絶対全知の立場にたてば、最早理とすべき一塵も無く、全法界裡の万象の如如は、すべてこれ絶対的事実の全現成だからである。

今如上の立場にたてば、先きに述べた全知と全能の絶対的同一の旨も、多少はその趣を窺い得るかと思われる。即ち全知としての絶対能照光の所照の対象たる万有は、決して固定した静止態に止まるものではなくて、念々これ常転変裡にあるわけである。かくして万有の常転変とは、即ち絶対分身としての万象に即する絶対的生命そのものの循環周流の謂いに外ならない。絶対的生命はその絶対性の故をもって、その常周流は必然に自転自周であり、その運行にあたって絶対に他物の力を借りない。ゆえに絶対者における絶対能照と、所照の万象の流転としての生命の常周流とは、絶対に相即一体であって二物でない。即ち能照の絶対根源と能転の絶対根底とは、全的一体であって不二である。そもそも絶対者の全知即ちその絶対能照は、その絶対性の故をもって、かの有限光のようにその光源の限定を有たない。その光源が時空裡に制約限定を有する有限相対の光は、なるほど照射の一面は明るいが、背後は直ちに陰影であり暗黒である。即ち有限相対の光は、その有形性の故をもって、物象を全透する能わずして反射を現ずる。これ物質が仏教では「質礙《ぜつげ》」の名をもって呼ばれるゆえんであって、不透過による反射が、光の認識の根本制約を為すと言われる処に、相対有限光の相対有限光たるゆえんがある。

然るに今絶対無限光としての絶対者の全知にあっては、万象はすべてこれ全透過であって、一物のこれを遮蔽すべきものがない。併しながら、この透過の文字は注意しなければ、却って人を誤らしめる恐れがある。ここに透過とは、単に有限知の抽象的表象作用をもって推すべきではなくて、その真趣はむしろ次の如く考えるのが、幾分かその真に近いであろう。即ち全知における万象の透過とは、これを換言すれば、理法による万有の統一そのものに外ならない。即ちここに透過とは、かの抽象的透視の類の如くではなくて、まさに理法による万有の具体的統一の全現の謂いに外ならない。しかもかく「理法による」と言うことさえ、先きにも述べたように、すでにわれら有限知の不透過の一所産といわねばならぬ。故にもしわれわれ人間にして、真に万象透過の絶対的全知を具していたとすれば、いかでか理法の語を用いるの要があろう。かくして全知による万象の絶対透過とは、万有の理法的秩序における全的統一の意であり、さらに厳密には、単に理法的というに止まらないで、万象の絶対事実としての全的統一の全現成の謂いに外ならぬ。ゆえに全知と万有の実相の全現成とは、絶対に一体であって二物でない。万有の全現成を措いて、外に絶対者の全知なく、また絶対全知なくして、万象の全現成はありえない。かくして全知と諸法実相の全現成とは、絶対者における唯一事実のわれら有限存在の把握における主客の両側面に外ならない。げにわれわれ有限知にあっては、理としてさえ決して真の極大極小には至り得ないが、法界の現成の絶対的事実そのものは、瞬時といえどもその全現成を止めない。これわれら有限知の至り得ない無量の辺について、一々その極大極小にわたって、全知全能の絶対的事実の全現成しつつある何よりの証左である。

かくしてわれわれ有限知の分際としては、一応全知全能と分けて考えるのも已むを得ないが、しかし絶対者の絶対真境にあっては、全知と全能の絶対的一体性の如実表現を期すべきであろう。かくして、かかる全知全能の絶対的一体の如実把握は、翻って既述のように、われわれ人間における知行合一の絶対的根底に承当するゆえんであり、またかくてこそ知行合一も、単なる離れ物を合せるのではなくして、その本源たるこの知・能の絶対的一体境への復帰の意義を有するわけである。即ち知行合一の期するところは、両者の間に介在する無明暗黒の物質性の払拭によって、その本来相たる両者の絶対的一体への復帰近接を意味するでなければならぬ。これわれわれ有限者にあっても、知行の合一境たる自覚的行為が、その外形からは如何に微小であっても、一個自全の自足境として安立を得るゆえんであって、これこの境が知・能の絶対的一体たる絶対者の絶対境を、よし形式的ではあるとしても、何ほどかの程度において、影現しているゆえと言わざるを得ない。

三

絶対者にあっては、全知はそのまま全能であるとは、われわれの有限相対知のように、いわば対象についての知でなくして、対象の全体を作用らかし、さらには全対象を生むの知であることを意味する。仮りに個物について言っても、単に個物存在を知る程度に止どまる知より、一歩を進めてその個物を作用らかせる知、さらには、かかる個物を生み出す知との三層を分けて考えることが出来る。いま神の全知の対象は、有限知のそれのような、何らの限局もなくして全宇宙そのものを包摂する。しかもそれは知即能であるゆえ、かの有限知におけるようにその作用らきは、単なる対象の措定的限定ではなくて、対象との全一的活動そのものである。否、対象という名辞そのものが、すでに有限知における主客分裂の対象化的限定の一用語に過ぎないのであって、ひと度絶対全知の立場にたてば、最早や普通の意味における如何なる対象も存すべきではないが、唯われら有限者の思惟にあっては、その思惟の分裂性に伴う対象化作用のゆえに、この対象の概念を全脱することができず、常に何らかの程度で、これに即すべきことを離れない。かくして絶対全知界は、そのまゝまた絶対能動界であり、随って全宇宙は、これを知に即しては全知界即絶対唯識界であって、一物として識ならざるはないと共に、またこれをその用に即しては、絶対能動界であって、絶対に死せる一物もないわけである。

然らば全宇宙が、これを知の観点から見れば、絶対能照界即絶対唯識界であるとは、そもそも如何なることを意味するであろうか。すでにわれわれの有限知においても、在即知であって、存在を存在とするは、畢竟知に拠るべきは今さらいうを要しない。われわれの感覚知覚というが如きは、これを経験的には、一応人知の最根本的基底を為すとも言えるが、併しそこにはすでに、紅を紅とし緑を緑とする知の循環性、即ちその自覚作用のはたらくを見るのである。同時にかかる感覚知覚における知の循環性は、その循環性の故をもって、必然に知の直線的進行を遮断する物性の質礙《ぜつげ》を予想するのである。しかもかかる物性の質礙が、単に知の反射に止どまるならば、感覚知覚は単なる主観態に止どまって、そこには何らの客観性をも得難いわけである。勿論われわれ有限存在における知性の作用は、常に身体における感覚器官を始めとして、その全神経系統を中軸とする身体的構造と相即するをもって、これらの身体的構造の故障によって、感覚に主観的歪曲の生じ得べきはもとより言うを要しない。勿論さらに厳密には、身体的構造そのものの個人差は、それと相即する感覚知覚の内容をして、その絶対的同一性を保ち難からしめるとも言えるが、同時にまた感覚知覚は、決して単なる主観性のみではなうて、内に客観普遍的なるものを含むのである。されば近世の唯理論者さえ、誤謬は感覚知覚には存しないで、これを素材とする判断にあるとするのが常である。

さてこのように感覚知覚の内含している客観性の根拠は、前述のように、物性の質礙による反射としての、単なる主観的自覚性によるものとは考えられない。すべて抵抗感は、力と物体との単なる接触面における反撥ではなく、その真義においては、常に物体の全体がそこに作用らくとせざるを得ない。またかくてこそ、よく一物体の抵抗とも言い得るわけである。故に今われわれが一巨巌を押し得る抵抗感は、これを窮極的には、その背後実に全宇宙の抵抗感を感ずるとも言い得るのである。なるほど一感覚一知覚も、これを経験的現実的には、物性の質礙による知の反射に成立するとも見得るであろうが、しかしその真義においては、常に背後直ちに全宇宙を予想するとすべきである。随って紅を紅とし、緑を緑とする一感覚、一知覚における知の循環性は、その真義においては、宇宙生命そのものの絶対自覚の循環性を内具すると見るべきであろう。またかくしてこそ、一感覚一知覚の有する客観性も、その終局的根拠が瞭かにせられるわけである。もとより絶対無辺際なる全宇宙的生命の自覚については、仮りに循環性といっても、もとよりわれら人間の有限知における循環性をもって、これに擬すべきでないのは言うまでもない。しかも循環性を示すに円環をもってするのは、一つの比喩的象徴に過ぎないのであって、このことは、有限知としての我われ人知の循環性においても同様である。そもそも循環とは、生命全現の過定的表象的把握に外ならぬのであって、循環の本義に至っては、唯これ一個の全現成あるのみである。故にまたもとより空間的周辺をもって表象することはできず、真に一即一切・一切即一であって、到るところ皆中心たる絶対的全現成が、その本来相というべきである。

故に今われわれ有限知における感覚知覚も、その終局的根拠は、絶対者における全知即全能の全現成たるべきにも拘らず、現実にはそれがかく全現成として把握するを得ないで、常に物質の質礙《ぜつげ》に基づく抵抗感を介してのみ得られる処に、人知の人知たる有限性は存するのである。ゆえに絶対全知の立場にたてば、われわれが感覚知覚とするもののみに止どまらず、記憶・聯想・想像・憶起さらには夢裡の物象すら、いやしくもわれらの想念裡に去来し影現する一切の念慮は、悉くこれ全現成たるべき理である。現に普通には最も非現実的とせられる空想すら、その素材はすべて現実界裡の経験的素材に拠らねばならぬ。否さらにはかの絶対に非実とせられる夢裡の現象すら、絶対に無根拠なものでないことは何人も自ら知る処である。かくしてかかる立場からは、一切の念慮は、すべてこれ絶対全知界裡に悉く全現成である。われわれ有限知にあっては、表象と記憶、記憶と聯想、さらには聯想と想像、想像と空想など、すべて現実性よりのそれぞれの遠離によって、種々なる段階が考えられるが、一切の質礙を超出する絶対全知界にあっては、かかる現実性よりの無量段階における遠離をそのままにして、そのまま全現成である。われわれ人間の有限知にあっては、その知はつねに物性の質礙、即ちまた無明の暗黒によって常に障礙せられ、そこにまたわれわれ有限知における、所謂現実感の根拠も存するわけである。即ちわれわれ有限存在にあっては、その現実感とは、畢竟するにこの意味での被限定感であり、即ちまた被障礙感・被抵抗感に外ならない。かくしてわれわれは、この一点においても、深く自らの有限性を自省せしめられざるを得ないわけである。然るに絶対能照として、いささかの無知暗黒の障礙をも介在することのない絶対全知にあっては、かかる被制約性を根拠とする有限知の現実性は、一個の相対的基準に過ぎず、随ってそれよりの遠離の諸段階をそのままにして、全現前皆現成たるべき理である。

かくして絶対全知の立場にあっては、この全法界は、ついに絶対唯識界という外ないであろう。けだし一翳のこれを遮蔽することのない「一顆の明珠」にも喩うべきであり、随ってまたこの立場は、一切の質礙性の全脱の一境でなければならぬ。けだし物質性とは、屢説のように、物性によると考える被質礙性の意であり、同時にかく物性によって質礙せられると感ずるは、即ちまたそれだけの程度における知の不可透性に外ならず、随ってそれはまたそれだけ知の欠如喪失としての無明暗黒に外ならぬからである。ゆえに絶対全知の立場における物質性の雲散霧消は、全知存立の第一条件である。随ってまたこの立場は、絶対唯識論の立場ともいうべきであって、一切の存在すべてこれ絶対全知界裡における全知の分身現成である。即ちこの立場においては、一切存在すべてこれそのまま念たると共に、またこれを逆には、一切の念はすべてこれ実有とすべきであって、念と実有とは全然の一体であって、その間何物をも介在せしめない。そもそも念と実有、識と在との分離対立は、ただ分別知としてのわれわれ有限知の分裂対立態の現象に過ぎず、随ってそれはまた、両者の間を分つと考えさせる物質性、即ちまた無明の何程かの介在を語るものに外ならない。ゆえに今物質皆無の説は、絶対全知の立場においては絶対の真理として、寸毫の差過無かるべきであるが、ただ有限存在としてのわれわれ人間の分際にあっては、主観の与かりうる形式的絶対性の上では、何ほどかの趣でこれに与かりうるとしても、その現実内容としては、直ちに何ほどかの物質性、即ちまた無明の介在を否み難く、単なる物質皆無の語に酔うことの出来ないものがある。併しながら、同時にまたこの主観の与かりうる形式的絶対性による全知への合一は、これを内容的客観的には、物質性よりの全脱を不可能とするわれわれ有限者をして、尚よく箇中に自全の一境に与かるを得さす一面がある。かの随所作主の語のごときは、最もよく這般の消息を示すものと言うべきであろう。

かくして絶対全知の立場は、即ち物的質礙性の皆無の世界である。物的質礙性の皆無とは、即ち一切の全現成の謂いであって、これを知に即しては唯識、これを生命に即しては絶対慈愛としての大愛である。ゆえに全知即大愛であって、絶対なる神にあっては、知らざる処なく愛せざる物は無いわけである。そもそも存在とは、屢説のように被限定存在の意であり、被限定存在とは所生存在の謂いに外ならない。ゆえに一切の存在は、すべてこれ絶対者の絶対的自己分身的現成であり、随ってまた一切の存在が、すべてこれ絶対者の大愛の現成顕現である。ゆえに万象は、すべてこれ絶対者の大愛裡における慈愛の無量種々相《しゅじゅそう》というべく、われわれ有限知の立場からは、肯《うけ》がい難いと思われる諸もろの事象すら、全知としての神の慈眼の前には、絶対調和の大愛の現成たるべきである。かくしてまた絶対者にあっては、慈眼と慧眼とは全然の同一なるを知るべきである。知と愛との分離は、この相対有限界の現実相であって、絶対者の絶対的境涯にあっては、知と愛は絶対に同一である。事実知が絶対知として、対象の皮相に対する表象的認知の域を超えて、対象の全的統体に浸徹透過するに至れば、われわれ有限存在にあっても、すでに愛の相を帯びて来るのを常とする。いわんやその知が、単に対象現前の表相の把握に止どまらず、現前一瞬の統体に即して、過現未《かげんみ》の一切を諦観しうる境涯に達すれば、われわれ有限者においてすら、尚よく愛着の境を超えて、すでに慈愛に転ずる。われわれ有限者にして、すでに斯くの如くである。いわんや自ら絶対能生者として、万象を生んで已まない絶対者が、所生の万物に対する愛に至っては、必然に愛執を超えて絶対大愛とならざるを得ない。かくして能生即能摂として万象を生んで、寸時も已むことのない絶対者にあっては、全知はそのまま大愛の大行であって、これはわれわれ人間にあっては、わずかに親子の間にその映像の一端を窺いうるに止どまるが、しかも能生の一事は、ひとり人間のみに止どまらず、一切の生物悉く、何らかの程度でこれに与かり得るがゆえに、この点からは一切の生命が、それぞれの程度で、自ら大愛所摂の一存在でありつつ、自らの生むところに対しては、この大愛の映像としての愛執愛着の情念を発するのである。かくして一切万有は神の大愛の発露であり、その無量段階における発現というべきである。今これに対して、所照の自覚の立場として、自らも光被せられる大愛慈光の自覚に目覚めるに至るは、厳密には人間に特有であって、ここに人間的道徳の一基本原理として、父の慈を説かずして子の孝を説くゆえんがあり、かかる恩光所照の自覚において、生命の周流循環性は始めて真実となるが、しかもこれ人間的現実の立脚地より言うことであって、これを大観すれば、一切の万有はすべてこれ神的大愛の全現成であると共に、そのまゝまた絶対的生命の循環の全現成でもある。故にこの立場からは、万有はすべて父慈の慈光の顕現であると共に、また子孝の全現成というべきでもある。同時に万有をもって、かく子孝の理の全現成と見たところに、中江藤樹の所謂「全孝の学」の主意がある。故にまた「全孝の学」とは、これを今日の哲学的用語でいえば、まさに「孝の形而上学」の語がこれに当ると言うべきであろう。

四

さて上来述べて来たように、絶対者にあっては全知即全能であって、両者は相即と言うよりは、むしろ絶対一如の全現成である。随ってまた絶対界は、これを知に即しては絶対唯識界であると共に、これを能に即しては、大愛の全現成そのものである。併しながら、かく絶対者の大用としての全能が、そのまま大愛であるということについては、さらに考察を要するものがあるであろう。絶対者の全内容界であるこの大宇宙の万象が、神の大愛の顕現現成であるとは、如実には如何なることを意味するであろうか。そもそも愛とは、本《も》と生命に即する見方であって、万有を大愛の顕現現成と見るとは、即ち万有を宇宙の絶対的生命の分身と見ることでなければならぬ。かくして愛の愛たるゆえんは、それがよく能生者たりうる点にある。愛は一応能摂として、対象の包摂を意味するが、すでに存するものの能摂は、単に形式的であって、真に形式内容具足の全能摂の現成ではない。かくして真の能摂は、自らの所生存在に対して始めて言い得ることであり、随って愛の至極は能生そのものである。実に生むことのみが真の愛であって、それを遠離するだけ、愛の本義より遠ざかるのである。

かくして愛の絶対的原型は、ただ絶対能生者としての神が、その所生存在たる万有に対する関係裡にのみ認め得るのであって、その他に尚愛と呼ばれるものに至っては、皆それぞれの段階における、これが映像に外ならぬのである。これ絶対者ならぬ他の万有の能生は、形質共なる絶対的能生たり得ないで、形質共に相対的能生に過ぎないゆえんである。同時にこの事はまた、一切の被造物における能生が、常に本能に即して行われるゆえんでもある。即ち有限存在たる所生者の能生は、その所生者たるの制約の故をもって、その能生の根源は遠く絶対的生命にあるも、それは唯本能の形をとって催し出されるに止どまり、その無限の深底は、有限存在たる被造物の知力では、照破し尽し得ない辺にある。かくして、これら有限的能生者たる万物の愛は、畢竟じて相対的たらざるを得ないのである。然るに今その大外《ほか》なき絶対者にあっては、その所生としての万象は、一物といえども自の範囲より逸脱することなく、随ってその能生は絶対に自己内分身である。かくしてまた絶対者の大愛は、すでにスピノザも言うように、絶対自愛との意義を有つわけである。けだしその大外《ほか》なき絶対者にあっては、所謂他愛とすべきものなく、すべてはこれ自愛であるが、しかし自愛とはいっても、かの有限的被造物におけるような他愛と相対的な自愛ではなくて、謂わば他愛を超出する自愛である。ゆえにその自愛とは、畢竟これ相対愛の否定、即ち太虚大愛としての絶対愛の謂いに外ならぬのである。

すべて真に絶対的なものは、皆絶対自たるの意義をもつ。けだし一切万有を、他として自より隔絶する知の無明なきが故に、全的に一体である絶対者にあっては、全法界はすべてこれ自己内存在である。このように、全法界すべてこれ自であれば、最早特に自とすべき要もないわけである。もともと自とは、自己ならぬ他者に対して始めて言うこと故、その大外《ほか》なき絶対者の境涯は、絶対的な自であると共に、そのまま太虚大愛でもある。即ちことさらに自とすべき要がない故、すべてこれ自であって、却ってこれ太古の虚しさである。ゆえに真の大愛とは、自己ならぬ他者をも、自己の占有としようとするのではなく、もともと自己に対する一体感の自覚ゆえ、いわば愛すれば愛するほど虚しいのが太虚の趣である。かくして大愛即太虚、太虚即大愛というのが絶対界の真相であるべく、所謂惜しみなく奪うと見るの愛は、却って愛の真ならざるの証である。また事実においても自《オ》らこの理を証している。他を喪すは同時に自をも滅ぼすゆえんであり、自を滅ぼすは同時にまた他をも喪ぼすゆえんである。これ他を生かすが同時に自を生かすゆえんであり、また真に自を生かすは他を生かす所以《ゆえん》であることの消極面として、同一事実の表裏を示すものに外ならない。ゆえに有限存在における絶対者の大愛の現成は、その大愛即太虚のゆえを以って、自を虚しくして他を生かすの外ないのである。

かくして絶対者の大愛は、ついに万有の創造の外ないわけであるが、しかも万有は万有なるのゆえを以って、必然に無量多であるが、同時に又それは如何に無量であっても、それは在なるのゆえを以って、所生限定即ちまた個的限定の制約を脱し得ない。かくして万有が一面無量多でありつつ、その在なるのゆえを以って個的制約を全脱し得ない処に、万有の自立とその無限聯関とが生ずる。この万有における自立自存と無限聯関とは、まさに倶時現成として全然の同一事であるが、しかも万有が万有として、すでに所生存在である限り、その自立自存は、絶対的でなくして相対相依である。同時に、万有がかく相対相依的であることを、その本来とするとは、即ちその無限聯関の成るゆえんであって、万有の無限聯関が、そのまま実在の体系としての宇宙的秩序に外ならない。かくしていやしくも存在する程のものは、すべてこれ相対存在として、この宇宙的秩序裡の被限定的存在である。否、すでにも述べたように、絶対全知としての絶対唯識論の立場にたてば、所謂現実の経験的立場における実存の領域を超えて、一切の想念すべてこれ全現成裡の個々現成とすべきであるが、しかもその故を以って、一々自全現成でありつつ、他面無限聯関裡の一現成たることを免れない。

かくして一切万有は、すべてこれ無限聯関裡における被限定存在たることは、そのまま又一切の万有が、絶対者の大愛所摂裡の存在たることを語る。げに万有は、一々宇宙的秩序の無限聯関裡の被限定存在であるといえるが、かく宇宙的秩序の裡に、被限定存在として限定するものは何かといえば、その秩序が宇宙的秩序であり、その聯関が華厳に所謂重重無尽的な無限聯関である以上、その限定者は、絶対能現者としての絶対者の外ないわけである。然らば万有の一々が、この無限なる宇宙的秩序の無限聯関裡に、所生存在として限定せられているということとそのことが、そのまま直ちに、神の大愛の全現成たることを意味する。故にこの立場からは、万有の一々は、神の絶対大愛の全的現成における一々の焦点ともいうべく、同時に万有は万有なるが故に、無量在として無限聯関を為すということは、絶対者の絶対大愛は、一切処がそのまま全現成の焦点たるべきことを意味するといってよい。ゆえにこの立場からは、被造物に及ぶ神の大愛は真に絶対平等であって、その間絶対に差等なかるべきである。即ち一一の事物が、すべてその角度における神の大愛の唯一焦点たるの意義を有するわけである。

今上述のように見て来る時、われわれは絶対者の絶対大用としての大愛が、それと相即一体たる全知と一なる趣を、さらに別箇の側面から伺うことが出来る。即ち絶対者にあっては、全知即全能の旨はすでに述べたが、このことは又上述のように、宇宙的秩序における万有の無限聯関においても、これを証し得るのである。そしてこの点よりしてまた神の大愛は、万有の無限聯関としての宇宙的秩序を外にして行われるものではなく、これとの相即一体裡に現成することを知るのである。同時にこれによって、この唯一の宇宙が神の全内容界として、絶対最善界であるというライプニッツの教説も、側面からこれを証し得るわけである。けだし彼がこの現実の宇宙を、一切の可能的世界中の最善界としたのは、これを別の言葉でいえば、この現実の宇宙は、それが現実の宇宙たるの故をもって、そうだと言う外ないわけである。即ちヘーゲルの所謂現実即真理であって、可能界とは、それが現実界でないだけ、それだけ抽象であり欠損であるが、同時にまたそれだけ無明の暗黒性を介在せしめるわけである。即ちそれだけ悪を混入せしめているが故に、最善たり得ないわけである。かくして、この現実界こそ唯一最善の世界であるとは、絶対必然即絶対最善とする、現実即真理の立場から来る必然的帰結というべきである。これ即ち古来東洋に所謂立命の境の内含する一断面の自証展開というべきでもある。

故にこの事は、これを個人の上に移して見ても同様であって、各個人はその自覚と無自覚とを問わず、いやしくもこの現実界裡において辿るその歩々のあゆみは、すべてこれ絶対必然即絶対最善であるのである。ゆえにまた万人の歩みは、それが現実界裡の現実の歩みである点において、その自覚と無自覚とを問わず、一々皆絶対現実即絶対必然であり、同時にかく絶対必然であるのは、即ちまたその絶対最善なるゆえんである。かくして万人の歩みは、本来一人の例外もなく、すべてこれ絶対最善たるべきであるが、しかもその真の趣は、この理を知る者にして、始めてよく実にするを得るのである。しかも大観すれば、この絶対必然即絶対最善という事実は、その知と無知とを問わず、この法界の絶対全現成界裡の個々現成として、一毫の例外もなくすべて全現成ともいえるのである。即ちただ知らぬ者のみが知らぬ。しかも知らぬとて、絶対最善としての全現成に寸毫の増減もないのは、ひと度個我を全脱すれば、何人も容易に肯がうことのできる処である。かくして真の立命の境とは、この現実の自己が、今日まで歩んで来た一切の過去の歩みが、絶対必然即絶対最善たりしことに、眼覚めるに在るともいえる。けだし、これまで自己の歩んで来た一切の過去を、絶対必定と観じ得ないとは、そこには単なる想念を、種々の可能的世界として投影し、即ち一種の虚妄界を混入せしめるが故であって、たとえ如何に可能的世界を頭に描いてみても、現実の歩みは現実の歩みとして、時処位的に限定せられて絶対必定の外ないのである。しかもかかる必定を必定と悟らずして、種々の想念的可能界を、過去について想い描くことそのことが、単なる可能界の描出投影たるに止どまらず、それをそのまま自己の現前の歩みとして、念々如是に現実界裡に新たなる絶対必定の歩みとして印刻しつつあるのである。即ち自覚も無自覚も、自覚による現前直下への廻光返照も、はたまた過去に対する想念的な可能界の投影も、その何れにも拘らず、すべてが現前如是の歩みとしては、絶対に現前如是の歩みであり、またその歩々の歩みは、その自覚的返照たると、はた又その可能的想念の投影たるとを問わず、一々がそのまま全現成裡に個々現前するのである。

かくして知と無知、自覚と無自覚とを問わず、万人否万物の運行は、それが唯一大宇宙の絶対的秩序の運行であると共に、絶対必定であると共に、また実に絶対最善であるが、唯このことは、自覚知に返照してのみ明かに了会せられるところである。ゆえにこの大宇宙を絶対最善と観ずるのと、絶対者の大悲大愛を信ずるのとは全然の同一であり、また絶対者の大悲大愛を信ずるのと、自己の今日までの前歴程を、絶対必定即絶対最善として、これが全的肯定の立場にたつのとは、これまた全然の同一事である。古来知命といい立命といわれて来た古人の境涯を、今日所謂実在の体系として、宇宙的秩序の理法の組織に即して、これが自証展開を試みれば、その一映像は、恐らくは斯くの如きものとなるのではあるまいか。

五

さて絶対者の内面的境涯は、上来所説の如く、一応これを全知即全能ということができ、これがさらに一段の内容的限定においては、絶対能照即絶対大愛というべきであろうが、しかもこれ絶対者の境涯そのものについていうことであって、今かくの如き境涯は、われわれ有限存在にあっては、如何にしてこれに与かり得るであろうか。そもそも絶対界はその絶対界たるの故をもって、厳密には超在即ち超意識界たるべきである。随ってもしそれが、われら有限知たる意識界と、絶対に何らの交渉もないとすれば、畢竟これ一篇の架空物語に過ぎぬともいえる。現にライプニッツの「単子論」の如きは、吾人からすれば最も端的切実に、しかもまた最も理に即して、大宇宙の実相を把握したものと思われるが、今「単子論」の如きを顕とすれば、これに対してはまさに隠とし幽とすべき絶対全知界の消息は、それがわれら有限存在の有限知を超出するが故に、それだけその如実なる把握体認は容易でなく、随ってその如実を肯がわぬ人々の少なくないのも、また無理からぬことと言うべきであろう。もとよりかかる絶対界の消息は、すべて全身心を挙しての体認による外、如実なる承当は不可能であって、もとより単なる理説のよくし得る処ではないが、同時に如実体認は、その如実性の故をもって、必然に理法に即するこれが自証を包蔵すべきであり、随ってまたかくの如き理法の自証展開そのものが、飜って如実体認に導く一媒介たることもまた否み難いのである。

絶対全知は、その絶対性の故を以って、一切有限知を超出する一面のあるべきことは、今さら言うを要しないが、同時にまた絶対全知は、その絶対性の故を以って、単なる有限知よりの遊利隔絶ではなくて、他面一切の有限知に内在して、滲透徧満するところがなくてはならぬ。一切の有限知におけるかかる内在なくんば、超出も真の超出ではなく、随ってまた全知も真の全知たりえない。かくしてわれら有限存在が、その有限知をもって、絶対全知の体認に参加し得るとするは、一見如何にも背理の如くであって、その実決してそうではない。むしろ絶対全知は、その絶対性のゆえを以って、却ってわれら有限知による、これが体認の無量の可能を包蔵すべきである。これ一見背理逆説の如くでありつつ、却ってそこに絶的実在の至理は存するのである。また事実、絶対全知界は絶対能照界であり、絶対能照界は即ちまた絶対唯識界であるとすれば、万有一つとしてこれより洩出逸脱するものなく、すべてこれ全知界裡の所生存在即所照存在たることを思えば、われわれ人間が、自覚を可能とする唯一の有限存在たることは、一面もとより全知界の全容を知悉しえない宿命を有すると共に、又かく絶対全知に囲繞包摂せられ、さらには滲透徧満せられるの故を以って、却ってこれが自証体認の恩寵を本具せしめられるとも言うべきである。

然らば有限存在としての、われら人間における斯くの如き全知の把握体認は、如何にして、また如何なる様式によって行われるであろうか。畢竟これ既述のように、全知による自らの所照の自覚によるとする外ない。絶対全知は、屢説のように絶対性の故を以って、われわれはこれを、単に分別知の上に投影し対象化することは出来ない。すでに投影であり対象化である以上、如何なる絶対的存在も、相対有限存在となり了る外ない。けだし投影対象化の作用そのものが、本質的に相対化作用に外ならぬが故である。この点からは所照の自覚といえども、それが自ではあっても、覚として内に一面対象化作用を含むとせられる限り、絶対全知との真の如実合一ではないとも言える。同時に今かかる自覚裡における対象化作用の抽象性をいう所以のものは、即ち知としての自覚を、その如実実現としての行為の現成に対せしめてのことである。かくして自覚も、もしこれを如上行為の現成と分かって、知的対象化作用を内含するとする限り、仮りに所照の自覚として、所謂相対分別知のごとく、全的対象化の立場には立たぬとしても、尚かつ絶対全知との如実合一を実現するとはいい難いのである。

しかしながら今自覚の円成を行為の現成と相即せしめて、これを一体と考える立場にたてば、われわれは自覚知において始めて、絶対全知との如実直接を実にするを得るとも言うことが出来る。なるほど一面からは、万有の一切は、それが絶対者の所生存在として、全知の所照存在たる限り、一物の微といえども、全知との直接性を具せざるは無いともいえる。併しながら全知即全能、知慧即大愛としての絶対者の絶対的生命は、常に回光返照によるその循環性によって、始めて実になるのである。広く生命の真は、その循環周流性に存することは屢説の通りであるが、しかしその最も真なるものは、自覚における循環性によって、始めて実になると言うべきである。故にいま絶対的なる宇宙的生命は、その絶対性の故を以って、それ自身、生命の自己循環としての絶対的自覚であるべく、そしてかかる絶対自覚性は、またその絶対性の故を以って、絶対自なると共に、自の全的喪失脱落として、まさに覚自体とも称すべきであろうが、今被造物としての万有の分際において、最も深くこの境に近接し得るものは、言うまでもなくわれわれ人間における自覚であり、同時に自覚の真は屢説のように、全知による所照の自覚に至って極まる。ゆえに所照の自覚こそは、まさに絶対と相対、天と人との会する一点であって、人がこの有限相対の身を以って、絶対の天真に契当する唯一真境と言うべきである。故にまた人が古来天地の化育に参じ得るとした所も、まさにこの自覚の一境においてでなければならぬ。

かくしてこの所照の自覚は、詳しくは全知即絶対能照による所照の自覚であるゆえに、全知そのもの能照そのものは、まさに永遠超時たるべきであり、随ってまた一瞬の自覚も、人をしてよく永遠の生命に散ぜしめると言うことが出来る。これ孔子に「朝に道を聞かば夕に死すとも可なり」の語があり、また仏教における浄土教にて、古来臨終一念の念仏の重視せられる所以でもある。併しながら、永遠は永遠として絶対超時であると共に、またこれが断続としての時間裡への内在たる常の一面がなければならぬ。かくして所照の自覚は、その意義においては一瞬即永遠であると共に、またそれに即して常所照の自覚としての現実的一面をも具すべきである。ゆえに所照の自覚は、この常の一字を缺く時、その現実性を喪失すると言うべきであり、随ってまた自覚そのものの真を缺くともいえる。かくしてまた真の自覚は、それが絶対光所照の自覚として、絶対的生命に契当するものである限り、たとえ一瞬の自覚といえども、意義としては常所照の自覚たる一面を具すべきである。けだし自覚に入るは、よし一瞬であるとしても、絶対者の能照光は、その絶対性の故をもって永遠であると共に、これを現実的側面からは常持続だからである。かくして、自覚の真は所照の自覚にあり、所照の自覚の最具体的なものは、常所照の自覚というべきである。もとよりここに常所照の自覚とは、われらにおける現実の自覚の常持続性をいうのではない。もしかかる意味とすれば、有限存在としてのわれわれに、これを可能とする幾人もないはずである。ここに常とは、謂わば永遠の現実的側面ともいうべき意味であり、随ってこれは必然に過現未の三相を包摂する。かくして常所照の自覚における常とは、自覚の現実的主体としての自に即するものではなくて、絶対能照者としての絶対光そのものに則しての謂いである。即ち常所照の自覚とは、自覚の常持続でなくして、所照の常持続の謂いに外ならない。かくして自覚は、自としてのわれら有限存在としては、常に断続あるを免れないが、所照は絶対全知者の絶対能照光によるが故に、絶対に常持続であって、一瞬といえども止む暇とてはないのである。所謂「神はまどろみ給ふときなし」である。

かくして常所照の自覚は、自に目覚めることに即しはするが、しかもそれは、単なる自への目覚めを主とするものではない。その主とする処は、実にこの有限なる自己を照らして止むことなき、絶対能照の大悲大愛の慈光に目覚めるの謂いでなければならぬ。かくして所照の自覚が、自覚の真たりうるゆえんも、実にここに存するのであって、自に目覚める真の窮極は、ついに自を生み自を在らしめる絶対根源力への目覚めでなければならぬ。かくして自覚は、ひとり自相に目覚めるに止どまらずして、それに即する自の絶対能照者への自の目覚めであるが、しかもかかる絶対能照者への自の目覚めは、さらに一歩を進めれば、単なる自の目覚めのみに止まらないで、他面絶対能生者そのものの目覚めでもあると言うべきである。もとより絶対者はその絶対性の故を以って、可能現実及び必然という三様態の絶対的一体である。隠顕の別、可能と現実の差をいうは、唯われら有限存在の分際であって、絶対者にあっては、これらのすべてが全現成であるが、むしろその故を以って、われわれ有限者の立場からは、われわれ自身の絶対能生者への目覚めが、そのまま又絶対者そのものの自覚たるの意義を有つ。これかの因位の法蔵が、一人といえども正覚を取らない衆生の存する限り、我れ正覚を取らじといった所以であって、この意味からは一人の目覚めが、そのままその角度における、絶対的生命そのものの目覚めというべきでもある。かくして絶対的生命の自覚としての覚自体は、その絶対性の故をもって、まさに斯くの如き自覚の無量の可能を包蔵する絶対的全現成と言うべきであろう。

如上自覚は、われら有限者にあっては、本来所照の自覚であり、それはさらに常所照の自覚たるべきである。同時に常とは、すでにも述べたように、元来絶対能照の常持続に即いて言うことであるが、同時にまた絶対者における絶対能照のこの常持続の功徳力の故をもって、われわれ人間における常所照の自覚も、次第にその持続性をうるに至るを常とする。これ絶対能照光の常持続性の、われら有限存在への内的覚醒実現に外ならぬ。ゆえに今絶対的には臨終一念の念仏も、はたまた自覚の常持続八十年の生涯も、理としては同一なるべきであるが、同時に又現実としては、悟後の修業の要とせられるように、自覚の真は、その常持続において得られると言うべきでもある。かの臨終一念の念仏も、臨終なるがゆえに尊いのではなくて、一念の念仏よく弥陀の絶対慈光による所摂と自覚に与かるがゆえに尊いのである。同時に臨終の尊ばれるのは、唯その期を外ずしては、尽未来際《じんみらいさい》、救われるの期なきが故に尊いのである。即ち経験的現実的立場にたっての謂いに外ならない。ゆえに無自覚と比べては一念の自覚も、もとより絶対的ではあるが、同時にわれら有限存在にあっては、常持続は到底期し難く、常に断続果てなきこと、あたかも暗夜に明滅する蛍光のそれの如くである。しかもかく明滅しつつも、蛍の行手のほぼ窺われるように、われわれの自覚も、到底その常持続は期し難く、常に明滅して、その内容の断絶を免れないにも拘らず、その本義においては、よく恒常一貫性に与かり得る根拠は、もとより有限相対なるわれになくして、われを生み、われを照らして止むことなき絶対的生命の常持続性にあること、改めて言うまでもない。

三　知行論

一

真実在の体認は、上述のように絶対者の全知即全能、即ちまたこれを時空的現実に即しては、常知即常動の一焦点としての自己の、如是現前の自覚に立つこと、即ち常所知・常所照の自覚に立つの謂いと言うことが出来る。しかもこれ、謂わば一応のことであって、そこにはさらに吟味考察を要すべき諸問題が残されている。もしこの際自覚の意義を、単に知的作用の意に局限して、単に主観的想念裡のこととするならば、真実在の体認といっても、畢竟これ平面的な映像の範囲を出ぬといってよい。勿論自覚は、その自覚性の故をもって、知の作用たることをその本質とはするが、しかしその知は、単に模写的映像の把握としての、一面的抽象知の謂いであってはならぬ。そもそも知は、元来自覚性をその本質とするものであって、普通には単に模写的と考えられる感覚知覚の如きものすら、決して単に模写的なものではなくて、そこには不十分ではあってても、すでに主客に即する絶対主観の自証たる覚自体ともいうべきものの映像を宿すべきことは、所謂模写説否定の論理的必然である。

しかしながら、知はそれが単に自覚的であるとの故を以って、直ちに真実性の体認とは言い難いとの一面もある。即ちこの立場にあっては、知の主観性、随ってまたその平面性が指摘せられて、自覚はよし如何に深奥であっても、それが知として自覚に止どまる限り、一たび消滅すれば、そのまま跡方もなく消え去るとする。かくして知の主観性と平面性の指摘は、必然そこに知の実現としての行為の論究を提起する。そもそも知行の問題は最も深い問題であって、知的理論的なることを特質とする西洋においては、すでにギリシヤの古ソクラテスに始まり、また実行を主とする東洋にあっても、この問題は周知のように王陽明において、最も深き具体的考察がなされている。同時に陽明の知行合一説は、その中核においては、確かに知行の究竟的意義を把握したものと言い得るであろうが、しかも他の一面からは、彼といえども矢張り実行を主とする儒教の特質からして、これをかの西洋の体系的学問の立場と比べては、未だ十分に体系的自証とは言い難いともいえる。とまれ知行の意義は、実現の最具体的焦点として、実在の真相の理論的究明上、最も中枢的意義を有するものであり、もしこの一点にして閑却されんか、如何なる形而上学的体系といえども、畢竟これ画餅に外ならぬと言うべきである。上来屢説の絶対者の全知即全能、さらにはこれを時に即する把握として、常知即常動というが如きも、その焦点が現前の自己の一挙手一投足として、知行合一の一点たることを了せねば、畢竟これ一片の空語に過ぎぬと言わねばならぬ。

すでに陽明の知行合一説の根本も然るように、元来絶対的立場にたてば、知行という二者があるのではない。知はこれ本来行為をその内面無形に即していったもの、また行為とはこれを外側から、その有形的実現に即いて見たものであって、その実そこに存するものとしては、ただ唯一現成あるのみである。かくして大宇宙の絶対全現成の立場にたてば、われわれ人間における行為の無量種々相も、すべてこれ宇宙的生命の唯一全現成裡の個々現成であるのみならず、さらには人間の好意とのみ限らず、蠉飛蠕動《けんびねんどう》も一現成・一木一草も一現成でなければならぬ。ゆえに知行を論ずるに当っては、もとより根本的には、かかる絶対根底としての宇宙的生命の全現成をその背景としなければならぬが、今はしばらくわれわれ有限存在における相対的現実の立場より、その乖離並びに合一を論ずるわけである。しかも乖離といい合一という、本とこれその根底としての知行の絶対的同一なくんば、乖離といい合一というも、その可能をいうべきものがない。かくして知行論は前述の如く、宇宙的生命の絶対自覚たる全知即全能の、時空的実現としての常知即常動の一々の焦点たることが、その絶対的意義でなければならぬ。

しかも現実界は、その現実界たるの故をもって、一面有限相対的であり、随って知行の相即的実現は、一面からは必然そこに、無量種の段階を呈すると言わねばならぬ。すでに鉱物植物及び動物の三段階は、根本的には実在の段階たること言うまでもないが、それが実在の段階であるとは、これを知に即しては知の発現段階の謂いであり、これを知の実現としての行に即しては、まさに行の段階の謂いでもなければならぬ。げに実在はその絶対無限なるの故を以って、これが内容の自証展開は、真に絶対無量種々相を呈すべきではあるが、唯われわれ有限者にあっては、自己の有限知の諸相に即して窺い得るに止どまる。しかもかく有限なるわれらの現実にあってすら、尚かつ実在はこれを知に即しては、全知の無量段階における現成顕現として、所謂識縁起としてこれを展開しうると共に、又これをその作用《はたらき》に即しては、全能の具体的内容としての大愛の無量現成として、所謂愛縁起として見ることも出来る。かくして今やこれら両者の具体的統一たる行縁起として、これが統一的展開を試みようとすることも、また必ずしも不可能ではない。げに実在の段階は、これを行の無尽縁起とも言い得るのであって、全能即常動とは、もっとも端的にこの趣を語るとも言うべきである。

前述のように、万有そのものがすでに行縁起であるとすれば、人間的好意の諸相は、まさに実在の行縁起の中枢核心を為すものでなければならぬ。しかし人間的行為と一口にはいうが、しかもその内容からは、実に無量段階の無量種々相であって、その最下位なるものにあっては、動作さらには単なる運動に過ぎないものすらあると言える。併しながら、今運動を動作より区別して、意識の全然の欠除とすれば、自覚可能存在としてのわれわれ人間には、元来純然たる機械的運動と称すべきものはなく、如何に機械的と見えるものにも、そこにはすでに、何ほどかの意識を予想するというべく、随ってそれは、もはや単なる運動ではなくて動作でなければならぬ。例えばかの反射運動、さらには夢裡の運動といえども、それが反射運動として、純然たる機械の運動でない限り、すでに動作の一種であるともいえる。反射運動が純然たる機械的動作でないことは、それがわれわれ人間の設定による人間的機制でなくして、まさに生体の本具生得として、自己を超えた奥処より発動し来たることによって瞭かである。

かくして人間の行為は、如何に単純なものといえども、そこにはすでに何等かの程度の意識性、即ち又これをその本質からは、自覚性を具すると言わねばならぬ。かくして行為の内面本質は、あくまでその自覚的なるにある。即ち行為を単なる動作、さらには運動と分つものは、実にその内的自覚の浅深の如何によるのである。行為はその外形からは、身体の有形を介する物心の合一として、現実界裡の一実現である以上、必然そこには客観性、随ってまた社会性を有すべきであるが、しかもその客観性社会性の真の根底は、行為の内的自証の客観性に基づくものと言わねばならぬ。ゆえに人は、例えば狂犬の与えた傷害も、その責任はその狂犬に負わせないで、飼主たる一個の人格の負うべき処とする。狂犬の与えた傷害は、傷害としてどこまでも現実であり、随ってまた客観性を有するとしなければならぬが、しかもわれわれは、狂犬の与えた傷害を、狂犬の責任として問うことはせず、かかる狂犬を放置した飼主にその責ありとする。如上卑近な一例によっても瞭かなように、行為の行為たるゆえんは、飽くまでその内面の自覚にあり、随って自覚と行為とは、元来全的一体であって二物でない。これを内より内観するとき自覚と言い、これを外よりその有形的実現に即いて見るとき、行為とは言うのである。

かくして知行は、その本来よりすれば、全的一体たるにも拘らず、それが常に二物の如くに考えられるのは何故であろうか。これ知行合一としての行為の意義の究明上、じつに重大な問題であって、後に多少論述の機を得たいと思うが、ついでに一言すれば、これ実にわれら有限者における知の抽象性、随って又その映像性に基づくというべきであろう。今知行の関係を最も卑近に髣髴しようとすれば、喩えば円錐形を横にしたるものとも言うをうべく、知を底辺とすれば行為はまさにその焦点としての頂点にあたる。知はその一応の映像的特質よりして、対象の全面的把握を企てるが、われら人間の身心両面の有限的制約は、一挙にしてかかる抽象的映像知の全的把握は期し難いのである。今身心両面の有限的制約と言ったが、これを具体卑近には、所謂「心は一つ身は一つ」であって、われわれが現実の時空的制約裡に実現し得るところは、只「一時一事」の外ないのである。仮りにその外形からは、手足各々を働かすとしても、畢竟じてこれ、唯一目的の実現への手足の参加の外なく、仮りに百歩を譲ってかの聖徳太子が、同時に数人の訴を聴き給うたというが如きも、時処位的唯一限定の絶対的制約を全脱し給うたというわけではなく、即ち如何に聡叡《そうえい》にましました太子とても、竟いに同時異処たることは得給わなかったことを含意する。これ実に有限存在として免れ難い我われ人間の根本制約というべきである。同時にここに我われの全身心を挙しての一実現たる行為が、ひとり一人格の最具体的な自己実現たるに止まらず、これをその絶対根底からは、一人の人間の一挙手一投足も、そのまま実在の最具体的限定として、一々全現たるの意義を有するというべきである。

かくして行為論の論究は、実在の最具体的現成の立場であって、行縁起は、そのまま識縁起及び愛縁起の、究竟的統一の実現たる意義を有する。しかも行縁起が行縁起として、如是の意義を有し得るのは、その内容として、直ちに実在の識縁起及び愛縁起を予想し得るが故であって、もしこれを欠くとせば、よし行縁起といっても、急転直下、万物の機械的機制に堕するの外ない。これ、行為において自覚の重視せられる所以であって、ひと度かかる自覚内容を欠くとき、人間と動植物、否鉱物との差も全然消失し去るわけである。このことは、現時のごとく実践の語の高唱せられるとき、特にその意義を有するのであって、かのシェリングがその「学術研究の方法論」の中で、行為行為という叫びを以って、無知なる人々の高唱する処と揶揄しているが如きも、確かに一面の真理を有するを知るのである。ゆえに今行為の立場に立てば、全実在すべてこれ行縁起であって、万有すべて行の無尽縁起の相を呈して来ると言えるが、同時にそれは内面的には、直ちに知の無尽相映としての識縁起を内含するものと言わねばならぬ。かくして知行一体の真の絶対的根底は、宇宙そのものにあり、随って知行論の考察も、常にこの終局根底に返照する処がなければ、その真を逸する恐れがあると言うべきであろう。

二

知行は本とこれ一体である以上、行為の意義の重視されることは、同時にそのまま知の意義の重視せられる謂いでもなければならぬ。然るに、それにも拘らず特にこれを行為と呼んで、その本来は知行の合一であるにも拘らず、これを行の側面から把握しようとするのは何故であろうか。これ行為はすでにも述べたように、無形なる知の実現として、有形的限定に関わるが故である。もとより知にも無量種の段階があり、そしてそれは、まさに無相裡の相、無形裡の形として、それ自身高下浅深の別あるは言うまでもないが、しかも無形裡の形は、畢竟じてまた無形であって、この立場に拘わる限り、また主観の領域に止どまるものとも言える。同時に真知は知行合一の実現として、何等かの意味で有形的表現をとるべきが故に、かの単に主観裡の無形にのみ止どまる知は、知としても未だその深義に至らぬものと言うべきである。即ち単に内面無形の知の立場に止どまる限り、そこにはその浅深を語るべき何ら客観的標準がない。もし強いて言い得べくんば、知の明暗という外なかるべく、事実またその内面の如実を得たものにあっては、明の一語、よく一切知性の浅深の唯一標準たり得るともいえるが、しかもこれ実に内面自証裡の問題であって、それのみでは、未だ十分に絶対的客観性を明かにしたとは言えぬ。これ有限的現実の立場にあっては、真知論の外に、別に行為論の要とせられる所以である。

ゆえに今知行合一、即ち又その本来より言えば、知行の全的一体の真趣を了すれば、すでに陽明自身も説くように「一箇の知を説くも、すでに自ら行の在るあり、只一箇の行を説くも、すでに自《オ》ら知の在るあり」であって、敢えて知といい敢えて行と限定するの要を見ないのである。随って知行論における行為重視の立場は、これを対他的には易解婆心の立場というべく、又これを対自的には、自反自省の立場とも言うべきである。対他的に易解婆心の立場とは、即ち知の浅深は、その外的表現としての行為によって、始めて何人にも明白なるをいうのであり、また対自的に自反自省の立場というは、自己における知の浅深は、前述のように、自証裡における明暗によって瞭かなるべきわけであり、同時に自証裡における明暗の別とは、即ちまた明裡における明暗の別の自証の謂いに外ならぬゆえ、この根本自証を得ない限り、明暗そのものの別もまたその真が得られぬ。ここにおいてか自における知の浅深は、知の自証としての明暗の別によって最も明かなわけであるが、また知の外的表現としての行為の立場を借りるのが、その自反自省の上に便なるが故でもある。吾人はここにも又われわれ人間の有限性の現実を知らしめられるのである。

かくして知行は本来絶対の一体であって、もし強いて言い得べくんば、内外表裏の別に外ならぬ。ゆえに陽明も「知の真切篤実の処即ち是れ行にして、行の明覚精察のところ即ち是れ知なり」とも言っている。かくして行為の段階は即ち知の段階であって、知行の浅深高低は、全的平行一体を為すを知るべきである。然るにこの知行の全的一体の理を了得するに至らない間は、知行の内外表裏の全的一体の趣を知るを得ないで、知を平面とし、これに対して行為を立体とする。即ち先ず知があって然るのち行があるとする。これ通俗の見としては一応もっともであって、知を抽象的平面とすれば、行為はその立体的具現の立場であるとは、真の行為の具体性を示すと共に、また抽象知の平面性を示すにおいて一応便ではあるが、しかも立体的行為は、内にまた立体的真知を具すべきことを忘れてはならぬ。即ち行為の立体性が、そのまま真知の立体性であり、真知の立体性が、そのまま行為の立体性というのが真境である。かくして行為の体系におけるその浅深の序は、そのまま知の体系に於ける浅深の序と契合すべきである。けだしこれ唯一の具体的なる実現体系の内外表裏の差に外ならぬが故である。

故にかの本能的な反射運動の如きは、これを身体的運動としては、物理作用を内含する一箇の生理作用として、肉体的には一動作たること、その外形からは聖賢の自覚的行為も、一応は同一とも言うことができるが、そこに内含せられる知の浅深の差に至っては、まさに霄壌の差を呈する。ゆえに等しくこれ一挙手であり一投足であるとしても、唯これ眉頭一尾の蠅を追うに過ぎず、随って何人もこれに対して一顧だも与えない。然るにかの釈の拈華微笑《ねんげみしょう》の如きに至っては、これを身体的にはわずかに一挙手にも如かないほどの一動作に過ぎないが、しかも釈尊一代の自覚の一切は、この外形的には幽かなる一挙動のうちに、嗣法の弟子迦葉に伝承せられたのである。これ黙証であり、契当であり、相念相証である。かくして行為の浅深は、単なるその有形からは言いえぬのであって、必ずや内に包含せられる知の浅深、即ち自覚の浅深による外ないのである。ゆえに知の客観的実現を確証せんがために、行為を重視するは頗る有意義ではあるが、同時に行為の内面がそのまま自覚であり、随って等しく行為と呼ばれるものにも、その包蔵する処の自覚の浅深によって、そこに無量種の差のあることを知らない者に対しては、単なる行為重視の論は、また人をして誤らしめる恐れなしとしない。畢竟するに、知れば知行その何れを説くも可であるが、知らざればその何れを説くも不可というべきである。否知らざれば、知行合一といい、知行の全的一体といっても、その不可なるは単に知を説き行を説くものと全く異らぬ。

げに思想のことは、単なる抽象的形式論の問題ではなくて、この現実の天地人生において作用らく実理の如実体認と自証の外ない以上、その表現として仮りに概念を用いるとしても、これ実理の全的統一の上より不可避な為めであって、断じて単に無内容なる形式的空語であってはならぬ。かくして一々の概念は、その本来より言えば、すべてこれその角度における大宇宙の影現と称すべきであり、随って又その意味からは、一々の概念は、そのまま一小宇宙たることをその本質とする。ゆえに偉大なる思想家にあっては、必ずや自らの思想の全的統一を表現すべき一個特有の概念があるわけであり、この時その一概念の裡には、当該思想家の全体系が含蓄包含せられるはいうまでもないが、さらに一歩を進めれば、当該一概念の裡には、その角度において実に全宇宙そのものが包蔵せられるとも言うべきであろう。これを西欧ではプラトンの「善のイデア」、スピノザの「実体」、或はヘーゲルの「精神」等の語はこれに当り、又これを東洋では、孔子の「仁」孟子の「義」の如き、また近くは道元の「身心脱落」親鸞の「自然法爾」等の語は、何れも一語よく全宇宙法界を、その独自の角度において宿すことを知るべきである。

ゆえに今知行論にあっても、その根本は知行の形式的論議のいかん、或はその形式上の軽重関係の決定等には存しないで、その如実一体の体認如何が結局その根本問題となる。同時にかかる知行一体の如実体認の中心は、行為の内面真相が一個の知であり、そして知の本来が自覚である限り、自覚そのものというべく、げに自覚こそは、知行一体の如実体認の中枢核心を為すを知るべきである。しかも自覚の中心は、屢説のように所照の自覚に即する己私の超克融会にあり、同時に己私の融会超克は、これをそれ以前の無自覚的現実態の立場よりいえば、まさに己私の死を意味すべきが故に、自覚はまたこの意味からは、まさに「死」の関門の透過というべきでもある。ゆえに何等かの意味で死の関門を透過しない限り、知行一体の如実体認には至り難い。即ちこのことは、未だ死の関門の透過を了えない間は、知といっても単に対象知に止どまって、これが自反返照に至り難いことを意味する。かくしてここに死の関門の透過とは、所謂対象知が、その直線的進行を遮断せられて、竟いに自己に回光返照し来たって、一円を成ずるをいうのである。ゆえに知行の一体とは、今知の立場よりこれをいえば、まさに斯くの如き知の自反の一循をいうに外ならない。即ち知の一循は、知の自己還帰としての行為の現成に外ならぬのである。故にまた知の自己循環と、行為の自己還帰とは本と同一であって、これ即ち知の現成と行為の現成とが、本来全的一体なるをいうに外ならない。現成は現成であって二なく三なく、知の現成即行為の現成、行為の現成即知の現成というのが、現実の真の究竟的把握というべきであろう。即ち絶対的全現成裡の知行の現成は、絶対的に相即一体たるのである。

上述のように、知行の全的一体の如実体認は、畢竟するに先ず自らが己私の否定に即する所照の自覚に目覚めるの謂いに外ならぬが、しかも所照の自覚の本来は、すでにも述べたように、常所知・常所照の自覚にある。かくして行為の真の現成は、常に内に常所知・常所照の自覚を包蔵すべきである。ゆえにまた先きには、自覚への透関を死の透過といったが、これ有形の関門のように、唯一度で透過し了ったとすべきではない。もとより本来的意義においては、一旦の透関は永遠の透関であるともいえるが、ひと度現実の立場にたてば、真の自覚者にあっては、死の関門の透過は常持続たるべきであって、念々これ透関に即する念々これ退転の自覚、念々これ退転の自覚に即する念々これ透関であるべきである。ゆえに今この立場にたてば、真の自覚者の一々の行為は、現前如是なる自己の全死透関の一挙手一投足であり、一挙手一投足が一々これ全死透関たるべき理である。即ち一々の行為が、常に全死即全生というのが、至人における自覚の真境というべきであろう。

先きに行為の浅深はこれ自覚の浅深、自覚の浅深は即ち行為の浅深といって、行為の体系的次序の浅深と、知の体系的次序の浅深との全的相即一体を説いたが、しかもかかる体系的次序の高下浅深の常相応は、その根本において、これら知行の両体系的次序の展開を、自己内影現として包摂自証する絶対者の絶対的自覚を予想しなければならぬ。かの双鏡相映裡における物象の映像は、如何に相映無尽であっても、遂いに鏡面より逸脱し得ないように、一切体系的次序の高下浅深は、一切の体系的展開を自己内映現とする絶対者の絶対自証裡の事に属する。かくして全現成裡に一々知行の現成を見るというのが、真の窮極境であって、又かかる立場にたって始めて知行の全的一体性の如実体認、並びに実在的体系の層層尽限段階における知行の無量種、無量段階の相即を自証し得るわけである。ゆえに今この立場は、謂わば実在の識・行相即の無尽縁起の立場ともいうを得べく、ゆえにこの立場からは、これを大にしては日月星辰の運行より、これを小にしては、眼前一匹の蠅の動きに至るまで、すべてがこれ識縁起であると共に、そのまま行縁起でもあって、識・行の層層無尽縁起ではあるが、同時にまたこれ一々個々の現成たる外なく、かくして一切の現成はまたこれ全現成裡の個々現成という外ない。即ちこれを知行と見れば、万有すべてこれ知行の相即一体であって、知行の一体ならざる一物もないというのが、実在の真境と言うべきであろう。

三

如上知行は全的一体であって、その間毫末の差過なく、唯内よりこれを見るとき知といい、外《ほか》有形に即してこれを見るとき行為というのが、その如実実相というべきであるが、然らばここに単なる内に止どまって、外への発現を見ずして了る場合の知については、これを如何に考うべきかの問題が生ずる。即ち心裡一念の発動に了って、未だ身体を介して外的表現をとらない場合である。これもとよりその程度段階の上よりいえば、未だ単なる知の領域に止どまるものであって、十分なる意味で行為とはいい難いであろうが、知行の相即関係の終局的立場より観ずれば、王陽明の所謂「一念発動のところ便《すなわ》ち是れ行い了る」のであって、すでにその程度における知行の一完了と言わねばならぬ。この事は、ひと度一念省察の世界に踏み入る者には、何人にも昭々たる事柄である、即ち一念の現成即全現成というのが、知行論の真の絶対的根底であって、かの唯識に所謂種子の薫習というが如きも、またこの世界を言えるものに外ならぬであろう。

かくして一口に知行といっても、そこには無量種無量段階の存することを知らねばならぬ。そして行為の段階とは、すでにも述べたるように、畢竟知の段階であり、かくして行為の段階は、即ちまた自覚の段階に終局する。有形に即する行為の段階が、却って無形としての知の段階とせられねばならぬのは、有形は有形なるがゆえに、却って限定的であって、その段階の無量の差を識別し難く、知の無形はその無形なるをもって、却って段階の差を、その精微において知り得るがゆえである。かくして行為の段階は、畢竟また自覚の段階に帰するのである。然らばここに自覚の段階とは、そもそも如何なることを言うのであろうか。従来普通に行為と言われ、特にそれが今時盛んに行われつつある「実践」の語によって現わされる時、かく行為に内含せられて、自らを行為として実現し、行為を行為たらしめる自覚知の内容は、ほとんど全く閑却せられるを常とするようであるが、行為または実践の語の意味する意義及び内容は、単にその外的有形によって知られるのではなくて、内面無形としての知の内容の吟味に転ぜざるを得ないのである。

如上行為の内容を為す知は、今これを内容的様別的には、実に千態万様を呈して、一々異るとすべきであろうが、先ず第一に注意せられることは、それが数理論理のように、単なる観念体系のみに止まらないで、謂わば実現体系を具すると言うことである。もとより数理論理も、それ自身の世界においては、それが知たる限り、一種の体系性を具するであろう。否数理論理は、その抽象性の故をもって、その体系性は却って平面的明晰性を有するともいえる。然るに今行為の内面にあって、自らを行為として実現する知は、単に抽象的な観念界裡の平面体系ではなくて、具体的な真知であり、それはその背後を、意志による実現への衝迫力によって支えられる具体知の立体的体系というべきである。否かく知と意志とを分つこと自身が、すでに重大な誤謬であって、行為としての真知は、それ自身意志を内含する具現知の体系たるべきである。即ちカントの所謂理論理性でなくして実践理性に外ならぬ。勿論それが知である限り、何等かの意味で体系を具すべきは当然であるが、唯その体系は所謂平面的な悟性体系ではなくて、立体的なる理性知の自覚体系であり、それは静止固定でなくて、常に実現への動的方向を内含する。ゆえに普通には、却ってその体系性が閑却せられ易いのが常であるが、事実はこの方が却ってより体系的であると言うべきである。否これのみが真に体系の語に叶うのであって、これに対しては、かの抽象的平面的なる悟性体系のごときは、その平面的抽象性のゆえに、これと分って厳密には組織というべきであろう。

かくして知行の問題は、これを内面より見れば、畢竟意志と直観との問題ともいえる。知が単なる平面的直観に止どまる限り、知は自らを現実界裡に実現せしめる力をもつには至らぬ。行為は直観知が意志と結合すること、否、直観知自身の自覚的深化が、内に意志実現への衝迫的威力を帯びて来るに至って、始めてその現成を見るというべきである。普通には人間の有限性の常として、とかく意志と直観とを分別しやすいが、元来意志と直観という二物があるのではない。直観の深化がそのまま意志であって、意志の実現的威力の衝迫は、直観の自己深化としての静観以外の何物から来るのでもない。ゆえに知・意本《も》と一体であって、知の外に別に意とすべきなく、意の外に別に知とすべきはない。ただ意志を特に意志といって、知と分別する所以のものは、それが知の実現の過程として、常に実現への方向を有する処から言われることであり、随って意志の各段階における切断面は、常に知の断面であって、それ以外の何物でもない。ゆえに意志は知の深化実現の過程そのものであり、行為とはその現成に即いていうに外ならない。かくして知と意志と行為とは、本《も》とこれ一系の一物というべく、唯これを無形に即して名づけるか、有形に即いて言うかの差があるだけである。

唯ここに注意を要するのは、意志の現成は、必らずわれわれの身体を介して、客観界裡に自らを実現する点にある。かの知において、単なる抽象知の組織と、意思的実践知の具体的体系と異るゆえんも、また実にこの一点に存するのである。意志の具体性は、先ず我が身体を動かすことを介して、外物を動かす点にある。これ実践知の体系が、抽象知のそれに比して、遥かに複雑な立体性を有するゆえんであって、この点よりして実践知の具体的体系は、その具体性のゆえをもって、却ってその透視的明瞭性を得難いともいえる。即ち抽象知の組織は、いわば凝固的平面に過ぎないが、無限に多次元なる実践知の具体的体系は、常に無限に自己実現的であって、既成の組織として、自らの形体を凝固せしめないのである。かくして実行的知は、単に想念界裡の影現に止どまらないで、常に面背に現われ四肢を動かす。先ず己れの身体を動かすところに実行知の端的がある。人は先ず自己の身体を動かして、始めて外《ほか》万物をも動かし得るのであって、己れの一身すら動かし得ない底の知が、外《ほか》万物を動かし得ないのは今更いうを要しない。ゆえに先ず四肢面背に溢れるのが、実行知の第一次的充溢であり、次いで自らの身体を介して、外《ほか》万物を動かすところに、その第二次的充溢がある。そして行為の行為たるゆえんは、実にこれら両種の充溢の現成に外ならぬ。

以上はいわば行為的実現における知の展開過程、即ちまた意志実現の過程の粗略なる瞥見に外ならぬが、しかもすでに述べたように、かかる意志実現の過程のあらゆる段階の断面は、その一々がまた知の断面でもなければならぬ。即ち意志は、内に無量の切断面としての知を内含して、初めて真に意志たり得るのであって、然らざればこれ単なる衝動に過ぎない。かくしてまた外形的には、同じく身体を介しての外的一動作でありつつ、それが全然無意識的な反射運動、または衝動的動作であるか、はたまた自覚的行為であるかの差は、単なるその行為の外面には存しないで、これをみちびく意志の内含する自覚の浅深によるのである。即ち意志のあらゆる段階が、その無量の切断面として内含する知の自覚性の明暗の度によるのである。然らばここに、知の自覚性の明暗とは、如何なることを言うのであろうか。単に明暗というだけでは尚主観的であって、それが知の自覚性の客観的標準である限り、それは必然、内に自覚の体系性を内含すべきである。かくして知の明暗とは、畢竟その体系性の明暗の外なく、しかも体系性の明暗とは、翻って又これを照らす自覚の明暗の外ないわけである。

かくして行為の浅深を決するものは、行為に内在して、先ず身体を動かすことを介して、外物を動かす意志の内含する自覚の明暗によるのである。かくして自覚の明暗とは、自己を中心とする現実界の如是の秩序が、如何に理法の象徴として、即ち規範体系として影現するかの問題である。かの単に機械的盲目的なる反射運動、ないし衝動的動作にあっては、内に自覚知を欠くは、もとより言うまでもないが、同時に又それは外《ほか》客観界の秩序体系を意識せざるもの、即ち文字通り盲目的なるものと言うべきである。これに比すれば、吾人の日常の行為においてはたらく知は、一応対象界の秩序を映すといい得るが、しかもそれは未だ画竜点睛としての自己の真位置を知るに至らず、随って又もとよりその如是相の自反を含まない。これ吾人のこの種の日常知が、勿論これを反射運動、ないし衝動的動作の無自覚なのと比べれば、ある程度自覚的でありつつ、厳密には尚無自覚態とせられるゆえんである。かくして、秩序体系の中心としての真の自反を欠く以上、その見得、映し得《え》たとする対象界の秩序体系も、畢竟これ一個の主観的映像という外ない。現実界の秩序体系は、その現実的中心首座としての自己の如是の自反と、それに即する自己の真位置の諦観が点睛せられて、始めて真にその客観性を得て来るわけである。かくして真に客観に徹しようとすれば、先ず主観に徹するの外なく、真に主観に徹することが、やがてそのまま客観に徹するの途たることは、ここにも明かである。

かくして行為へと導く意志の内含する知の断面は、反射運動ないし衝動的動作のような、知性の全欠した段階から自覚知に至るまで、真に無量の段階が存するのであって、ここに知の段階が、そのまま行為の段階たるゆえんがある。かくしてその至れるに及んでは、かの拈華微笑のごとく、外的には一微笑の動作に過ぎぬものにも、万有の秩序を諦観する無限の大覚を包蔵するわけである。これ世上外形的には同一と見える行為も、その人に与える感動影響において千差万別を生ずるゆえんである。同一とも見えると言うは、その実同一でないゆえんであって、その同一でないゆえんは、一つにそこに内含せられる内的自覚の浅深に基づくのである。古来東洋にあっては、行為の外形に現われるかかる微妙の差に即して、その内面自覚の浅深を窺い、その表現の機微と相即する内的自証の精微を尊んだのは、かかる精微の明察そのものが、また自覚の精微を要とするが故である。かくして行為に内含せられる知の段階は、真に無量であるが、しかもその如何なるものも、知の絶対的全欠と言うべきものはない。かの反射運動のごときも、普通には知の全欠と考えられるが、いやしくもそれが運動であり、さらには自動である限り、すでにそれだけの知を内含すると言うべきである。かくして一切行為は、すべてこれ知の現成であり、絶対全知の全現成裡の個々現成という外なきを知るべきである。

四

このように、行為が身体を介する知の実現であるとは、即ちまた行為は、心身の合一に即する物心の統一たることを意味する。同時に行為は、それが単なる心の主観態に止まらないで、現実の身体を介して、客観界裡の物と結合する処に、初めてその客観性は立せられる。随って所謂客観的真理なるものも、もしそれが単に主観の想念裡の映像たるに止どまるならば、その客観性は真の如実を得るに至らぬが、これに反して、如何に主観的な思想といえども、もしそれがひと度身体を介して、外界に行為としてその実現の痕を刻むに至れば、必然に客観的意義を有して来るわけであって、これ即ち行為の有する客観的意義であり、ここに行為の行為たるゆえんが見られる。ゆえに人知も、もしそれが単なる想念裡の映像に止どまるならば、それは総じて社会歴史等のごとき所謂客観的世界とは、何等の関係をも有ち得ないわけである。普通には、単に主観の想念裡に止どまると考えられる思想の如きも、よく現実の国家を動かし、歴史を貫いて生き得るのは、それが文字または音声を介して、客観的に表現せられるが故である。思想も、もしそれが文字通り単に主観の想念裡に止まるならば、それは決して国家社会を動かし、歴史を貫いて生きるものとはなり得ないであろう。かくして思想は、それが身体的動作を介して語られ、手を介し文字を介して書き記され、さらには書写・印刷・頒布せられるに至って、始めてその客観的意義を生ずるわけである。同時に言葉や文字が、真に人心を打ってこれを感動せしめる力を有つには、それらの言葉及び文字の背後、直ちにその思想の具現としての行実がなければならぬ。即ち客観的行為を欠いては、如何なる想念も、単に一場の想念たるに止どまって、思想としての真の客観性は得難いのである。随って又もとよりそこには、真の社会的及び歴史的意義は存し得ないのである。かくしてわれわれ人間が、客観的なる社会及び歴史の中に住し得るとは、即ち人知が行為にまで結晶することによって、その客観性を実現しつつあるが故に外ならない。故にもしかかる人間的自覚の実現としての行為の客観性を欠くならば、われわれ人間の世界は、社会及び歴史を欠くに至るべく、否そもそも又特に人間界と称すべきものもないこととなる。

すでにも述べたように、行為は知の客観的実現というべきであるが、しかもそれには、必然に自らの身体がその媒介とならざるを得ない。これ身体は物心統一の現実的基礎というべく、人が身体を有するという事自身が、人間が行為的存在たることを意味するわけである。そもそも身体は、その身体性のゆえに、もとより単なる物質とは異る。無論普通に物質的と考えられる物体も、それが物体として某々の形体を有する限り、すでにそれだけの統一を具する理であり、同時に統一の具現は、又それだけの極微意識の内在を示すものとも言えるが、しかし十分なる意味における物心の統一的具現の自然的基礎は、竟にわれわれ人間の身体の外にない。この意味において人体は、万有中もっとも深い物心の統一的具現の基礎であり、随ってまた広く万有界裡、物心統一の実現の現実的基盤たり得るわけである。なるほど前述のように、単なる物体も極微意識は、これを内具すると言い得るであろうが、しかもそれはあくまで極微意識であって、未だ如何なる意味においても、そこに自覚実現の可能性は存しない。然るに人間の身体に宿る意識は、もとこれ自覚をその本来とするものであり、随って身体は、翻ってまた自覚実現の土台たることをその本来とする。人間の身体が、天地の間に俯仰しうるの体制を有して、禽獣のそれと異るゆえんのものがあるのは、まさにこの人身本具の理の形体的具現という外ない。

行為による物心の統一は、これを現実には、常に何らかの意味での客観界の改造変容を意味する。故に何ら客観界裡にその変容の痕を刻むことのないものは、行為とは言えぬともいえる。これ行為において常にその客観性が重視せられるゆえんであって、即ちその客観性とは、これを時間に即しては、歴史の成立する要因であり、又これを空間に即しては、社会構成の因子たり得るゆえんである。ゆえにまた行為の有するかかる客観性は、内に不滅性を含むともいい得るわけである。かくしてその意味からは、行為はまたこれを、人知が自己に内在する不滅性の客観的実現とも言うべきであって、人知も行為となって始めて真の現成を見るのである。かくしてかかる実践知の実現は、これを現実には、屢説のように身体の媒介を必然とするが、人知の実現に、このように身体の媒介が不可避とされる処に、人知の有限性、さらには人間そのものの被創造性があるとも言える。かくしてまた有限存在とは、これを一面からは、自己の内なるものの実現であるにも拘らず、常に自己以外のものを媒介とせざるを得ない点に存するともいえる。即ち要媒介性ということが、被造物的有限性の一基本制約ともいうべきである。これを有形に即しては、人が自己の面を見るのに鏡を要するように、又これを無形に即しては、人知の自覚が、常に先人の教説を媒介とする回光返照であるが如き、何れもこの趣の一端を語るものに外ならない。

さて媒介の媒介たるゆえんは、自らが媒介する両者を、何らかの意味で内に内含することでなければならぬ。異質的なる甲と丙とが、乙によって媒介されるとは、媒介としての乙の裡に、甲と丙の両要素が、すでに無自覚的渾一態として、内在することが予想せられなければならぬ。同時にこの際注意すべきは、媒介はあくまで無自覚的であるべく、そこに媒介の媒介たるゆえんがある。これに反して、もしこれらの要素が自覚的だったとしたら、それはすでに媒介の立場を去って、両者の統一的立場に立つものと言わねばならぬ。かくして今身体が、行為による物心の統一的媒介であるとは、身体の裡、すでに物心の渾一未分の統一の内在を語るものというべきである。即ち人身そのものが、この意味においてはすでに一小宇宙である。しかし人身における物心の統一は、尚未分的渾一態であって、決して、これが十全なる自覚的統一ではない。人身における物心両要素の自覚的統一の顕現は、身体が自ら媒介となることによって、自己の外なる外物の上に、自己の内在的統一を刻印するに至って、始めて真に実現するといえる。かくして人知の自覚的なる真の現成は、必ずや人身に即する行為によって、外界そのものを媒介とするを要するのである。同時にそこには、具体的な自覚の一側面としての即物性が立し得られるわけである。即ち自覚の真の確証は、ひとり身体を媒介とするのみならず、さらにはそれを通して、客観界そのものをも媒介し包摂するを要するのである。

かくして大観する時我われは、全客観界そのものが、実は我われにとっては、自覚実現の一大媒介たるの意義を有することに、目覚めしめられるのである。勿論これは一面からは、人間的自覚による全客観界の光被というべきであろうが、同時にそれはまた客観界を介する人間的自覚の深化でもある。そもそも我われは、居常内外の別に立つを免れないが、しかし静かに自己に省る時、果して何処に内外を分つ境界なるものが実在するであろうか。普通には迂闊にも、われわれの身体をもって、内外の境界と考えがちであるが、そもそも身体の何処をもって、内外を境したらよいであろうか。もし身体の表面をもって、それとするとしたら、これ単に身体の内外の境界に過ぎないのであって、決して内外そのものの境界ではない。然らば心身の境界にあるというか。併しながら、果して何処に心身の境界なるものを劃し得るであろうか。身体という時、実はすでに心的世界における一限定というべきであって、何ら心外の限定ではあり得ない。元来心は無形身は有形であって、無形と有形との間に境界の劃しよう理《わけ》がない。境界を劃しうるのは、元来有形と有形との間であって、もし有形と無形の間に境界を劃し得るとすれば、その無形とするものも、畢竟また真の無形ではなくして一種の有形であり、即ち有形界裡における部分的内容の欠損を意味するに外ならないであろう。かく考えて来れば、心身の間、何処に果して内外の別を劃し得るであろうか。心は本《も》とこれ無形、無形は即ちこれ内界であって、内外の別は、本来厳密には立て得ないものというべく、随って今立て得たとする内界とは、実は一種の外界に外ならぬことを知るべきである。

かくして内外の真相は、絶対無内外なるがゆえに、却って内に無量の内外の別を現じ得るのである。心身の境界は果して何れにあるか。本と絶対心理の心・身の別であると知って、始めて一応心・身の別も成立し得るのであって、この根本の絶対心なくんば、心・身の別も現じ様はない。絶対心理、無量の心身の別を現じて、真に無量種無量段階を為すをもって、内に心身の別を弁じ得るのである。さればかかる根本の絶対心なくんば、心身一時に消滅するの外ない。かくして行為が身体を介する物心の結合たることは、根本に絶対唯一心の存するがゆえであって、物・身・心の何れもが、かかる唯一絶対心の無量種、無量段階における自己限定的顕現というべきである。そもそも統一の実現可能は、これを絶対的には、唯一絶対的統一の全現成裡における無量種、無量段階の統一の現成を見るというべきであって、根本にはこの絶対的統一を欠くとき、如何なる統一も成り難いのである。

斯く考えて来る時われわれは、行為による自覚の現成の根底は、畢竟じてこれを宇宙的秩序の絶対性に帰せざるを得ない。けだし身心、物心の統一可能は、何れもその窮極根底を宇宙的生命に有するがゆえである。ゆえに無量の人間的行為の集積によって成立すると考えられる国家及び歴史の窮極根底も、もとより又この宇宙的生命にある。けだし国家といい歴史という、何れもこの宇宙的生命の自覚内容の一様式に外ならない。即ちこの宇宙生命の絶対自覚を、縦に時間的範疇に即して観ずる時、そこに歴史を現ずべく、また横に空間に即してこれを眺める時、そこに国家社会を現ずるのであって、歴史と国家と本《も》一体であって二物ではない。唯これを眺める角度を縦に時間に即して決めるか、横に空間に即して定めるかの相違であって、それが唯一宇宙的生命の絶対的自覚の内容たる点においては、何らの相違もないのである。

かくしてわれわれは、翻ってまた行為そのものが、元来時空の具体的統一である旨を知らなければならぬ。行為は屢説のように、自覚の実現であるが、これを内容的には、一応意志と直観との統一ということが出来る。意志は言うまでもなく時間の成立する主観的原理であり、直観は空間成立の根本原理である。ゆえに今行為が意志と直観との統一であるとは、そのまま行為が時空統一の具現たることを意味する。同時に又ここに、別個の観点から行為の客観性の根拠を瞭かならしめることも出来るわけである。もし行為が単に意志的のみで、そこに何ら直観内容をも具せぬとすれば、行為といっても、畢竟単なる主観的形式に過ぎぬこと、あたかも何ら空間的内容を有しない単なる時間の、主観的形式に過ぎぬのと同前である。例えば現実に何ら実現的内容を空間裡に刻むことのない夢裡の時間は、単なる主観的映像であって、何らの客観性をも有せぬことは言うまでもない。しかも夢裡の時間といえども、尚かつ夢裡の時間として、何らかの程度で時間意識たり得るのは、なるほど夢裡の空間的実現ではあるとしても、とにかくそこに何らかの趣における空間の映像を伴って、これと交錯するがゆえである。かくして全く空間と交錯することのない時間、即ち何らの直観内容をも有することのない意志は、全然無内容なる想念裡の主観的形式に過ぎぬことは、上述の通りであるが、同時にまた、何ら意志的時間的なるものと結合するに至らない直感的空間なるものもまた、何らの実在性、随ってまた客観性を有することのない主観的映像に過ぎない。かくして行為こそは、意志と直観、また形式的には時間と空間との具体的結合としての真の客観的実現であって、一切の現実は行為に始まって行為に終り、行為を通して、行為の裡に実現せられるのである。かくして一切の行為は、これを歴史及び国家社会の裡に成るといえると同時に、歴史及び国家社会の成立並びにこれが体認は、逆に行為を予想して始めて可能というべきである。歴史及び国家社会は、神の全知即全能の全現成界裡のことであるが、その最現実的焦点は、自己にとっては、この現前の一行為に帰結するのである。即ち神の絶対知行の合一の焦点は、この自己においては、竟いに現前の一行為の外ないわけである。

五

上来述べて来たように、知行は元来全的一体たるべきであって、知とは、これを内面無形に即いて言い、行とはこれをその外面有形に即して名づけたるものと言えるが、それにも拘らず一般には、知は行為への予備的段階と考えられ、所謂先知後行と考えられ易いのは、そもそも何故であろうか。思うに一つの言説は、決して架空には生ぜず、必ずやそれだけの因由がなければならぬ。仮りにその本来的立場より見れば、誤謬とせられるものといえども、いやしくもそれが立言せられる限り、そこには必ずや何らかの根拠があるべきである。否、厳密には誤謬そのものも、必ずや内に何らかの程度の真理を含むというべく、世に全然の誤謬なるものはない。同様に今知行の関係についても、如上先知後行的思想の一般に存するには、そこには必ずやそれだけの根拠がなくてはなるまい。そもそも知の特質は、一応その模写的平面性にあるというべきである。勿論知の本来が回光返照としての自覚知なることは、今さら言うまでもないが、しかし知の知たるゆえんは、一応先ずそれが模写的作用として展開せられる処にあるといわねばならぬ。即ちまた知は、一応平面的展開性にその特色を有するといえる。然るに行為はこれに反して、集中的立体的なる自己実現性をその特色とする。即ち儒教の語を借りれば、知行はまさに博・約の関係にあるというべきであろう。

かくして知は、如何に狭小なものと言えども常に自己を遊離して、客観的対象界の相当部分の模写的把握を念とする。故に知にあっては、むしろ一点への凝集は、却ってその困難とする処であって、何らかの程度における全体的把握は、何人も一応これをよくするといえる。然るに行為にあっては、如何なる大業といえども、その実現の歩々の歩みにおいては、客観界裡の渺たる一実現であって、思想の表現に当っても、知は一応の展望は為し得るとしても、行為としてのこれが表現は、結局は一字一字を記して行く外ないわけである。かくして知は、その模写的平面的なる展開性の故をもって、単に観照の立場に止どまる限り、一歩も実現への深さを得るには至らない。勿論われわれは観照そのものの深化の可能と、随ってまたそこに無量の段階の存することを認めはするが、しかも我われはかかる観照の立場と、観照の立場が自己の平面性を一擲して、この現実の身体的運動を介して、客観界裡にその実現の一歩を刻むに至ることとは、そこに大なる次元的飛躍の存することを認めざるを得ない。即ちそこには、単なる観照の立場とは、全くその質を異にする次元的飛躍が存するわけである。

今かかる観照の立場と、実現の立場との次元の差は、語を換えれば、まさに享受と創造の差というべきでもある。勿論観照も、それが観照たる限り、すでに主観の能動作用であって、決して単なる受働作用ではない。未だ人間の作用にして、絶対に受動的なるものはあり得ないのである。併しながらまた観照の立場は、これを行為の立場と比較する時、そこには受容的態度と積極的能動的態度との差があり、いわば質的ともいうべき次元的飛躍が存するのである。同時にかかる平面的な享受としての観照の立場から、創造としての行為の立場への飛躍において、一般に行為における工夫の深意が窺われる。観照より行為への飛躍は、ある意味では観照の立場における対象界の模式図の、全的投擲を意味するとも言えるからである。即ちそこには、静止的立場における模写図をかなぐり捨てる決意を要とする。いわゆる目をつぶって、実行界へざんぶとばかり水煙を挙げて、飛び込む底の決意を要とする。同時にこのように静止的立場における対象界の模写的映像をかなぐり捨てる処に、ある意味では、かの死の関門があるともいうことが出来る。即ちそれは平面的立場の全的投擲であり、また実にその全否定である。しかも否定は決して単なる否定には終らない。即ちわれわれがその対象知の立場において描いた、客観界の模写的映像を投擲した刹那、その捨て去ったとする平面的映像は、今や立体的具現への一歩を刻み初めるのである。そしてその念々の立体的具現は、よし先きの模写的映像そのままではないとしても、それによって導かれる処大なるものあることを認めざるを得ない。同時にそこに行為における知の、一応的先導の意味が見られるわけである。

かくして、今知行の関係において注意されねばならぬことは、なるほど知は、その本来においては自覚知であるとしても、普通には多くは単なる対象知として、平面的模写の映像に止どまり易いということである。が同時にさらに注意を要するのは、行為は行為たるの故をもって、外形的には立体性を有するかのようであるが、一歩を誤れば自覚の静観を欠いて、単に無内容なる盲目的動作となり易いことである。ゆえに抽象的主知主義の流行の後に、行為・実践等の語の高調せられるのは、一応当然とはいえるが、しかし真の問題は、単に行為とか実践とかの語を弄することを以って了るわけではない。即ちそこには所謂抽象的映像知の立場に対して、その立体的具現としての行為実践の真義を瞭かにするの要があるように、同様にまた単に、行為或は実践等の語の無内容な形式的高調に対しては、これが内容としての静観的自覚知の要が瞭かにされなければなるまい。即ち知に抽象的なるものの存するように、普通には具体的とせられる行為にも、また抽象的なるもの、即ち無内容なるものの少なくないことを忘れてはなるまい。かくして知の抽象的なものは、平面的な映像に止どまるが、行為の抽象的なものに至っては、その内容としての自覚知を欠いても、その外形の上からは有形的立体性を具するゆえ、とかく人をして誤り易からしめるのである。

如上、知行それぞれに、その抽象態の存することを反省することによって、いわゆる先知後行とせられる根拠を知り得るとともに、逆にまた一般には先知後行ほどには問題にされぬとしても、事実としては屢々遭遇する行後の反省の重要さをも知らねばなるまい。即ち行う以前には、その深意の解し難かった事柄も、ひと度これを行為として実現し終った後の反省において、始めてそこに内含せられる深意に気付く如きがそれである。しかも如上知行に関する相互返照的考察も、畢竟これ知行が、その根本においては、全的一体なることがその根拠を為すというべきである。すべて有形に執する者は、有形を有形として認めうるのは、実はそれが無形の限定として可能な旨に気づき難い。如上、知行それぞれその抽象的段階を相互に考えたが、しかもその可能なゆえんは、元来知行がその根底において、全的一体なるに基づくのである。即ち一々知行の相即も、これを窮極的には、絶対者の全知即全能に、その最終的根拠を有すが故である。そもそも抽象的という時、人々の多くは、抽象より具体に至りうるかに考えやすく、それもまた一応可能というべき一面もないとはしないが、しかもそのように抽象より具体への推移が可能とせられることそのことが、元来抽象は具体よりの遠離頽落であり、随ってまた抽象より具体への推移は、普通には進歩発展と考えられるも、その本来より言えば、まさに復帰還元というべきである。

かくしてわれわれは、一応われわれ自身の置かれている現実の有限相対性に即して、先知後行或はまた逆に先行後知の場合のあるべきことを考えたわけであるが、しかも斯かる知行の相対的な先後関係、並にその推移展開を考えることの窮極根底は、知行が本と絶対的に相即一体なるに基づくことを知るべきである。かくしてかかる知行の真の窮極的一体は、即ち絶対者における全知と全能の絶対的一体そのものに外ならない。ゆえに或は先知後行といいまた先行後知という。その何れもが、皆その無量の段階を提げて、すべてこれ絶対全知即絶対全能の全現成裡の個々現成に外ならないことを知るべきである。かくしてわれわれの一挙手一投足は、その一々が、すべてこの絶対的全現成裡の個々現成に外ならぬのである。唯この趣はこれを知る者において、始めて実となること今さら言うを要しない。迷悟共に全現成裡の個々現成ではあるが、唯知る者にのみ個々現成する。ゆえに自己の一切言動、すべてこれ絶対的全現成裡の個々現成の理を自覚する者には、一言一行といえども、みな宇宙的秩序への参加の意を宿して、いわゆる天地の化育に参ずるとの意義を帯びて来るわけである。

事実、有限存在としてのわれわれには、その宇宙的秩序への参加は、諦認としての自覚と、これが実現としての行為の外にない。屢説のように、知は自覚としては、全宇宙的秩序を反映し得るともいえるのである。けだし秩序体系は、その秩序体系性の故をもって、一切処にその全体系を宿して余す処がない。しかもわれわれ人間の有限なる、その自覚においてすら、尚その個性的限定に基づく角度的制約を免れず、そしてその角度は、某々の時処位的限定としてこれを全脱し得ないのである。かくしてこの点からは、如何なる哲人の思想体系といえども、その立場的限定を全脱し得ないが、しかも一々の体系は、その自覚に基づく体系性の故に、常にその角度より全体系を反映する。ゆえに人はその行為的実現においては、五尺の小身をもって実現し得るところは、この地上における渺たる一点に過ぎないが、その意義においては、よく永遠なる宇宙的秩序への参加たることを得、随って又その意味においては、時空裡にありながら、よく不滅たり得るのである。人知にして、もしかかる自覚性を有しないとしたら、われわれの努力は、たとえそれが一面宇宙的秩序への参加たり得るとしても、それと気付かぬわけである。随って又その意義を実にするを得ない。けだし人間の行為はもとより、宇宙における万有の流行周流は、その自覚と無自覚とに拘らず、すべてこれ宇宙的秩序への参加ではあるが、しかもそれと自覚し得ないものにとっては、畢竟じてこれ全然の無である。しかもかく全然の無自覚的行為、否全然の無自覚的出来事すら、一毫の洩らすことなく摂収不捨なる処に、宇宙的秩序の運行そのものが、これを内面的には、絶対無極の大悲たるゆえんがある。

しかもかくの如き無極の大悲も、かくと自覚する者にして始めて実となるのであって、知らざる者には摂取不捨でありつつ、その摂取不捨たるゆえんが分らぬ。随って不安動揺限りがない。ここに絶対大観の立場からは、一切が全現成裡の個々現成でありつつ、この理の自覚の要の力説せられるゆえんがある。かくして人知の根本問題は、かくの如き自己の生命の絶対根底の自覚としての立命の一事であり、これを行に即しては、かかる自覚的信証の絶対表現としての帰依誠敬の一事に尽きる。実にわれわれ人間としての至深の行為は、かかる絶対者への帰敬に窮極する。しかもわれわれ有限者の絶対者への連続は、一面直ちにこれに直接すると言い得ると共に、他面また無限段階的である。かくして絶対者との間隔の無量種無量段階にあって、これを貫く生命の最中枢根幹的なるものを、父祖をつらぬいて流れる生命の系列とする。けだしこれ個的生命の現実的淵源なるの故を以ってである。かくして今自覚の溯源的側面としての父祖の生命の淵源への帰敬において、一切知行はその終局的帰趣を見出すといってよく、かくしてわれわれ自身としては、かかる生命の絶対淵源への帰敬において、人生の終局的意義は存するであろう。

四　時空論

一

哲学上時空の論、就中時間の論究はすこぶる盛であるが、これ何故に然るのであろうか。今更いうを要せぬことながら、すべて哲学上の問題は、その意義の重要性が客観性を有すべきことは、もとより言うまでもないが、同時に他面また思想家自身の主観においても、その意義と価値とが自証されるでなければならぬ。何らの客観性もない問題の無価値なことは言うまでもないが、同時に客観的には如何に重要な問題であればとて、それが当該思想家の自覚裡に自証の根拠を有するでなければ、真に哲学的な重要性をもつとは言えぬであろう。これはひとり哲学とのみ言わず、あらゆる領域においてそうであるが、主客の自覚的一体の立場にたつ哲学において、特にその然るを覚えるのである。かくして我われは、今時空の考察に当っても、他の諸問題におけると同様、この点に対して深き注意を要することと思われる。

今かかる立場にたつとき、そもそも時空論は、哲学上如何なる意味において、その意義を有するとすべきであろうか。時間論は、それが近時とみに盛となった歴史哲学論の根拠をなす意味において重要なることは、今さら言うを要しないが、しかし時間論の重要とせられるのは、それが、ひとり歴史哲学論の根拠に止どまるものであってはなるまい。もちろん歴史哲学は、それが実在の動的展開論として、ある意味では哲学を二大分するほどの一大部門ともいえるが、同時にまた哲学は、決して単に歴史哲学にのみ終始すべきではない。近時歴史哲学を重視する人々は、あたかも哲学即歴史哲学であるかに考えるようであるが、歴史哲学は実在の動的展開論として、その根底に真の絶対の学としての形而上学を予想せねばならぬ。近時一部には時代の歴史性の重視よりして、かかる絶対的根底を欠く歴史哲学説も行われつつあるようであるが、かくの如きはその絶対的根底を欠く点において、厳密には真の歴史哲学たるを得ないで単なる歴史理説に堕し、随って実証的歴史学への近接はあり得たとしても、それだけ真の歴史哲学からは遠ざかるものと言わねばなるまい。かくしてライプニッツの弁神論を、史的展開の上に確証することを以って、その根本眼目としたヘーゲルの歴史哲学説は、この点において永遠に歴史哲学の真を得たとすべき一面がある。

かくして今哲学上、時空論の意義を重視しようとするのは、単に歴史哲学の為めのみではなくて、実に時間そのものの反省が、そのまま絶対的実在の把握上、一つの重大な意義を有すると思われるからである。周知のように、カントは時空を以って現象界構成の二大形式としているが、これは彼特有の二世界主義からは当然の帰結であるとしても、彼のような抽象的二元論に止り得ないで、深く実在の一元的なる把握体認を希求する限り、現象即本体であって、時空は現象界構成の二大形式であると同時に、それに即して、そのままそこに本体界の映現を見るとすべき一面がなくてはなるまい。即ちわれわれは時空論そのものの反省より、ついに永遠なる実在界に承当し得るというべきであろう。なるほど現象界と本体界との次元的相差は、これを投影すれば一面千万里とも言えるであろうが、同時にひと度具体的体認の立場にたてば、これら両界は畢竟相即一体たるべきであって、少なくとも我われ有限存在にとっては、現象界を離れては絶対に本体界の把握の術なく、随ってまた逆に、現象界を包摂することのない本体界というが如きは、尚未だ抽象的としなければなるまい。勿論一面からは、現実界と本体界とは、その差実に霄壌もただならぬと言うべきであろうが、同時にまた真の絶対的天は、天地天淵並び蔵する底のものでなくてはならぬ。かくしてわれわれは、時空の真意義を衝くことによって、現実界裡直ちに永遠界の現前に承当し、翻ってまた現象界は、本体界理本体よりの無量種無量段階の遠離脱落態なることを知るのである。何れにしても時空論の真意義は、単に歴史哲学的興味のみに終始すべきではなくて、これが考察は、そのまま絶対的根底としての実在そのもの、本体そのものの本質究明への有力なる一通路というべきである。

　さてかかる立場にたつ時、最初にまず問題となるのは、時空の相即一性の問題である。普通には時空が併せ論ぜられることは比較的少なくて、多くは時間論の力説を見るのが常であるが、しかしこれ行論の便宜上から来る有限なる人知の已むを得ない抽象性に基づくならとにかく、真の時空論の出発は、何よりも先ず時空の相即性の確認せられることを要とする。けだし時空は、本とこれ唯一宇宙的生命の把握に即する、われら有限知の免れ難い分裂性より来るものであって、時空の窮極本体は、畢竟唯一絶対的実在としての大宇宙の外ないわけである。唯これを動的展開に即して把握するとき時間を得、これに反して静的展開の体系に即して把握する時、そこに空間を得るのである。ゆえに時空は、唯一宇宙的生命に対するわれら有限存在の把握の両面であって、これをカントの如く単に現象界構成の二大形式とするに止どまるのは、主観的抽象的なるその構成主義の認識論より来る必然の帰結である。ゆえに今現象即本体の立場にたてば、時空は逆にわれわれ有限知の絶対者把握に際して、已むを得ずして生ずる様式の差というべきである。

この事は、何よりも先ずわれわれ自身の、具体的なる時間的体験において証せられる。今かりに時間流を横に切断すると仮定すれば、われわれの時間的体験のあらゆる瞬間における切断面は、実にそれぞれの空間でなければならぬ。即ち時間流は、その如何なる瞬間にも、全空間をその切断面として包摂しつつあるというべきである。もしその切断面を空間として含むことなき時間があるとしたら、それは時間と言いつつ、全く無内容なる形式に過ぎない。即ちそれはひとり現象即本体として、本体映現の一様式としての具体的時間たり得ないだけでなく、厳密にはかの現象界構成の形式的原理としての実力すらも有し得ない、全的に無力無内容な形式の外なく、畢竟するに単に時間と名づけられる単なる空名に過ぎぬといえる。逆にまた我われは、空間上の如何なる一物一点をとっても、それが現実在である限り、それは必ずや時の流の中に存するものでなくてはならぬ。即ちいやしくもそれが空間上に存するとせられる限り、同時にまた時間裡にも存するのであって、空間中にのみあって時間の中には存せぬというが如きは、単に想念裡の架空存在であって、真の現実存在ではない。否、想念裡のものとても、厳密には時間的限定より全く無関係ではあり得ないというのが真の現実である。随ってまた逆に時間裡には存在しても、空間裡にはその存在性を有せぬというが如きものも、もとよりその実在性はないわけである。かくして如上時空の相即一体性は、上は絶対的実在そのものを根底とし、下は眼前一物の微に至るまで、徹上徹下透徹せぬ際もなく、げに地上一物の微も、時空の相互交錯、相互浸透でないものはないのである。そしてこのような時空の相即一体性の確認は、時空の論究をして、その具体性を得させる上で、第一義的に要とせられる問題というべきである。

さて、時空のかかる相即一体性は、時空の根底が屢説のように、この唯一絶対なる大宇宙たる点に存するのではあるが、今一歩をその内面に踏み入れれば、畢竟かの絶対者の全知即全能性に、その終局的根拠はあるというべきであろう。絶対者の属性としての全知全能の把握が、われわれ有限存在としての人間にあっては、その有限的知能に即する外ないことについては、すでに屢説して来た処であるが、いま空間の把握にあたっても、もとよりわれわれ人間の有限性に即すべきであること、すでに述べた通りであり、随って時空の相即一体性の最終的根拠は、ある意味ではこの絶対者における時空の絶対的一体性にあると言うべきであろう。けだし現実の時間的体験は、何よりも先ずわれわれ人間の意志的体験をその枢軸とするものであり、随って意志的体験を欠くところ、そこには何ら時間意識なるものは生じ得ないわけである。ゆえに鉱物はもとより植物否動物にあっても、すべてこれ時間的制約裡の存在でありつつ、しかもその何れもが、厳密な意味では時間的体験を有ち得ないのである。しかるに、意志的体験は必然に行為と相即し、行為の窮極的根底は、既述のように絶対者の絶対全能の外ない。同様にまた空間的体験は、時間的体験の意志的なのに対すれば、直観としてまさに知的体験というべく、かくして空間は、その知的把握の対象という点よりして、その最終的根拠は、ついにこれを絶対者の絶対的全知に帰せざるを得ない。かくして時空の相即一体性の最終的根拠は、如上の意味よりして、ついにこれを絶対者における全知即全能の絶対的一体性にあるというべきである。

然るにすでに前掲の例によっても窺われるように、時空の相即一体性とは、時空の単なる形式的平行の意ではなくして、実にその全き相互浸透交錯性をいうのである。即ち時間の切断面にして、空間をふくまぬ一瞬もなく、逆にまた空間裡時間的存在でない一物も在りえないことを言うのである。即ち時間の切断面上の万有は、徹頭徹尾これ空間裡の万有であり、また逆に空間裡の万象は、徹頭徹尾これ時間裡の存在であって、その間いずれも寸隙もない。即ち時空の相互交錯性とは、その全き相互滲透性をいうのであって、全法界裡一微塵といえども、これより洩れるものはないわけである。これ即ち窮極的には、かの絶対全知と絶対全能との全的一体性に基づくというべく、即ちまた大宇宙の絶対的なる動静一如の謂いに外ならぬともいえる。ただ大宇宙の絶対なる動静一如というとき、人は容易にその如実を得難くして、先ずその論理的矛盾に気付くのは、これ人知の有限性の然らしむる処であって、われら有限なる人知にとっては、絶対者の絶対的境界は、ついに全く不可把握なるがゆえである。然るに今これを時空における全き相互の交錯滲透性といえば、一応は何人もこれを了しうる処に、時空が絶対本体界に対して、その現象的一面たるゆえんがある。げに時空がかく現象的一面を具するがゆえに、絶対者の絶対的動静一如としては、到底把握し得ない全知即全能の絶対的境界も、かかる時空の相互交錯滲透性によって、その一端を窺い得るわけである。

かくして哲学上時空の意義が重視せられ、これが論究の要とせられるのは、時空が如上現象即本体として、これが内面反省に徹することによって、ついに絶対的実在の体認に至りうる有力な一通路だからであるが、それだけに又われわれは、その考察の第一歩において、時空問題の根本特性たるこの時空の相即一体性を確認しなければならぬのである。しかも時空の相即一体性とは、その全的なる相互交錯浸透性の謂いであって、その終局根底は、ついに絶対者の全知即全能にあること既述の通りである。然らば時空の内面反省は、如何にしてわれわれを導いて絶対者の如実体認に到らしめるのであろうか。その到りえた処が、絶対的実在たる点においては、他のなべての途と同一であるとしても、その道程としては、そこには又時空論に特有なものがなければなるまい。かくして時空論の根本難点は、その相即一体性の如実体認にあることは言うまでもないが、同時にこれをその行論の上からいえば、時空を単に形式的に見ようとする点に基づくといっても可である。なるほど時空は、一面確かに実在の形式的把握ともいい得るであろうが、同時にそれは、又常に具体的な現実内容を予想してのことでなければならぬ。一般に時空論がその真を得難いのは、時空を常にその現実の具体的内容より遊離した単なる形式として見る点にあり、さらには時空を全然無関係であるかに考えて、両者を分離する点にある。併しながらまた有限なる人知の自反の途としては、かく相即一体なる時空も、始めは多少ともその何れかに傾かざるを得ないのが、人知の現実的制約でもある。

二

上述のように、時空は本来相即一体的なるべきではあるが、しかしその真の自覚的統一の現成に至っては、われわれ人間の現実においては、ついに行為の外なく、随って未だ行為にまで現成するに至らない時空の意識は、多少とも時空その何れかに傾かざるを得ないことも、すでに述べたところである。さて時空は、一応内外に即して考えられ、時間を内感の形式というとき、空間は外感の形成とせられる。もとよりこれ一応のことであって、時間は勿論単に内界のみではなくて、外界にも行われるように、空間も又もとより単に外的とのみ限られないで、内なる意義もなければならぬ。けだし内外の別そのものが、元来知性の相対性に、その根因が存するわけである。しかしながら、同時に又われわれ有限存在にあっては、一応内外の別の成立するのも、不可避の現実であるように、時空に即する内外の別も、決してこれを無意義とすることは出来ない。もしひと度眼を閉ずれば、外的空間は一瞬にして消失するが、われわれの時間意識は依然として存続するのである。勿論時間意識もその客観性は、これを大にしては太陽を始めとする天体の運行四時の変化より、これを小にしては眼前一茎の小草の生長にいたるまで、すべて外的なるものに即して確証するの外なく、同時にまた、閉目による空間の消失も、畢竟するにこれ単なる視野の喪失に過ぎぬのであって、ひと度手を挙げ足を搬ぶに至っては、一々これ空間認識の実証であって、ここにもわれわれは、時空的認識における両者の相互相依、並びにそれに即する内外両界の相依相即の事実を認めざるを得ない。

さて先ず最初に時間と時間意識について考えるに、時間なくして時間意識の成立し得ぬことは、もとより言うまでもないが、同時にまた時間意識なくしては、時間も現実の問題とはなり難い。同時に時間を客観的とすれば、時間と時間意識との相即一体は、即ちまた主客の相即一体の一側面というべきでもある。いま主観的側面より出発して時間意識を反省するに、そもそも時間的意識は、意識の循環性、即ち意識の緊張がいち度弛緩したものが、旧の緊張に還えるところに成立する。「復夜《また》が明けた」とか、「復春《また》になった」等の語は、時間が意識の循環性に基づくことを端的に示すといってよく、もし意識が時と共に流れ去るならば、われわれに時の意識の生じ様はずはない。時の流そのものは、つねに前方より後方に向って流れるが、時の意識は翻って過去に向って記憶の網を投げると共に、さらに未来に向かって予見と予科の鈷を投ずるのであって、かくしてそこに意識の一円を描くところに、始めて時の意識を生ずるのである。われわれが時の意識を覚えるのは、現在を足場として、過去に向って一つの回想点を求めて、それから現在にいたる一線をたどって、そこに一円の成る処に初めて時間意識の成立を見るといえ、かくして時間意識は、一応はその回顧性に成り立つといえる処がある。

時間という時、もとよりその様態としては過・現・未の三態を挙げ得るわけであり、随っていま時間意識についても、未来に関する時間意識も成立することは言うまでもない。そして未来の時間意識は、現在を中心として自己の意志的実現の完成への期待を投げる一点を劃して、それと現在とを統一しようとする一円に成立すると言うべきであるが、しかも過去と現在とをつなぐ一線は実線であるが、未来に対するそれは、未だ実現せられない時間として、謂わば点線という外ない。これ過去はすでに成れるもの、未来はまさに成らんとするものとしての相違である。かくして時の希望は未だ成らざる未来にあるが、未来に対する時間的測定の基準は、すでに成れる過去の時間がその足場となる外ない。即ち我われは常に現在を中心として、過去を未来に折り返えそうとしつつあるとも言えるのである。かくして時間意識とは、畢竟するに現在を中心とする過去の統一に成立するという外ない。しかも時間の三様態の一つに属するこの現在は、自ら三様態中の一つに居りつつ、如何にして過去及び未来の統一を成し得るのであろうか。ここに時間並びに時間意識における現在の有する特殊の意義が認められなければならぬのである。

現在が時間意識の中心として、常に過去及び未来を統一し、過去が過去であり得るのも、それが現在によってであり、また未来がよく未来として成立し得るのも、それが現在のうちに現成するがゆえだとは、すでにアウグスティヌスに発して周知のことである。しかしながら、現在は何故かかる時間統一の力を有するであろうか。現在がかく過去及び未来を統一して、過去及び未来も、それが過去及び未来として意識せられるには、現在の一瞬裡に統一せられなければならぬという時、現在は単に過現未の三様態中の一つとしての現在の外に、その底にはこれら時間の三様態を超越して、時間意識の成立する根底となる一面のあることを考えなければならぬ。即ち二種の現在のあることを考えねばならぬわけである。しかもこのような二種の現在は、一応二種と考えられつつ決して別物ではない。試みに未来と過去の間に介在すると考えられる現在を把捉しようと力めて見よ。一瞬早ければ尚未だ未来であって現在ではなく、同様にまた一瞬遅れれば、最早過去であって現在ではない。かくして真の現在は、これを捉えようとすればするほど逃げるものであるが、しかも翻ってまた現在を離れては、過去も未来もなく、如何に悠久なる過去も、如何に遥遠なる未来といえども、畢竟これ現在裡の存在という外ないのである。

かくして過現未を統一するものは、時間に対してはまさに永遠というべきであって、現在とは、斯くの如き永遠が相対的なる過・現・未という時間的系列の裡に、一瞬自己を映現する永遠そのものの一閃光ともいうべきであろう。随って時間意識の立場からは、現在を中心としその足場として、過・現・未の三種にわたる時間意識を把握し得るともいえるが、今逆に時間そのものの立場からいえば、時間の三様態とは、時間の根底にある永遠そのものの自己限定というべきであり、そして現在とは、かかる永遠そのものの自己限定の焦点ともいえるであろう。

かくして過去も未来も、それが時間様態として存立する限り、すべて永遠より洩れるものはないが、しかも永遠自身の自己限定の焦点は常に現在である。これ現在が「永遠の今」とも呼ばれるゆえんであって、如何なる過去も未来も、現在の一瞬を離れては、ついに成立し得ないからである。普通には永遠という時、ともすれば時間的持続の無窮性の如くに考えられ易い。勿論時間的持続の無窮性も、謂わば永遠裡における永遠の自己投影とも言うべきものとして、永遠の一属性ではあろうが、しかし永遠の永遠たるゆえんは、単にかかる時間的持続の無窮性にあるのではない。けだし時間的持続の無窮性は、それが如何に無窮であっても、畢竟するにこれ時間的範疇裡のものだからである。

永遠の真意義は、今これを時間的意識の側よりいえば、現在の包括性及びその無底性にある。現在は厳密には、真に一瞬ともいいえない程の過・未の接点であると同時に、他面過・未の一切を包摂し、これを成立せしめるものでなくてはならぬ。そしてこのような過・未の包摂性は、単なる時間的延長の外延に留まらないで、現在の無底性として、内に無限なる内包的側面を有すべきである。永遠が、単に過・未の包括的外延性のみに止どまるならば、これを厳密には、畢竟するに時間裡のものというべきであって、決して時間成立の真の根底となるものではない。すべて有形なるものの成立根拠は常に無形にある。随って過現未の三様態として自己を現ずる時間の真の根底は、過現未の何れにも居らない「無底の底」でなければならぬ。しかもかかる無限なる無底性は、他面、そのまま現在の一瞬裡に自己を現成するでなければ、畢竟するにまた架空の想念であって、決して現実界成立の二大要素の一つとしての、時間の真根底たることは出来ない。かくして、時間意識の立場より永遠の把握に到るは、結局現在の自反に徹するの外ないが、同時に永遠そのものの時間的現成もまた、現在の一瞬を離れてはすべてが架空抽象となる。随って時と永遠との真の会点は、ついに現在一瞬の外なく、これを主観的には、時と永遠との融会《ゆうえ》は、実に現在の一念裡に現成するというべきである。これ古来現在の意義が重視せられて「永遠の今」とか、「永遠の現在」などと称せらるるゆえんである。げに現在の一瞬こそ真に永遠の現在であって、この「今」の一瞬を離れて一時の真の把握の途なく、また「今」の一点を措いては、永劫に「永遠なるもの」に接する途はないのである。

かくしてまた永遠とは、時に即して捉えられたる絶対的生命の、如実実相に外ならないことを知るべきである。絶対的生命は、その絶対性の故をもって、必然に無量多の属性を有するが、今われわれ人間の時間的意識に即しては、その絶対なる「無底の底」としての永遠として現ずる。ゆえに時間が永遠の自己限定であるとは、即ち時間が絶対的生命の自己限定たるの謂いに外ならない。今時間という時われわれは、ともすればこれを単なる現象界成立の形式と考えやすく、それはそれとして勿論一応の理はあるが、しかし時間の真の内容は、具体的にはこの現実界裡の万有というべきであって、宇宙間の万有も、これを時間的側面からは、時間的限定より洩れる一物とてないのである。ゆえに今時間が絶対者の絶対的自己限定であるとは、時間がこの生々不息なる全宇宙内容の展開形式であるというのと同意であって、それ以外の何物でもない。即ち絶対的造化のみならば、時間の意識もこれを覚えぬわけであるが、かかる絶対造化の裡に意識可能体としてのわれわれ人間の出生があり、そしてわれわれ人間は、その有限的意識の故をもって、自己を囲繞する無窮の時間流としての生々発展に対して、これが把握に弛張を生ぜざるを得ないのである。これ時に即して時間意識の成立するゆえんであるが、しかもこの無窮の時間流としての万有の生々も、又これを時間意識の裡に把握しようとするわれわれ人間存在も、畢竟じて共にこれ絶対者の絶対的自己限定の所産である。

かくして万有の生々としての無窮の時間流の把握も、畢竟自覚的把握の外ないのであるが、しかも自覚の本来は、屢説のように所照の自覚の外なきを以って、真の絶対的創造としての永遠の真趣は、われわれ有限存在としては、ついに所照の自覚の全現成としての行為においてこれに与える外ない。即ちわれわれは、所照の自覚において時の流れに即しつつ、時の流を越える真光に交わるを得るのである。かくして自覚界とは、時空裡における時空超断の一境ともいうべく、ここにわれわれは、この有限存在の身をもってして、尚よく一点永遠との直接を体認自証し得るのである。かの朝に道を聞かば夕に死すとも可なりとは、この時間裡における時間超出の一境を語るもっと典型的な言葉というべきであるが、しかもこの趣たるや、いやしくもそれが自覚たる限り、何人も何ほどかはそれに与かり得るわけである。単に時と共に流れ去るものは、時の流を意識しない。かくして時の流を自覚することが、時間超出の第一歩である。同時にかかる時の有限性の自覚の極致は、かの三千年の寿も一瞬と等しきを知るとの一境にも至るわけである。ゆえに時の有限性の自覚の極は、時そのものの意識を越えるのであり、これ古来東洋において、解脱の重要契機として無常観の高調せられるゆえんであって、無常観と実相観とは、実に相即一体なるべきである。即ち無常観によって現象の仮幻を撥無せられない実相観が真でないように、時の有限性の自覚に即しない単なる時の持続性は、真の永遠ではなくして、単に時の無限延長的投影としての仮幻に過ぎない。真の永遠は時の有限性の自覚の極、時間意識の消滅に即して始めて顕現する。これ永遠の対照的把握でなくして、却って永遠の真光の常光被に目覚める所照の自覚である。

三

時空はわれわれ人間の立場からは、絶対的実在に対する現象的認識の二大形式であり、また逆に絶対的実在そのものからいえば、その現象的顕現の二大形式といえるわけである。しかも現象的とはいっても、絶対的実在たる本体の体認も、われわれ有限者にあっては、畢竟現象の認識を介するの外なく、随って時空の認識に徹する以外にその途なしというべきである。かくして時空の真の認識は、一面現象認識であると共に、また直ちに実在認識に到るの途でもある。かくして時空は、唯一実在に対するわれわれ人間の把握様式の相違であり、随って両者は常に相即一体であって相離れぬ。そしてここに相即一体とは、所謂並行的合一の謂いではなくて、まさにその無限なる相互交錯滲透の謂いであり、随って時間裡にその内容として空間を容れざるはなく、また空間裡に時間流と交錯せぬ場所とてはない。即ち時空は、絶対者の絶対的動静一如の、われわれ有限者における有限的把握ともいうべきであって、その全交錯全滲透は、一微塵といえども、時空のそれぞれ一会点として、内に全一法界を内含すると言い得るのである。

随って時空のかかる交錯滲透性は、また時空の認識上にも、その相互交錯性となって現われざるを得ない。時間が内感の形式として、一応内面自省に基くべきは今さら言うまでもないが、しかもその確証に至っては、客観界の運行を基準とする万物の変化流転に俟たざるを得ないのである。また逆に空間は外感の形式として、普通には単に直観の対象とのみ考えられ易いが、しかも直観の対象というとき、人はともすれば単なる視覚をもって全直観に代表させ、かくして空間をもって、単に視覚の対象界と考える傾向がある。しかも空間が単なる視覚の対象界でないことは、いうまでもないことであって、空間認識の確証は、何よりもまず触覚及び運動感覚に訴えてこれを確証するの外ない。人々のうちには、その距離感の基礎は、幼時隣村なる母方の里へ歩いた実感に、その現実的根拠があるといった人もあるが、これこの間の消息を示すものである。かくして運動感覚に訴えるという背後には、必然そこに意志を予想せざるを得ず、随って空間認識は、一見もっとも直観的なるが如くでありつつ、その根底に意志的体験を予想する。然るに意志的体験は、これを形式的には時間的体験に連るものであって、ここにもわれわれは、時空の相即性を、その現実認識の上に見ることができる。同時にまた時間認識は、屢説のように意志的体験に基くものではあるが、しかもその自省的な点においては、常に超意志的一面を有して、そこに空間認識を予想すべき一面を蔵すると言うべきである。

さて空間は、それが時間と共に、唯一大宇宙の把握様式である以上、それは必然内に体系性を内含する。否、空間の内容は、ある意味からは体系そのものと言うべきでもあろう。時空の体系性などといえば、人或いはこれを訝ぶかるかも知れぬが、それも一応もっともであって、体系という語は、人為にもとづく論理的構造の色調を多分に有するがゆえである。随って今これに換えるに秩序という語を以ってすれば、時空は本来宇宙的秩序そのものを内含するというべきである。随ってまた時空の差は、かかる宇宙的秩序をその動的展開の相に即いて捉えるか、はた又その静止的展開の相に即して捉えるかに存するというべく、その何れにしても、この唯一宇宙的秩序に基づく点では同一である。随っていま空間認識についても、等しく空間と言いながら、そこには無量の段階があるといえる。即ち唯一宇宙的秩序への近接と遠離の無量の段階が、そのまま無量種の空間段階として現ずるわけである。もっともこれ時間においても同様であって、普通に時間論にあっては、時間とその絶対的根底としての永遠との、単なる二段階を分つに過ぎないが、しかし時間もそれが唯一宇宙的秩序をその対象としつつ、しかもこれに対するのがわれわれ有限存在たる以上、そこに無量の段階の時の現ずべきは理の当然である。ただ時空共に、その無量種、無量段階の精細なる識別が、われわれ有限知にとっては不可能と言うまでである。

空間というとき、もとより客観普遍的なものを意味せねばならぬが、しかもその認識が、この地上的制約裡にあるわれわれ人間による以上、その把握と認識において、ともすれば主観的一面あるを免れない。二条の等間隔なるレールも、遠方へ行くほど狭まって見え、また同じく等高、等間隔なる電柱も、遠くへ行くほど低く狭まって見える現象、即ち一般に遠近法の名称によって呼ばれているものは、元来われわれ人間のこの地上的限定にその根因がある。地上の一点に限定せられるとは、必ずしも固定的限定を意味するのではないが、しかし同時に如何ほど処を移してみても、われわれの全存在は、少なくともその在的側面においては、つねに地上の一点への限定より全脱し得るものではない。そしてかかる地上的限定を、一応観念的に離脱せしめるものは、かの悟性知による反省であって、そこにわれわれは幾何学的空間、及び物理的空間等の所謂客観的な空間概念を得るのであるが、しかも現実のわが身は、依然としてこれ地上一点の限定裡にある故、幾何学的空間、及び物理的空間の全客観性を、直観的全体として把握し体認することは許されない。ここに幾何学的空間、ないしは物理的空間が、所謂客観的ではあるが、それだけにまた抽象的であるゆえんがある。

われわれが普通に空間という言葉によって意味する処は、勿論以上両種の空間を、何程かの程度で含むことは言うまでもないが、同時にまたそれのみに尽きるものでもない。そもそも常識については、第一何を常識とするかが、その人の教養環境等によって一定せぬように、普通に常用せられつつある言葉は、よし自覚的にではないとしても、その語の含蓄すべき無量の段階における意義を、何ほどかは内含するのを常とする。故にいま空間概念についてもわれわれは、勿論十分な自覚と反省を伴わぬことは言うまでもない。否さらには空間等という語すら多くは用いず、ただ「拡り」「距り」或は「高さ」「広さ」「深さ」「遠い」「近い」等々種々なる日常語を以って、それぞれの位相段階における空間概念を示すを常としている。しかもその間無自覚無反省にではあっても、如上幾何学的空間及び物理的空間を含むの外、そこには社会的空間ともいうべきもの、或はさらにその根底として、一種の叡知的空間とも称すべきものすら含蓄せられるとすべきであろう。かくしてそれは、認識者自身が自覚的に含蓄せしめるというよりも、むしろ空間そのものの本質が、かくの如くである処から来る必然的帰結というべく、如何に稀薄な抽象的映像も、それが映像である限り、何程かの程度で原型を保有せざるを得ない。

いま人格的空間といえば、これを了しない者も社会的空間といえば、何人も一応はこれを了するであろう。しかも社会的空間の社会的空間たるゆえんは、まさにその構成要素が人格たる点に存する。そもそも空間の認識は、これを具体的には、無辺の空間裡に何らかの限定点を置くでなければ不可能である。即ち空間というも、それがすでに三次元的である以上、真の現実認識としては、或は高さ或は奥行さらには間口等々、その何れかを基点とするの外なく、そしてその何れの場合に於いても、現実の一点を限定するでなければ、空間の如実認識とはならぬ。例えば高さという時、或は樹梢或は竿上、或は山頂等を限定するを要し、かの無辺と見える空さえも、雲を配して始めてその高さの実感を加えるのが、われわれ有限存在の常である。同時にかかる限定点と自己との距離が、如実なる空間認識の基準であって、何れの次元を主とするも、それに即して他の二次元がその背景として現ずる。そして位置の最も内面的なものは人格であって、自覚的なる人格にあっては、単なる有形的限定を超えて、自己を中心とする体系的領野を自覚的に内含するゆえ、ここに社会的空間は、かの有形的空間の三次元的なるを超えて、層層無尽性を具するわけである。即ちまたそれだけ空間の絶対的意義に近づくわけである。

今社会的空間の語を、単なる「場」或は「場所」の意に解せられるのは本意でない。「場」或は「場所」の語は、もとよりこれを単なる平面とはいわぬが、しかも尚いわば「生きた平面」ともいうべく、その語感は未だその平面的抽象性を全脱しない。然るに空間そのものは、すでに三次元的立体の全現であって、内に無量の万有を包蔵する。ゆえに今社会的空間は、なるほど外延的には、一応人的社会に局限せられるかのようであるが、内包的には前述のように、一々の自覚主体をその成員とするゆえ、まさに層層無尽なる自覚の相映性を内具するというべきである。かくして先きに、外延的には人間社会に局限するかに考えられた社会的空間は、いま内包的には、一切の自然界を内に包摂するに至るべく、随ってかの三次元的空間の内包せられるは言うまでもない。しかしこのような自覚的人格の層層無尽なる自覚の相映は、なるほど社会的空間の中枢根幹を為すべきではあるが、しかも所謂社会的空間というに止まる限り、その全現は期し得られぬとすべきであろう。これ社会が現実界裡の限定的存在であり、随ってそこには自覚無自覚無量の段階を認めざるを得ないからである。かくして如上、自覚の層層無尽的相映の背景となり、その基盤となるべきものとしては、謂わば「叡知的空間」ともいうべきものを認めなければならぬであろう。しかもこれが如実体認は、その叡知性の故を以って、自証として万人がこれに与かるとは限らず、唯自覚者の自内証裡の体認に俟つ外あるまい。併しながらここに注意すべきは、かく言うことが、決して叡知的空間の主観性個人性を意味するものではないということである。そもそも自覚の世界は、その自覚性の故を以って、自に即する一切能生、即ちまた一切能照光の直証を意味すべきであって、勿論そこには、一面自覚の現実的根基としての身体に即しては、内外の別あるを免れまいが、かく内外の別に居りつつ、しかも他面よく内外の別を超出する。否、内外自他の関係を超出するが故に、よく内外自他をその正しき位相において認識し得るのである。ゆえに自覚界は、これを空間に即しては、まさに叡知的空間界ともいうべく、かの自然界が幾何学的ないし物理的空間の裡にあるのとは、全くその趣を異にする。同時に叡知的空間界とは、これを場に即しては、理法の秩序の体系的全現の場処の謂いであって、そこには物的質礙《ぜつげ》よりの超出が意味せられる。ゆえに遠近その他、一切の所謂空間的限定を含みつつ、同時にこれを超出して、かの西方十万億土は、同時に「此処を去ること遠からざる」の理を具現する。同時に今これが対応を時間体系に求めるとすれば、所謂過現未的様態としての時間と、時の絶対的根底としての永遠との接点として、謂わば叡知的時間ともいうべきものが存すべきであり、さらにこれを知の自覚的形式に即しては、上来屢説の常所照の自覚というべきであって、常の一語が最もよくこの趣を示すかと思われる。即ちこれ自覚における能・所合一の会点であって、今これを現前是如の一点に捉えれば、かの「永遠の今」という語が、最もよくその趣を示すというべきであろう。

四

四　時空論

時空が、実在的生命の現象的なる自己限だとすれば、時空はまた唯一実在の秩序を、それぞれの側面より反映するものと言うべきである。そしてこの事は、実在そのものが、宇宙的秩序として自らの体系性を包蔵すると共に、それが時空というそれぞれ異なる面への展開に即して、互に相照応する処あるを示すのである。さればかかる時空両体系の照応にして瞭かでないとしたら、時空の相即一体性も実とならず、随って現前一条の香煙の揺曳すら、これを認め難い理である。然らばかかる時空両体系の照応とは、そもそも如何なることを言うのであろうか。それにはさし当り、時空それぞれの体系とは如何なるものであるかが、先ず瞭かにされねばなるまい。そしてその為めには、さらに溯って、まず体系性そのものの本質が理解されなければならぬ。そもそも体系とは、本と理法の秩序の組織的把握の謂いに外ならぬが、しかも理法は理法の故を以って、必然客観的であり、随って体系も亦必然に客観性を有しなければならぬ。ただ理法の秩序の終局的根底は、ついに宇宙的秩序そのものであるゆえ、それは必然内に重々無尽性を宿すべきであり、随って又それを如何なる角度から、如何なる辺に即して把握すべきかは、勿論当該思想家の主観の本質的限定によることであって、所謂形式的一様性を必とすべからざるを知るべきである。同時にそこに、一個の思想体系の具すべき個性的特色の因由するゆえんが見られる。

併しながら体系の基礎が、上述のように、宇宙的秩序そのものに存する限り、如何なる体系的把握も、それが如実の把握である以上、結局宇宙的秩序の何程かの反映顕現たらざるはない。今時空の体系性について考えるに、そもそも時空は、絶対的生命における動静一如の動静的分裂というべく、随って時間体系と空間体系とは、その趣まさに相反するというべきである。いま体系性の形式的完態を宗とする空間に即して考えても、空間はなるほど一応は、単なる形式と考えられるとしても、その形式は、言うまでもなく内容と相即的であり、そしてその内容とは、即ちこの現実の宇宙内容としての天地人生の実事以外の何物でもない。かくして宇宙的体系の真としての宇宙的秩序の内容は、即ち宇宙内容としての万有の体系の外ないのであるが、しかもそれが空間体系とせられるのは、それが静止的三次元的展開に即する点にある。勿論空間の本来は、既述のように、自覚界の空間としての叡知的空間というべきものであろうが、しかもそれが空間の名称を有する限り、それは有形の静止的三次元性に即する自覚たることを全脱するものではない。即ちこれを媒介とする自覚的包摂たることを離れないのである。同時にここにもわれわれ有限者にあっては、その一切思索一切言表も、それが把握であり表現である限り、すでに一種の限定作用を離れ得ぬ旨を知らしめられるのである。

併しながら、そもそも体系の体系たるゆえんは、何処に存するであろうか。思うに体系性の特質は、これを窮極する時、一点が万点を反映する所謂一即一切性にあると言う外ないであろう。即ち一々事物が、自余一切の事物と無限に聯関することは、まことに掩う可らざる万有の実相であるが、この一々事物の自余万物との無限聯関は、即ちまた一々事物の自余一切物の反映であり、さらに又この一々事物の自余一切物の反映は、そのままた万有の無尽相映でなければならぬ。有限的体系といえども、いやしくもそれが体系である以上、勿論この理を内具しないものはないが、しかも現実においては、一切の部分の全的統一下における一々の部分への内在は、常にその全的統一の限定を介しての外ない。即ち有限的統一にあっては、たとえ哲学のように、絶対者の内容たる宇宙的秩序をその対象とすればとて何処かにその統一点を限定しなければ、これが如実把握は得られず、かくしてかかる特定の限定的統一点を介して、所統的部分は相互にその全的統一性を内含する外ない。これ全的統一の把握を任とする哲学といえども、それが有限的人知の一営為である限り、全脱するを得ない人間の有限性の根本的制約である。かくしてかの到る処すべて円心ともいうべき極大円に比せられる絶対的実在との相違を知るべきである。かくして有限的体系における部分相互の内的相照を実にせぬものは、即ちかの悟性的体系と称せられるものであって、これは、かの一部分がたとえ全的統一を介せざるを得ぬとはいえ、とにかく相互相照を内含しうる自覚的体系、即ち真の理性的体系と区別して、その本質的差異を知るべきである。随って又かかる悟性体系は、真の体系性を実にし得ないその映像に過ぎぬものとして、厳密には体系の語を避けて「組織」の語を用うべきであろう。

上述のように、体系性の真が、所謂一点が万点を相映内含する点にあるとすれば、真に体系性を実にするものは、自覚の外にはあり得ぬ理である。同時にかかる自覚にして、始めて真に体系性を実にし得るとは、翻ってまた体系性そのものが、本来循環的なることを語るものでもある。

そもそも一点の万点への反映とは、即ち生命の循環周流の全現をいうの外なく、そしてこれを真に実にするものは、竟にまた自覚の外ないわけである。即ち自覚の真は、屢説のように常所照の自覚であり、常所照の自覚とは、即ちまた常所生の自覚でもあって、常所照即常所生の自覚において、絶対的生命の循環周流は、その最深の真に徹する。即ち一念裡の自覚における能・所の相即一体性は、その意義においては、全宇宙的生命の全的循環の一循一円に外ならない。そもそも循環は、その循環性の故を以って、極小即極大、極大即極小として、一切の有形に即しつつ、よく一切の有形を全脱する。これ一瞬裡一念の徹底自反が、直ちに絶対生命の循環周流の全現に与かるを得るとせられるゆえんである。かくして体系性の真は、自覚において始めて実にせられるが、翻ってまた自覚は、そのまま生命循環の一現成であり、しかも個々現成を外にしては、絶対的生命の全現成もあり得ぬが故に、一念の自覚も、よく全宇宙的秩序を摂めて全現成たるを得る理である。

かくして体系の本義は、上述のように、宇宙的秩序そのものに外ならぬのであるが、しかもそれが時空の両体系として自己を現ずるとは、そもそも如何なることであろうか。又その相照の関係は、如何にして認め得るであろうか。今体系における形式的側面の完態としての空間体系は、屢説のように、有形に即する静止的三次元性に即して展開せられる。この事は即ち、絶対的生命における動静の絶対一如性が、自己を分裂せしめて、その静止固定的投影において空間体系の現成を見るというべく、随って空間体系においては、体系の体系たるゆえんとしての自覚の循環性は喪失せられて、それはいわば平面的に畳まれていると言ってよい。勿論絶対的生命の周流循環を全欠するのではないが、それはいわば潜在抽象の平面形に折り畳まれて、その如実なる循環周流性を全現していない。これ空間が常に静止固定的と考えられるゆえんであるが、しかも空間体系の原型は、決してかくの如き単なる静止固定ではなくて、実に無限なる動静の絶対的一如でなければならぬ。しかも無限なる動静の絶対的一体とは、いわゆる相対的動静の超出を意味するが故に、却ってそこには抽象的把握を容れ難く、随って強いてこれを抽象的把握に移そうとすれば、普通には絶対静止として表象せられざるを得ないゆえんである。同時に又ここに、かの絶対界の表象的投影としてのいわゆる彼岸的実在が、浄土あるいは天国等というように、ともすれば静止的空間性に即して表象せられる因由があるともいえる。

然るに今時間体系に至っては、全く正逆であって、そこに全現するものは、体系そのものの自覚的循環性であって、空間の如くその内容の体系的形式の完態では決してない。これ時間が常に流動の現実感を与えると共に、又その不安感を伴うゆえんでもある。かくして時間体系の特色は、いわゆるその形式的完結性になくして、体系の基礎としての自覚の循環性を、随処に露呈するところにある。今一瞬の時間意識も、いやしくもそれが時間意識として成立し得る為めには、必然その根底に自覚を予想すべきである。かくして一瞬の自覚も、それが自覚たる限り、厳密には常所照の自覚の常の現実的限定というべきであり、そしてこの常の現実的限定は、畢竟それと相即すべき永遠そのものの自己限定という外ない。ゆえに一瞬の自覚にも、実はその背後直ちに絶対的生命の絶対自覚が存すべきである。否さらには一瞬の自覚も、それが自覚たる限り、絶対的生命の絶対的自覚裡の一現成に外ならぬのである。ゆえに時間体系は、過現未の三様態に即する絶対生命の自己限定の一様式というべきであるが、しかもその中心は、あくまで永遠の自己限定としての「今」に燃焼する自覚の循環性に即するその全内容の動的展開形式たる点にあるのであって、その静止固定的体系に至っては、単なる時間体系のよく与かりうる処ではない。

普通に空間体系は静止固定的といわれるが、これは謂わば空間体系の単なる形式性に即していうことであって、ひと度これと相即する具体的なる天地人生の現実内容に即して考えれば、静止固定的と考えられる空間体系も、直ちに一瞬といえども止どまることなき流動展開として、時間体系と交流するのである。同時にまた時間体系の特色は、その自覚的循環の周流性にあるといったが、その現実内容はまたこの唯一大宇宙裡の万象たるの外なく、しかもこの宇宙間の万象は、一面無限の流動でありつつ、他面そのまま森然たる絶大なる秩序体系である。否、万象といわずとも時間体系そのものも、それが現実的な限り、単に唯一なる時間体系ではなくして、各々の自覚主体を中心とする無量多の時間流のあることを認めざるを得ない。しかもかく無量多の時間流ということ自身が、すでに時間体系そのものとしても、一個絶大なる空間体系を内具すべきを含意する。即ち単なる時間体系としての過現未からは、無量の万有を誘導し来たることは不可能であって、無量の自覚主体を中心とする時間流ということ自身が、時間体系そのものにおいてすら、すでに一種の空間体系の内含、否その相互滲透を認めざるを得ないことを示すのである。

上に無量多の時間流と言ったが、これ現実には無量多なる主観的時間の謂いであって、いかに客観的普遍的時間といえども、一面これら無量多の主観的時間流の裡に内在する一面がなければ、その客観性は実とならぬ。かくして真の時間は、これを自覚の客観面に即しては、かくの如き無量の主観時の客観時に会する処に実となり、これを自覚の主観面に即しては、常所照の自覚裡にその融会契合を見るのである。もとよりこれら自覚裡の主客は、本来絶対照応というべきであり、随って今その客観面における主客両時間の契合をおいて、別に主観面におけるその融会契合があるというのではない。同時に時間にかかる無量多の主観的時間があるということは、同時にまた現実の空間も、一面常に主観的空間の側面を有すべきことを意味し、これを投影的には、無量の主観的空間があるといわざるを得ない。しかもこの無量のという処に、空間性は一面いよいよその空間性を実にするが、同時にかく無量の主観的空間という時、空間が直ちに時間と相互交錯するゆえんを見るべきである。けだし主観的空間の客観的空間への近接は、これをその本質上からは空間の問題であるが、同時にその実現過程としては、実に現実の時間裡の努力の外ないからである。これあたかも主観時の客観時への接近が、本質上からはどこまでも時間の問題でありつつ、（その実証は勿論一面時間裡の問題でもあるが）その確証はむしろ空間によって得られるが如くである。そしてこれを現実には、主観的時間の誤謬を正すものは、客観的時間であるというよりも、むしろ客観的空間であることが何よりの証左である。

五

時空が上来屢説のように相即一体であって、相互に全交錯全滲透であるとすれば、物々みな時空の会点であって、如上時空の会点ならざる一物も無いわけである。併しながら、このとき時空の合一とは、そもそも如何なる意味を有するであろうか。物々時空の会点であって、時空の会点ならざる一物もない以上、いま時空の合一というは、なるほど一面からは、どこまでも時空の会点統一でありつつ、しかも他面時空の分離分裂を意識するものにおいて、始めて言い得ることでなければならぬ。しかもこのように、一面時空の会点に立ちながら、しかも他面時空の分離分裂を意識し得るものは、これを現実には意識的存在としてのわれわれ人間の外にはない。勿論高等なある種の動物に至っては、何ほどかの程度における空間意識の存することは認められるが、しかもそこには、それと相即する時間意識があるとは思われない。しかも時空は屢説のように相即一体であるゆえ、かく時間意識と相即することのない空間意識とは、結局空間意識とはいっても、それは本能的無自覚的なものに過ぎぬといわねばならぬ。かくして今厳密な意味で、時空の自覚的統一の主体を求めれば、万事中ひとりわれわれ人間のみであり、随って時空の自覚的統一は、畢竟してついにわれわれ人間の問題といえる。即ち一面からは物々みな時空の会点であって、時空の会点ならぬ一物もない理であるが、しかも真にこの理を自覚し実現し得るものは、結局われわれ人間のみであり、随っていま時空の自覚的統一の問題も、結局われわれ人間の問題たるわけである。

如上時空が、われわれ人間において分裂するとは、即ちわれわれ人間が意識的存在たるが故であって、意識における主客の対立一体性そのものが、実は時空の分離一体性の根本因由を為すのである。然らば一歩を進めて、われわれ人間における時空の分裂は、われわれにとって、そもそも如何なる意義を有するであろうか。かくしてこの問いは、やがて又われわれ人間における主客の分裂性、即ちまた意識性の意義を問うことに外ならない。今これを時空に即していえば、時空の分裂することのない人間以下の動物にあっては、その一切の行動は単に本能的反射的である。そもそも時空の分裂とは、即ち時空それぞれの面への抽象的、即ちまた一面的展開を意味するが、しかも斯くの如き時空の抽象的分離展開性は、同時にまた時空それぞれの内容の自覚的把握の可能を語るに外ならない。すべて喪うは即ち得るゆえんであって、人間意識が時空の単なる無自覚的未分態に止どまることなく、これを破って一瞬時空その何れかを捨て去ることは、同時に又これを積極的には、その採れる一面的内容の積極的把握確証を意味することに外ならぬ。かくして時空両体系の真の意味は、時空の分離し得るわれわれ人間において始めて可能である。なるほど意識の分裂なき動植物の如きにあっては、時空の分裂より生ずる錯誤と苦悩とは免れうるが、同時に又その内容としての宇宙内容の富贍《ふせん》に対する享受の喜悦もこれを欠く外ない。いわんや行為に即する自己を中心とする自覚的統一の欣びにおいておやである。

かくしてわれわれにおける時空両体系の分裂は、この意味からは、かく時空の分裂に即する時空何れかの一面の瞬間的喪失を意味するが、同時にそれに即して他の一面、その具体的内容の積極的獲得を意味するものに外ならぬ。しかも斯くの如き時空分裂の根本は、即ち又われわれにおける意識の分裂性に基づくものであり、しかもそれは根本的にはついに、絶対意識の絶対自由性に基づくとする外ないゆえ、これを根底とする時空の分裂と取捨は、決して固定的ではなく、あらゆる瞬間における随時選択の可能を容れる。即ち前の一瞬に時間的系列を自証したわれわれは、次の一瞬には、空間体系の全展開を展望し得るのである。しかもかく時空の分裂する限り、即ちまた意識がその主客の対立態に止まる限り、時空それぞれの面においては、交互にその全展開を確証し得るとしても、単にそれに止どまる限り、時間体系の展望の瞬間にも、その裏には無意識裡に空間的展開が裏付けており、また逆に空間体系の展望に際しても、裏には時間体系が裏付けていると言えるが、しかも真に両者の自覚的統一が具現せられない限り、畢竟これ二物であって真の一物ではなく、随ってまたに抽象的映像たるに止どまって、真の如実とは成り難いのである。かくしてわれわれ有限者の宇宙的生命への承当は、かかる意識における主客の分裂対立態の全的棄却に即する時空両体系の如実合一の一点において、始めて成ぜられるのであって、これ即ち「我」の否定に即する自覚の全現としての行為に外ならない。げに自覚的行為こそは、われわれが有限的存在の身を以って、自己を囲繞包摂して余すところなき宇宙的生命への全承当の途であり、今これを時空に即しては、時空両体系の統一の個における全現成に外ならない。ゆえに現実の行為という一点を看過しては、一切の観念的体系はいうまでもないが、現実的なる時空の両体系といえども、真の合一現成をえず、畢竟じて夢裡の幻影的投影と、何ら選ぶ処はないわけである。

上述のように、自覚の全現成としての行為は、これを時空に即しては、時空両体系の統一的実現ともいえるが、今少しくその内容を吟味すれば、すでに時空の自覚的統一という時、それは単なる物理的空間と物理的時間との統一の謂いではない。かくの如きは、何ら人間の自覚的行為を待つまでもなく、動植物否鉱物においてすら、ある意味ではすでに成立している事柄である。随って人間の自覚的行為が、時空の統一であるという時、そこには必然に、自覚的即ちまた叡知的意義を有しなければならぬ。即ちそこには、叡知的時空の統一ともいうべき意味が存しなければならぬ理である。すでに自覚は所照の自覚であり、所照の自覚界の背後には、すでに叡知的空間界とも言うべきものが存すべきと共に、また所照の自覚の徹底は、屢説のように常所照の自覚である限り、真の自覚界はその常所照界たるの故を以って、直ちに絶対永遠界に直接する叡知的時間の世界でもなければならぬ。ゆえに自覚の現成としての真の行為は、直ちにこれ時空の統一ともいい得るが、しかもそれは単に外的時空の統一に止どまらないで、本質的には自覚的即ち叡知的時空の統一でなければならぬ。単に外的時空の統一ならば、特に自覚的行為を待つまでもなく、われわれ人間の有形的存在そのものが、すでに時空の会点統一である。ゆえに自覚的行為における時空の統一の真意義は、それが自覚的即ちまた叡知的時空の統一たる点に存しなくてはならぬ。

然らばここに有形的時空の統一に対して、叡知的時空の統一とは、如何なることを意味するであろうか。謂わば有形的とも称すべき物理的時空の統一は、時空の会点の一点的実現たるに止まって、そこには何等内容とすべき意味的統一の内含せられるものはない。勿論有形的なる時空の統一としての運動動作も、それがすでに単なる時空の静止的会点に比すれば、まさに動的一実現ではある。同時にここに一個の石の万古に静止的存在であるのと、動植物特に動物の動作との差が見られる。しかも動物の動作は、よしそれが外形的には、如何なる結果を招来するとしても、そこには意味の内含せらる自覚的世界を予想することは出来ない。然るに人間の行為に至っては、なるほど外形的には人間行為も、畢竟一時一処における一実現たるにおいては、動物の動作と外形的には何ら異る処がないとも言える。しかもひと度そこに内含せられる自覚内容を考える時、そこには実に霄壌の差も只ならぬものがある。けだし人間の行為も、これを外面的には、一時一処における一動作たるに過ぎないが、しかもその一時は、全時間系列裡において、自覚的に摂取限定せられた「この一瞬」との意義を有し、一処もまた全宇宙を掩う全空間体系の裡に選び採られた「この一点」たるの意義を有するのである。かくして人間の自覚的行為は、その外形からは動物の動作と等しく、畢竟一時一処における時空の外的結合としての一動作に過ぎないが、しかもその背後には、全時間系列と全空間体系との合一たるの意味を内含する。

勿論人間の自覚的行為は、その背後には、如上全時間体系と全空間体系とを予想するとしても、その合一は内容的には、決してそれら両体系の全的合一ではなくて、行為を通しての一時一処における合一の外ないのであり、ここには、依然として、人間の根本制約たる有限性を全脱し得ないゆえんがある。しかも叡知的時空は、それが時空たるの限定を全脱しない限り、一面有形を全脱しはしないが、しかもその叡知性の故を以って、他面確かに有形よりの離脱超出の一面があるといえる。かくして人間の自覚的行為は、これを外形的には、一時一処における時空の一点的合一として一動作に過ぎないが、その内面的意義においては、時空両体系の全的統一であるとの趣がある。これ人間の自覚的行為は、現前の時空的限定に即する時空両体系の自覚的統一による自己の帰投捨身の全現成であり、語を換えれば、即ち宇宙的秩序の運行への一瞬裡における全的参加に外ならない。しかもここに一瞬裡のという限定的表現を附加せざるを得ないのは、自覚の本来は常所照の自覚であって、能照は本来常照であっても、自らを所照の身と自覚することは、必ずしも常持続たるを得ないのが、有限存在としてのわれわれ人間の免れ難い現実だからである。しかも能照は即ち常照たる功徳によって、一瞬裡の現成もそのまま全現成として、直ちに永遠なる宇宙秩序の運行への参加たり得るゆえんがある。

かくして人間の自覚的行為は、これを外形的には、単に一時一処の一動作に過ぎぬとしても、これを内面的には、実に全宇宙的秩序そのものへの参加の意味を有し、かくしてまた人間の真の自覚的行為は、これを時間に即しては、全時間系列における現前一瞬の自覚的把握の謂いであり、これを空間に即しては、全空間体系におけるこの一点の自覚的把握の謂いであって、これら時空両体系における現前の一時一処の自覚的統一の実現こそ、実に人間的行為の真意義というべきである。かくして時空は本と相即不離一体なるが故に、かかる自覚的行為の一境は、これを時に即しては、また「時中」と称することが出来る。かくしてかの「聖人《ハ》時《ニ》中《ス》」の語は、その一挙手一投足が、直ちに宇宙的秩序の全運行への自覚的参加承当の意であって、けだし人間最上の讃辞というべきであろう。しかもかく時中の語はありながら、これを空間に即して、この一境を表現する言葉を見出し難いところに、空間が時間に比して、それだけ外面的なことを示すといってよく、即ちそれだけ又時間が、形式的にもせよ、自覚の真を宿すわけであるが、同時に時空は屢説のように、絶対相即ゆえ、時中は同時にその空間的位相の自覚を予想すべきは、今さら言を要しない。このことは、例えば論語の郷党篇に現われた孔子の起居言動の上にも窺い得るのであり、さらに中江藤樹のこれが註解たる「論語郷党啓蒙翼伝」に至っては、所謂訓詁を超えてこれが内面消息を啓くにおいて、誠に余蘊《ようん》なしというべきである。

上述のように、時空の自覚的合一は、ついにわれわれの自覚的行為の外なく、逆に人間の自覚的行為は、全時間系列と全空間体系との、一時一処におけるその自覚的合一の実現というべきである。かくしてここには、普遍的理説を主とするが故に、単に時空というに止どめるが、もし時空両体系の具有する現実内容を問題とするに至れば、時間の具体的なるものは歴史であり、空間の具体的なるものは社会であって、具体的時空としての歴史及び社会は、常に自然界の時空を内包するとすべきである。しかも社会の最も具体的なものは国家の外なく、時間の最も具体的なものは、一個の民族国家の歩みとしての国史の外にない。ゆえにまた時中論の最具体的なものは、かかる国家及び歴史の具体的統一において、始めていい得べきであり、随ってこれを欠くとき、如何に絶対時中といっても、尚、抽象的絶対性の域を全脱し得ぬものというべきであろう。かくして真の絶対時中は、その絶対性の故をもって、翻って自己の位相を、自らの属する国家及び歴史の上に返照する処に成立すべきであって、人間の解脱安立といって、ついにこの外にないわけである。勿論かような真の具体的限定を離れても、単なる我見の否定超克によって、形式的には、一応個人的な解脱安立が得られぬわけではないが、しかも畢竟するにこれ抽象裡のものであり、それだけまた幻影的なことは、すでに古今東西の歴史の示すところである。就中仏教及びキリスト教という二大宗教を生み出した民族の現状が、もっとも瞭かにこれを告げているといえる。

五　万有の秩序

一

万有は、それが唯一絶対者の絶対的自己限定による所生存在であり、即ち又その所統存在たる以上、必然それは絶大なる一大調和的統一裡に在ると言うべきであろう。けだし宇宙《コスモス》という語そのものがすでに調和を意味し、そして調和とは結局、根本統一による能統所統の斉整を基本とする部分の相互制約的、即ちまた相互互譲的融会を意味するが故である。かくして有限存在たるわれわれ人間の有限知には、この大宇宙は、一見如何にも多くの矛盾相克を含むが如くでありつつ、いやしくもそれが大宇宙裡の出来である以上、本来それ自身絶大なる調和裡のそれぞれの要素たることを示すものでなくてはならぬ。かくして万有は、かかる絶大なる調和体《コスモス》として、そのまま一大秩序を具すべきであり、これ畢竟するに万有の一切は、唯一絶対者の絶対的自己限定の所産として、その所生即所摂存在たることに基因する。即ち万有が、神による所摂即所統存在たることの因由は、根本的にはそれが神の所生存在たるに基づくのである。即ち万有が造物主たる神の被造物たることが、その秩序の拠って成立する根本因由としなければならぬ。けだし秩序の根本は、絶対的能統そのものによる能統所統の相即一体たる点にあるが、しかも絶対的能統とは、畢竟するに絶対者の絶対的能生の外ないからである。

今ここに万有の秩序とはいっても、もとより所謂静止の固定的秩序をいうのではない。そもそも大宇宙は、これを内面的には、いわば「生命の生命」として絶対的「生」というべきであり、随って又その絶対的自己限定としての造化創造の大用は、いわゆる常持続であって、そこには一瞬の間断もなかるべきである。所謂常造化・常創造であって、造化創造の大用は、決してこれを時空的限定裡における唯一回的な出来事として、限定せられるべきでは断じてない。けだし時空そのものが、すでに絶対者の絶対的自己限定の所産であり、その常創造の所生である。勿論ここに造化創造とは、我われ有限知の有限的把握の立場よりいうことであって、真の絶対的意義においては、元来造化創造という事すらなかるべきでもある。けだしその大外《ほか》なき絶対的全体たる神にあっては、一切が同時存在であって、所謂無より有を生ずるという造化創造とは、かかる絶対者の絶対的自己展開に対する、我われ有限知の有限的把握に基づくものに外ならない。即ちまた相対的有無のきわを超出する絶対無而絶対有、即ちまた無極而太極ともいうべき絶対者を、形質共なる如実の全的把握を実にし得ないわれら有限者の相対的把握に基づくものに外ならぬが故である。

斯くして如上造化創造は、時空裡における唯一回限り的なものではなく、その能生の大用《たいゆう》はまさに常持続であり、随ってその意味からは、まさに常造化・常創造と言うべきであるが、しかも能生の大用が、造化創造として絶対大用である限り、その常持続とは、所謂直線の連続的延長の如きではなくして、まさに絶対初発の意義を有しなくてはなるまい。しかし初発能生は、その絶対性の故をもって、一面常に飛躍断絶的でなければならぬ。又かくてこそ、絶対生命の能生の大用としての造化創造の意義がある。かくして万有は、かかる絶対的な造化創造の故をもって、一面無限聯関でありつつ、他面それぞれに絶対自立として自全の存在性を具するわけである。これ古来仏教においてかの断常の絶対的相即が称えられ、また近時我が国の哲学界の一部にも「非連続の連続」等の語が用いられるゆえんである。即ち万有の相互聯関が、所謂非連続の連続として断・常の絶対相即であることは、即ち万有の創造の絶対初発性の常持続に基づくのであって、ここに造化創造が、有限知としての我われ人知に対して、常に神秘として観ぜられるゆえんである。

如上、万有におけるその断・常の絶対相即性、即ち又その非連続の連続性は、一面からは万有が、自余の一切存在との無限聯関を介して、絶対者と接続すると考えられると共に、他の一面如何なる極微存在といえども、直ちに絶対者と直続すると考えられる所以である。即ち万有は、所謂「断見」の相において映じ出されるその非連続性においては、自余の一切物との無限聯関を介して、始めて絶対者に連続すると見られるが、ひと度「常見」に映ずるその連続性においては、各物直ちに絶対者に直接するとせざるを得ない。唯人間以外の万有にあっては、自己と絶対者とのかかる直続性の自覚の可能を恵まれていず、随って人間以外の万有にあっては、神との直接性に居りつつ、しかもそれが実とはならぬ。しかも神との直接性が実とならぬとは、その絶対者との直接点たる天真の自覚的実現を欠くの意であり、即ちまた自らの個性の自覚実現を欠く結果を招来する。勿論ここに個性の自覚を欠くとは、必ずしも個性の全的無を意味するわけではない。万有にしてすでに神と直接せぬものの無い以上、宇宙間の万物、一つとしてその天真を具せざるは無き理であり、また事実ライプニッツも言うように、地上に同一の木の葉は二つとは存せぬともいい得るのではあるが、唯自らの天真の自覚的実現の一事に至っては、意識性即ちまた自覚の可能性を賦与せられている我われ人間にのみ与えられる至福というべきであろう。

上述のように、万有が神の絶対的自己限定としての造化創造の所産であるとは、今これを個物自身の立場からいえば、万有はすべてこれ相対相依の無限聯関的存在との謂いである。即ち個物の出生が、絶対者の絶対的自己限定の結果であるとは、一切万有の無限なる相互聯関的同時限定ということでなければならぬ。そもそも有限存在間の相互限定にあっては、能限と所限とは、一応は次元の次位を異にしつつ、他面その相対性を全脱し得るものではない。然るに今絶対者の絶対的自己限定にあっては、能限即能生としての絶対者はもちろん唯一であるが、所限としての所生存在は、万有として真に無量多としなければならぬ。かくしてかかる絶対的限定の所生としての無量多なる万有を、その所限即所生存在として限定する絶対者の限定的能生の大用は、随ってこれ語の真義において「絶対的」というの外なく、故にまた絶対者はその自己限定によって、一毫の増減をも生ぜぬわけであって、所謂不増不減である。もしこれに反してその自己限定により、自己において増減する処があるとすれば、これは有限者の相対的な限定作用であって、決して絶対者の絶対的自己限定ではあり得ない。かくして絶対者の絶対的自己限定としての造化創造にあっては、その無量なる万有の絶対的限定は、同時相即として、所謂一切一時であるべきであるが、唯時間的限定を超出し得ないわれわれ人間にあっては、これを時間的範疇に翻して考えるの外なく、かくしてそこに常創造、常造化なる概念を生ずるのである。

かくして万有は、常に相対的なる相互聯関的存在たることを免れない。同時に万有が、かく相依相関的存在であるとは、即ち又後に述べようとする万有の秩序の非固定性、非凝固性を意味するものでなければならぬ。即ち万有の存在は、根本的には、勿論絶対者の絶対的自己限定ではあるが、同時にそれは他の一面、万有の相互限定をも意味するわけである。否絶対者の絶対的自己限定の作用は、一面からは創造の大用として、直接的に作用すると見ねばならぬが、同時にこれは又他の一面、周囲の自余一切物との相互限定作用の形式を通して行われると言うべきである。そしてこの事はまた必然に、万有の凝固固定性を否定し、かくして万有の位相聯関は、一面常に相関的に変移しつつあることを語るものである。これ我執の実践的否定による解説を目的とする仏教において、無常観並びに無我観の力説せられるゆえんである。勿論仏教とても、単なる無常観のみに止どまるものではなく、他面それに即する実相の顕現を説かぬわけではないが、しかも解脱を主とする仏教にあっては、我執の否定としての無常観が表に立って、実相観との相即一体の理論的闡明《せんめい》に至っては、必ずしもその宗とする処ではないともいえる。さればここに万有の秩序とはいっても、もとより凝固固定的な死の静寂的秩序を意味するのではなく、万有の無限なる動的展開に即して言うのであり、しかもそれは、宇宙《コスモス》たる限り必然に具有すべき調和として、まさに動的統一ともいうべきものを意味するわけである。

上来の所説によっても窺い得るように、万有の秩序の把握は畢竟じてついに自覚を予想する。即ち万有の秩序とは、これを詳しくは自覚裡に映ずる万有の秩序の謂いでなければならぬ。けだし万有は、それが大宇宙の内容として、絶対者の所生即所統存在である限り、本来無限聯関裡の存在たるべきではあるが、しかもその真の趣は、単に欲念による有形物への執着を離れない限り、畢竟部分に偏執して全相を見るを得ず、随って又その秩序の体系性を瞭かにし得ないものと言わねばならぬ。万有が絶対者によるその所生存在であるとは、これを知に即しては絶対光の所照存在との謂いであり、随って万有はそれが万有たる限り、必然一つとして絶対者の所照存在たらぬはないが、しかもこれが体認は、自身が先ず自らの所照存在たることに目覚めない限り実とはならぬ。即ち我われは、自らが所生存在即所照存在たることの自覚、即ち常所照の自覚を介して、初めて万有の所照存在たることを知り得るのである。同時に万有が、かく絶対光による所照存在であるを知るとは、即ち万有の秩序の諦観の謂いに外ならない。ゆえに万有の秩序そのものは、もとより我われの個人的自覚を超出して森然たるのではあるが、しかもその秩序の認識は、何よりも先ず我われ自身が、自らの所照の自覚に目覚めるを要するわけである。

かくしてまた万有の秩序の認識が、我われの自覚を予想するということは、これを根本的には、万有そのものが本来自覚性をその真相とするが故でもあろう。げに等しきものは、等しきものによってのみ知られるのであって、万有の秩序が我われの自覚裡において始めて映現するとは、前述のように万有のそれぞれが、実は自覚性をその本来とするが故であり、かくしてまた万有が自覚性をその本来とするとは、万有の絶対能生者たる絶対者が、絶対的自覚として覚自体をその本質とするが故である。かくして万有の絶対的能生者たる絶対者の絶対自覚性の故に、いわばその分身ともいうべき万有は、本来自覚性をその本質とするというべく、如何に最下の次位に位するものとても、本来自性解脱性を具するというべきである。かく考えて来れば、万有の秩序の体認とは、畢竟するに自覚裡に映現する絶対的自覚の自己内無尽相映ともいうべきであって、今我われ各自が、万有の秩序などと称しているものも、実はかくの如き絶対者の絶対自覚裡における万有の無尽相映の一影に過ぎないわけである。かくして万有の秩序とは、畢竟するに絶対自覚者の自己内無尽相映としての無限の自覚体系たるべきであるが、しかも我われ有限知におけるこれが把握は、各人それぞれに本具なる、その本原的限定の角度よりする一片鱗に過ぎないわけである。しかも万有の無尽相映は、その絶対性の故に、一微塵裡にもよく全法界を映すが如く、それぞれの限定裡にありつつ、万有の秩序の片鱗はこれを映じ得るとするのである。

二

如上万有が、相互依存的存在たることは、今さら言うを要せぬ事であって、全然の孤立的存在は、万有中一物といえどもないわけである。即ち有限存在としての被造物にあっては、存在即相対存在であり、相対存在即相依存在である。併しながらここに相対相依とは、もとより単に二物間の謂いに止どまるでないこと言うまでもない。個物と個物とをつなぐ相依の連鎖は実に無窮であって、その意味からは一物の存在も、自余一切の万有に連るというべきである。けだし宇宙が絶大なる調和体《コスモス》である以上、一々の部分はいずれも相互無限聯関裡に位すべき理である。かくして万有の相互聯関性は、一面無限の間接性を以って、互に自余一切の万有と連ると共に、また連関は連関なるの故に、その連関たるにおいて二、三なく、今かかる立場からは、万有の一切は、直接に自余一切万有と密に聯関するというべきである。かくしてかかる層々無尽の間接連関と、一大直接的連関とは、本《も》と唯一事実の両面であって、畢竟有形に即して見るか、無形に即して見るかの相違であり、即ちまた有限知が、その有限的直観に訴えるか、はたまた理に訴えて見るかの相違に過ぎない。同時に理に訴えて見るとは、絶対者の無限直観の立場からは事実とせられるものも、我われ有限知には、その全相は直観としては得られず、いわば点線を以って仮りに辿る程度に過ぎないことをいうのである。かくして万有の秩序の考察は、絶対者の全知即ちその無限直観を予想しなければ、真の根底を得ないわけである。

如上個物の相互依存は、万有の秩序聯関を、いわばその静的側面より把握するものというべく、今これをその動的側面より観ずれば、万有の相互依存は、そのままその相互限定というべきである。そもそも個物の存在は、これをその所生的側面より見れば、絶対者の絶対的能生によるその被限定存在であり、即ち又その所限的存在ともいえるが、同時にまたこの事は、これを個物自身の立場からは、個物自身の自己限定の謂いに外ならない。同時にかく個物において、その被限定性と自己限定性とが相即するとは、即ち個物の存在そのものが、限定における能・所の相即一体裡に存することを語るものであり、同時にこの事は、また絶対者の真の絶対性を示すものでもある。けだし個物の存在が、ひとり絶対者による被限定性のみでなくして、個物自身の自己限定性を容れるとは、即ちまた絶対者の絶対的能生は、単に個物の自己限定と相即する相対的限定のみでなくて、個物の自己限定作用そのものをも容れるわけであり、否それ自身が実は絶対者の絶対的限定作用における一作用に外ならぬというべきであろう。

そもそも個物と相対的なものは、真の絶対的存在ではあり得ない。故にいま個物の個物的なる自己限定と、相対的なる限定作用とは、絶対者の絶対的限定作用の単に相対的な両面に過ぎない。かくして絶対者の真の絶対的限定は、個物存在における能・所の両限定として自己を現ずるのであり、さらにはその絶対的根底というべきであろう。しかも個物の自己限定は、同時にまたその対他的限定であり、同時に個物の対他的限定は、そのまま又その相対的被限定性でもある。

即ちこれを一言にして、個物の相互限定作用に外ならない。かくして絶対者の絶対的自己限定は、自と個物との能・所の相互限定を容れると共に、個物相互の無限なる限定作用をも含むわけである。しかも個物はその無量多の故に、如上、絶対者の絶対的自己限定の内容はもとより無量多であり、随ってそれに即する相互の無限なる限定作用もまた必然に無量多である。しかもこの絶対者の無量限定作用は本と唯一なる自己限定であって、それ自身何ら相対的なる対他性を含まない。相対的対他性とは、絶対者のかかる唯一自己限定作用裡の内容たるに過ぎない。かくして絶対者のかかる絶対的自己限定作用におけるその唯一性と無量性との相即一体性に、作用的側面よりする万有の秩序が観ぜられるといえる。即ちその唯一自己限定性に即して、万有の唯一統一性が観ぜられ、またその無量限定性に即しては、唯一統一裡の無量内容としての無量統一性が見られる。しかも統一はその統一たるにおいて二、三なき故、如何に無量多の統一なればとて、畢竟これ唯一統一裡の自己限定内容に外ならない。

上述のように、万有の相互相関相依は、これを作用的には、その無量なる相互限定であり、かかる相互限定は、畢竟するに絶対者の唯一自己限定作用裡の相互限定作用に外ならぬ。しかもこのとき所限としての個物は顕であるが、能限能生たる絶対者は隠である。かくしてかかる所限と能限、即ちまた所生と能生との隠顕に即して、ここに個物の表現性が問題となる。すべて表現的とは、顕われたるものの背後に、かく顕われたるものの範囲を超えるものあってのことであり、随って表現の問題は、同時にまた超越と内在の問題にも連るわけである。即ち限定とは、隠としての能生者を本位とする観方であるが、いま表現ともなれば即ち顕の立場であり、随って被限定性即ち所生存在としての個物的立場を主とすることとなる。ゆえにまた限定作用における能限者と表現作用におけるとでは、能・所全くその処を異にするわけである。即ち限定作用における能限者としての絶対者は、表現の立場においては一応所現となるを免れず、これに反して限定作用における所限としての個物は、この時却って能現の立場にたつともいえる。かくして個物の内面本質を、単子として表現的と見たるライプニッツの単子論の立場は、周知のように多元論として最も徹底した「個の哲学」というべきであろう。

かくして表現の立場より見れば、すでにライプニッツも言うように、一切個物は自余一切の個物を、それぞれの角度より表現するわけである。即ちまたこの事は、個物はそれぞれの角度より全宇宙を表現する「生きた鏡」ともなる理《わけ》である。極微の一物といえども、いやしくもそれが一個の存在たる限り、被限定存在であり、被限定存在であるとは、即ち絶対者の絶対能限作用の所産たる理であるが、しかも我われの有限知は、これを如実の直観としては把握し難く、わずかに理としてこれが映像を捉えるに止どまる。併しながら、かく個物的表現の中に全宇宙を見るというは、厳密には元来神の絶対全知の立場を予想してのことでなければならぬ。これこの立場は本来絶対者の絶対的自覚の立場を予想するものであって、現にライプニッツにおいてもその「形而上学叙説」が、劈頭先ず神の全知全能を論ずることによっても証せられるというべく、またかの一即一切の絶対的論理を説く華厳の教学にあっても、その背後には大円鏡智としての一心の絶対的直観を予想するのであって、この事はその一即一切の教説を、理とせずして事と説くことの上にも窺われる。ライプニッツにあっても、個物における万有の相互無限相映は、単に理としてではなくて、実に意識の絶対的事実として観ぜられるようであるが、これ単子の背後、直ちに神の絶対全知が予想せられるが故である。

かく個物の表現性に即する万有の無尽相映性は、さらに一歩を進めれば、その自覚性を予想すべきことを意味するといえる。けだし無尽相映をその本質とする万有は、もとこれ自覚性をその本質とするでなければなるまい。もし然らずして、かかる万有の無尽相映を、単に平面的なる模写とすれば、単子論もウインデルバントのいう如き無内容なものとならねばならぬが、万有の無限相映の根拠は、万有各自元来自覚性をその本質とし、随ってその自覚の円環は、本来物々皆全として宇宙的円環と全的に同一である。この事はこれを表現的立場よりいう時、万有はそれぞれの角度から全宇宙を表現するというべく、この事と、万有各自に本具する自覚の円環が、全宇宙的円環と全的に同一というのとは相等しい。かくして万有相互の相違が、その本具の自覚性の実現の度如何によるは言うまでもないが、さらにこの立場からは、個物と絶対者との相違すら、畢竟するに自覚の実現の差といえる。しかも絶対者と個物との関係は言うまでもないが、さらに万有相互の間においても、それぞれ本源的限定があって、決して本具の絶対的自覚性の全的同一には達しない。かくしてそこには、現実界の現実たる一面の、儼として掩う可らざるものがあるともいえるが、同時に隠の立場からは、その自覚性はもと絶対者の絶対自覚性を宿して万物に相通じ、ここに万有の無限相映の絶対的根拠があるというべきでもある。

かくして万有の相互相関相依は、その相互限定であり、相互限定は、必然その背後に絶対者の能限・所限の縦の関係を予想する。しかも能限所限は、これを幽・顕としては能現・所現の意義を有し、同時にかかる相互表現性は、結局万有の自覚性に基づくこと前述の通りであるが、これ畢竟するにさらに根本的には、絶対者の絶対自覚性に、その終局的根拠があるというべきである。同時にかかる絶対的根底の上に、万物の無尽相映性を認めるということは、即ちまた万有の無尽相容相入性を認めることでもある。即ち万有の無尽相映性とは、いわば尚理の立場を全脱し能わぬものともいうべきであって、今真の絶対全智の立場からは、その相対性の全的棄却に徹するところ、即ち万有の無限相容相入となるのである。けだし映すというは、そこに尚一脈の間隙のあることを意味し、同時にかかる間隙の有する隔離抽象は、即ちそれだけその立場の、理的抽象性の混入を示すものというべきである。然るに今万有の無限相容相入という時、相映の抽象性の全的払拭に即するその絶対事実性を示すものであって、ここに華厳の教学が、天台の理事無礙観よりさらに一歩を進めて、事事無礙観を称えたゆえんが見られる。

かくして万有の無限相容相入の立場は、徹底した事事無礙観として、現実の絶対認識を示すものといい得るが、しかもそこには尚相容といい相入といって、何れも相対性の全脱し得ないものがあるともいえる。併しながらこれ却って現実の現実たるゆえんであって、単なる相対性の全的払拭を説くのみでは、単に空無なる抽象的絶対の空名を残すに止どまること、今さら言うまでもない。かくして個に即する万有の具現は、即ちまた、個における全の一現成ともいうべきである。同時にかの万有における、その無限なる相互相容相入性は、万有の自性が本来自覚性たるに基づき、しかも万有の自性の自覚性の根本は、畢竟するにまた絶対者の絶対自覚性に依るべきことは、屢説の通りである。即ち理の最具体的なるものは事であるが、さらに一歩を進めるとき、事の真相は本来自覚性でなければならぬ。しかも理の本来もまた自覚性というべきが故に、理・事はその本性たる自覚を介して、一円を成ずるわけである。否、敢えて介してなどというを要しない。理・事の一円は、本とその本性としての自覚の一円に外ならぬが故である。万有の絶対的根底たる絶対者の絶対自覚性は、その絶対性の故に、もとよりわれら有限者の自覚と霄壌の差のあるはいうまでもない。即ち有限者の自覚は、その有限相対性の故に、つねに感性の背後なる不可知の物質性の暗黒を全脱し得ないが、その大外なく絶対に対他性を介在せしめることのない絶対者にあっては、その自覚は絶対全知として、実は自の意識すら全脱して、まさに覚自体というべきであろう。かくして我われ有限者にして、一点この境界を映すものがあるとすれば、これ即ち自覚の現成としての行為の一境という外なく、かくして人間的行為こそは、絶対的なる覚自体の全現成裡の個々現成というべきであろう。

三

　如上万有の無限聯関の極は、その無人相容相入であって、即ち華厳に所謂一即一切・一切即一観に外ならないが、これいわば万有の無限聯関の内面実相の極致というべきであり、随ってこれが如実は、本来絶対全知者にして、始めてその十全なる把握を可能とするといわねばならぬ。ゆえに今我われ人間の有限的理性を以ってしては、これが把握は結局理法の域を全脱し能わぬというのが、その一応である。否、単に理の上においてさえ、一塵裡よく一切宇宙的理法の内在を見るというが如きことは、必ずしも肯がい易いこととは言えぬ。併しながら、万有の直接間接の無限聯関の一事に至っては、何人もこれを認めざるを得ず、しかもこの事は又これを裏返えせば、直ちにこれ一塵裡一切宇宙的理法の内在を示すものというべきであろう。もっとも形質共なることれが如実体認に至っては、もとより有限者の分際を以ってしては、これに与かり得ぬことは言うまでもないが、しかも常所照の自覚にあっては、一個自全の境涯として箇中直ちに全に与かるにおいて、ある意味では、如上の理の形式的体認ということも出来るであろう。けだし自全の全も、絶対者の絶対的覚自体の全現成の全も、その全たるにおいては二、三ないからである。

　併しながらその何れにもせよ、内容自身の自証という点からは、万有の秩序の根底を為すかかる一即一切・一切即一的側面は、結局隠である。同時にこれに対する顕の側面とは、言うまでもなくかの実在の次序段階の側面がこれである。即ち普通に無機物と有機物とに分かち、そのまた有機物を植物動物と分かって、最後に人間を以ってその最高位に置こうとするものである。即ちこの立場は、普通に事物の発展的段階とせられ、又これを生命に即しては、生命進化の階段とせられる処のものである。前述の一即一切・一切即一的側面が、その十全なる如実体認としては、畢竟絶対者の全知を予想するの外なく、また仮りにこれが単なる理論的自証といえども、必ずしも何人も容易にこれに与かり得るといえぬに反して、今かかる実在の次序段階の側面は、何人も一応これを認め得るのである。そしてそれは、この立場が畢竟するに、有限的個物に即するその相対的事相の次序段階だからである。総じて差別相の認知は、その差別相の故に、かの差別知たる悟性知によって、何人も容易にこれを得るのであるが、今差別を超えて差別の底に用らく一如なる絶対面の体認に至っては、まさに差別知としての悟性知よりの超出を要とする。これ理としてすら、一即一切観の把握の、必ずしも容易でないゆえんである。けだし普通に理の立場といわれる時、多くはこれ悟性知の立場であって、理法の自証としての真の理性的自覚の立場の乏しきによるわけである。

　かくしてこの事はまた、理性知の内容の自証的展開であるべき哲学が、必ずしも自明といえないゆえんである。人によっては、哲学に秘義的《エソテリッシュ》の公開的《エクソテリッシュ》とを区別し、前者を非として後者を是とするを見るが、元来理の自証たる哲学体系において、秘義的なるもののあろうはずはないのである。随ってもし秘義的という語が、理の自証的展開としての哲学に対して、体験の断片的語録の如実表白の立場を意味するとすれば、或は一応当るとも言えるであろうが、理論的自証としての哲学そのものには、本来何らの秘義もあり得ないはずである。随ってもし理の自証的展開としての体系において、尚かつ秘義的と見えるものがあるとしたら、畢竟これに対する人知が未だ悟性知の分別的立場を全脱せず、随って自証の内面的境涯を窺い得ないが故に、その循環的表現の円相を解し得ぬことに因るという外あるまい。かくして偉大なる哲人の業績は、本来すべて公開的というべきであるが、ただ悟性知の域を全脱し得ない人々にとっては、その真義は深く閉されて、秘義的とも見えるわけである。けだし如何なる理性の自証的展開も、かの差別相を全脱し得ない悟性知の眼には、すべて差別的排列としか映ぜぬのである。然るに理性の真の自証的展開にあっては、そこには単なる差別的排列に帰し得ないものが残るのである。これ即ち自覚の円相は、自己を投影して循環的表現をとるが故であって、これ悟性知の以って不可解とし、秘義的とするゆえんである。かくして悟性者は、よし如何に理性・自覚・精神等の語を用いても、その実を知らない以上、畢竟じてついにその映像に止どまって、かの「無力なる悟性知」の域を出で能わぬのである。これなべての紹介的祖述者、及び批評家において見られる現象であり、随って自証の体系的展開たるべき真の哲学体系は、厳密にはその如何なる構成要素にも、いわゆる模写的紹介の部分的混入介在を許さぬのである。同様にまた批評もその真に至れば、ついには自らの自覚の体系的自証展開の外ないことを知るべきである。随ってまた自己に対して為された批評への最高の答は、所謂批評に相対的な議論などの類ではなくて、それに即する自らの体系の純一なる展開の外無いわけである。もっとも実在の段階的側面の考察は、一応は差別的有限知でも為しうる処ともいえるが、しかもその根底には、何らかの程度で自覚知を要とせざるを得ない。けだし実在の次位段階という時、いやしくも次位段階という以上、すでにそこには、何らかの標準を予想せざるを得ないからである。かくして今実在の次位段階という場合、その標準となるべきものは、畢竟するに又自覚の外ないのである。けだし一応現実的側面よりしてこれをいえば、生物と無生物との差は、言うまでもなく生命の有無に外ならないが、しかも生命の真はついに又自覚の外無いのである。生物と無生物の差は、これを最素朴的には、動きの可能と否とにある。同時に同じく生物といっても、植物が何ゆえ動物の下位に立つかは、畢竟植物の動きは、その全位置の固定の上での生長の動きに止どまるが、動物にあってはその動きは、自己の全位置の移動を意味するわけであり、しかもそれを自己の力をもって為しうる処に、動物の動物たるゆえんがある。なるほど水草も風吹けばその位置を変じはするが、これ全く風力によるものであって、決して動物におけるように、自の力によるものではない。かくして自らの力を以って、自己の全位置を動かし得るという点からは、亭々たる千尋の喬木も、尚一塵にも等しい一微小昆虫の下位に立つ外ないのである。然るに人間に至ってはその動きは、ただに身体的動作を越えて意識の動そのものとなる。しかも意識の動たるや、自覚の循環周流に至って際まる。かくして実在的生命の段階の標準を、仮りに動きに置くとしても、ついに又自覚に帰せざるを得ないわけである。

併しながら、如上はいわば実在的次序の段階を、現実的側面に即しつつ、その根本がついに自覚に帰すべきことを帰納したままであるが、実はかかる迂路を辿るまでもなく、絶対的生命を自覚としての覚自体とすれば、その事自身が、もっとも瞭かに実在の次位段階の標準が、自覚性に存することを示すというべきである。そもそも基準という時、ともすればこれを測られる物の外に考えがちであるが、これ有限的個物に関する有形的測定の場合に過ぎないのであって、真の絶対的基準は、むしろ測られる事物そのものの内に内在するでなければなるまい。また実にかくてこそ、真に絶対的基準たるの意義に叶うわけである。ゆえに今実在の次序段階の差をいう基準とは、即ち万有の絶対根底たる絶対者の絶対的自覚の外なく、随って実在の次序段階の差は、かかる絶対的自覚性よりの遠離の段階に外ならぬ。即ちまた絶対虚明よりの遠離の種々層として、無量の明暗の度というべきであろう。同時にここに明暗というは、自覚は自らの内面を照らして自ら明なのであり、随ってまた暗とは、自らの内面に対する無知無明を意味する。即ちこれを一言にして、ついに又自覚の程度の差に外ならぬことを知るべきのである。

如上の点よりして我われは、実在の次位段階が、ある意味では、常に上位より下位への能摂的立場であることが瞭かとなる。即ち実在の次位段階にあっては、下位なるものは、常に上位なるものの中に包摂せられて、その内容を為すことを意味するわけである。例えば植物は、自らの内面に鉱物的なものを含むと同時に、動物は鉱物的及び植物的なるものの両者を併せ含むのである。同時に人間に至っては、まさにこれら三者を内に包摂して、自らの内容とするのである。しからば植物が鉱物を含むとは、如何なることをいうのであろうか。植物にして、硅酸等を含む場合はいうまでもないが、すべての植物を焼いて、後に何ほどかの灰を残さぬもののないのは、少なくとも石灰質の含有を語るといえるであろう。また焼けてその相を留どめぬとはいえ、植物はすべて何ほどかの炭素を含有して、それは焼却によって、空中の酸素と合して炭酸瓦斯となるは周知の事柄である。さらに動物が鉱植物的なるものを含むとは、その骨はいうまでもなく鉱物質であり、また諸もろの生理作用の中には、植物と共通的な呼吸作用、ないし体液の循環等を含んでいる。同様に我われ人間がこれらの一切を、自らの内容として包摂内含していることは、今さら言うを要しない処である。かくして実在の次位段階は、又これを生命の能摂所摂の次位段階ということも出来るわけである。

しかもこのように見るのは、実は顕の側面に即してであって、いま隠の側面よりこれを見れば、如上実在の次位段階としたものも、そのままその一切が、全倒逆の次序において包摂せられつつあるともいえるであろう。即ち動物中にも人間的なものがこもると共に、さらに植物中にも人間的及び動物的なるものを蔵し、さらに鉱物の中にも、如上の一切が包蔵せられるとしなければならぬであろう。勿論かくはいっても、かかる倒逆的側面のみに執しようとするのでは決してないが、同時にこの正逆・表裏両面の能摂・所摂関係の同時現成を見るでなければ、真に実在の全相に透徹する絶対全知とは言い難いであろう。ただ我われ有限者にあっては、かかる実在の次序の倒逆的側面は、全然の隠として捉え難いのである。否これは、ひとり如実なる把握として困難なばかりでなくて、実に一応の理としてさえ、必ずしも何人にも把握されるとはいい難いであろう。けだしこれ隠の立場として、我われの有限的理性には、一応の形式的理解としては或は可能としても、その如実なる内容は絶対に隠されて、ただ絶対全知のみがよく照徹するとすべきであり、これ即ちかの一即一切・一切即一的側面であって、今この立場にあっては、ひとり実在の隠顕両側面における正逆相即の倶時現成として、如上実在的次序段階も、能摂所摂の関聯において観ぜらるわけである。否ひとりそれのみでなく、かかる実在の次序段階にのみ拘わることなく、実に万有の無尽なる能摂所摂の絶対的相即相入相容を見得るわけである。かくして実在の顕的次位の段階的考察の徹底が、やがてかかる一即一切・一切即一的側面に徹するとは、すべて差別の根底は一如平等の理の一実証であって、もとより何ら奇とするに足りないことである。

唯しかし、ここに実在の顕的次位の段階に即する窮極観は、その能摂的側面の窮極において、一切実在の次位段階が、絶対者の絶対自覚としての覚自体裡の無限次元的映現として、それが実在の次位段階として自己を現ずるをいうのであり、随ってこの意味においては、実在の無限なる次位段階は、すべてこれ絶対者の絶対自覚裡における自覚の映現相映の系列というべきであろう。故に今これを比喩的には、提灯の引伸ばしたものと、畳んだものにも比すべきであろうが、しかも実在にあっては、かかる実在の無限次位的段階そのものが、かかる森然たる次序をそのままにして、実は他の一面、絶対者の絶対自覚裡の全現成というべきであって、全法界裡これよりはみ出す一塵もない訳である。然らば絶対者の絶対的自覚は、その自己限定の映現でありつつ、何故ここに万有の実在的次序ともいうべきものを現ずるのであろうか。これ実に造化創造の秘義というべく、われら有限知のよく与かりうる分際ではないが、今一言にしてこれを言えば、結局は愛という外ないであろう。さらにまた何ゆえ絶対的自覚の自己限定として、自覚裡の映現相映に過ぎないものが、我われ人間には実在性を以って臨んで来るのであろうか。これ畢竟するに、われら人間の有限性にその根基を有するが故というの外なく、これを具さには、我われの人知が、有限知として万有への全的透徹を得ないで、常に質礙によってさえぎられて、そこに相対的な現実感をうるが故である。然らばかくの如き我われ人間の有限性は、何ゆえに存するのであろうか。これ畢竟するにまた、最後は絶対者の大愛の故という外ないであろう。然らば万有の有限性は、何故これを絶対者の大愛によるというのであろうか。かく我われの有限性の根基を、絶対者の大愛に求めることは、むしろわれわれの常識とは相反するとも言えるであろう。これに対して吾人の答え得、また答えようとする処は、次の数語に尽きるのである。即ちわれわれの有限性とは、その被限定性、即ちまたその所照性であり、所照性はまた実にその所生性である。かく考えれば、今われわれが有限だということ自身が、実はわれわれ自身の全出生を語ると共に、その全存在の肯定を意味するものに外ならぬ。ゆえに我われ被造物の分際にあっては、その有限性は、全存在の恵まれるに際して免れ難い処の根本制約であって、これ無くしては有限者は、自らの存在そのものが得られないのである。即ち有限者にあっては、その有限性の否定は、実に全存在そのものの否定に外ならぬのである。がさらに注意すべきは、この有限性は、自覚可能のわれら人間にとっては、その自覚を介して、自らの全存在の根底たる絶対者の大愛への目覚めの唯一契機でもあるということである。かくして有限性は、一切の被造物にとっては、その全存在を与えられるところの恩恵に不可避の根本制約であるが、自覚可能存在としてのわれわれ人間にあっては、さらにそれを契機として、絶対者の大愛に目覚めるにおいて、まさに二重の恩恵というべきであろう。

四

以上吾人は万有の秩序として、万物の一即一切・一切即一的なる無限聯関の側面、並びにこれを隠とすれば、まさに顕的側面ともいうべき、万有の実在的次序段階の側面とを一瞥したのである。これはまた万有の一如平等的側面と、それに即する差別的顕現との両面ということも出来る随ってこれら両面は、万有の秩序の考察としては、一応最初に着目すべき最基本的な両面というべきであろう。その根底たる実在自体の無限性の故に、必ずしもこれら両種の立場にのみ局限せられるべきではない。以上、これが考察もまた、元来無限の側面を有すべきであるが、これを現実としても、少なくとも実在の考察を試みようとする思想家自身の個性的限定は、如何なる意味に於ても否定し難いことは言うまでもない。そもそも哲学は、本来一人一体系というべきであって、人を異にすることは、やがてまた体系そのものを異にすべきことを意味する。即ちそこに観ぜられる実在の様相、随ってまた万有の秩序の把握、並びに表現の角度を異にするわけである。かくしてまた師説の真の継承は、その外形の単なる模写的映像を伝えることではなくて、まさに師教の原型たる真実在そのものに、師教に照らされつつ、自らは自らの角度からして、躬をもってこれに承当するの謂いでなくてはならぬ。

かくして古来の卓越せる哲人の教説は、いわば実在の無限なる様相の主要な側面を、その特有なる個性との相即照応において顕彰するものというべく、随ってまた哲学史上の主要な学説は、もとこれ唯一実在の諸相の、それぞれの角度における顕現として、唯一可能的体系の諸相を構成すべき部分的素材ともいうべきである。しかもかかる意味での可能的体系は、有限なるわれわれ人間の現実には、永遠に把握し得ないものというべく、もとよりその完成を期し得ない「永遠の可能的体系」という外ないであろう。けだしかかる永遠の可能的体系の原型は、実に唯一実在そのものに本具なる宇宙的秩序そのものゆえ、有限的制約を全脱し得ないわれら人間的知性に対しては、永遠にその把握を超出すべきことは今さら言うを要しない。けだしわれわれ人間の思想体系とは、ついにこの唯一大宇宙に本具なる実在的秩序の模写的映像に過ぎぬものであり、しかもこれを現実には、その展開は、畢竟文字を介する紙上的展開の外ないわけである。随ってまた文字を介する宇宙的秩序の自覚的展開そのものが、実は現実の宇宙的秩序そのものの一極微作用ともいうべきであって、ここにかのロイスが地図の作製を比喩として示した実在的自覚の不尽性が見られるわけである。かくして一個の哲学体系は、実在的なる唯一宇宙的秩序を、なにがしかの個性的角度から写した模写的映像に過ぎず、随って実在そのものの全容は、常に一個の体系を超出するのみならず、また実に全哲学史上の一切の体系を超出するのである。またこの故にこそ哲学史は、現在に完了しないで、その永遠の展開性を保有しうる理《わけ》でもある。

実在の考察は、如上一即一切・一切即一的側面、並びに実在性の次位段階的側面の考察の外、なお他にも無量の側面を見出し得べき理であるが、そもそも如上二つの立場の可能なゆえんの根本には、その何れにおいても、そこには常に自覚の存在することを忘れてはならぬ。然るに自覚は、これを主観に即して投影すれば、主客の両者を契機とする絶対者自身の自己顕現ということができる。ゆえに今この立場からは、絶対者は主客の両契機を介して、無量種無量段階において、自己を限定顕現するというべく、随って上来万有の実在性の次序段階と考えたものも、今この立場からは、畢竟かかる絶対者の絶対的自己限定、即ちまたその分身において、客観性に即する主観の主体性の奪回の次序段階ということも出来るのである。かくしてかかる立場からは、万有一つとして主客の両契機を蔵せないものは無い理であり、動物の如きは言うまでもないが、植物の如きにあっても、生理主観とその対象との両契機によって、その生命は展開せられるとすべきであり、さらにこの理を推せば、鉱物の如きすらも、その程度におけるライプニッツの所謂極微知覚の主客を具するというべく、かの王陽明に所謂瓦礫的良知とは、瓦礫においてさえ、かかる極微知覚の主客の未分的相即一体性を、その主観的側面に即して把握し表現したものというべきであろう。

かくしてわれわれは、一切の実在的次位と段階において、到るところにかかる主客の対立相即性を見出すことを得るのであるが、対立性は必然その根底に一体的地盤を予想すべく、かの主客の相即性というが如きも、論理的にはこの共通的土台を予想して始めて可能である。随ってまた万有の次位段階は、これを万有のそれぞれにおける主客の相即性に即する、その自覚的一体性の次位段階ともいうことができるが、同時にそこには、かかる主客の相即一体性の次位段階の絶対的根底として、かかる一切の段階における主客の対立相即性の拠って立つ窮極根底が予想せしめられる。しかも根底はその根底たるの故を以って、これに対しては一応顕というべき主客に対しては常に隠であり、随って一切段階における主客の絶対的根底たるこの絶対的隠は、一切段階に於ける主客の有なるに対しては、まさに絶対の虚であり空である。この絶対隠としての虚と空は、現実にはそれに即する顕としての主客の相即性の次位段階に応じて映現するというべく、随ってその立場からは、その空たり虚たるにも、また無量の次位段階があるというべきと共に、他の一面その虚たり空たるにおいては、二、三なくして、一つであるとの趣もある。即ちそれが主客の絶対根底たる絶対者の絶対無の映像たるにおいては、何れも一つであるとの趣がある。かくして一切存在は、その次位段階に応じて、その蔵する処の主客の対立に即して、直ちにこの究竟的なる絶対無に接するともいい得るのであるが、只その直接性が実になるか否かは、これが自覚を得ると否とによる。かくして絶対的実在が、如上主客の両契機を介して、自己を顕現せしめると見る処に、万有の秩序の今一つの主要な様相として、三而一体的体系を見ることが出来るのである。

　今ここに三而一体的体系と呼ぶのは、主客並びにそれの根底たる絶対の虚または空は、その本体は一つでありつつ、その現われる相においては、一応三相をとるが故である。即ち主客が相映相即なるは、いうまでもなく顕なるが故に瞭かであるが、しかもかかる主客の相即相映性は、これをその根源に還っていえば、その根底たる絶対無の自己限定、即ちまたその自己顕現の両面に外ならない。否この根底たる絶対の虚または空は、実にかかる主客の相互限定に即するその無限なる自己限定、即ちその自己顕現といわなければならぬ。この事はかの禽獣の如きは言うまでもないが、植物の如きにおいても、依然としてこの理を内含すると言うべきであろう。否、普通には全然生命無しと見える鉱物すら、厳密にはすでにライプニッツも言うように、極微知覚を有するとせられる限り、また理として主客を内含する絶対者の絶対的自己限定の所産というべきである。しかもひとり絶対者とのみいわず、実は万有のあらゆる次位段階において、それぞれその主客の対立相即の根底には、それぞれの程度における虚または空がある。同時にそれは、それぞれの程度における能限者として、常に所限的顕現としての有を超えて、隠の趣を有するのである。勿論超限定性の真に窮極的なるものは、絶対無としての絶対者の外ないが、しかも一切の次位段階において、その段階次位における主客は、それが所限的存在である以上、その根底には、常にそれぞれの程度における限定超出としての空無性を有するわけである。これ即ち、これを無に即しては、絶対者の絶対無限定性のそれぞれの段階における映像というべく、又これを有に即しては、絶対者の絶対的生命のそれぞれの段階における内在顕現というべきであろう。かくして一切存在は、一面無量の段階を距てて神に接すると共に、他の一面何れも神に直接すると言いうる一面あるゆえんである。

さて以上において、或は問題になるかと思われるのは、主客をもって共にその根底たる無の自己限定とする点にある。さらに突きつめて言えば、能限たる主観そのものをも、所限的と見ることの当否如何の問題である。客観そのものは、それが所限的であり、随ってまたその多様なことには何人も異論はないが、今普通には能限そのものとして、何等の限定にも居らぬとせられる主観そのものをも、これを所限と見ようとするとは、如何なる意味であるか。もとより主観は一面、能限そのものとすべきであること言うまでもないが、しかもこれ直接この境涯にある思想家が、自らその現前する主観を基礎としての論であって、もとよりこれを誤りとはいわぬが、同時に又それを以って主観のすべてを悉《つく》すものとも言い難い。勿論主観の主観たるゆえんは、その自覚性にあり、随ってまた主観の根底とせられる空・無も、かかる主観の自覚自省に即して始めて実となると言えるが、同時に他の一面われわれは、主観そのものにもまた無限に多様なる限定性のあることを認めずにはいられないのである。即ち主観はその主観たるにおいては、一切主観みな同一といい得ると共に、他の一面、その主観性を実にする点においては、そこに無量種、無量段階の存することを認めざるを得ない。即ち普通には、主観をその形式的絶対性に即してのみ考える傾向が強く（これカントの先験的主観説の影響というべきであろうが）現実主観におけるその多元性、並びにその主観たるの実を挙げるにおいてその段階性、即ちこれを絶対者の側面よりいえば、主観の限定性の側面は、一般にとかく閑却せられ勝ちである。げに主観そのものも、それが現実の有限主観である以上、これを絶対者の側からは、絶対者の絶対主観の自己限定の所産という外ない。併しながら、いやしくも現実に対して眼を開く限り、現実主観の多元性、並びにその主観性の実を挙げるにおいて、それぞれ段階差等の存することは、何人もこれを認めざるを得ない。即ち自己の主観に対する他人の主観の存在はいうまでもないが、さらに動植物、否既述のよう無生物たる鉱物にすら、その程度における極微知覚を認める以上、万有は鉱物に至るまで、それぞれその主観を具えるというべきであり、かくして主観の無量性は、客観の無量性と相照応するというべく、かかる主客の無量性の相即は、即ち万有そのものの無量性と、まさしく相応ずるを知るべきである。

かくして現実内容に即する立場からは、一応主客の両側面において、それぞれの絶対無量性を認めざるを得ないが、同時にまた主客の別の決して無視せらるべきでないことは、もとより言うまでもない。かくして主客の別を分かつ根本基準は、言うまでもなく主観における自覚性の優位であって、主観は客観を介するその自覚において、よく客観を包摂しつつ、自らの根底たる無に直接するのである。同時にまたこの事は、主客の根底たる「無」が、主観に即しつつ、主客の対立相即的なるその自己限定において、自己を顕現せしめるものということが出来る。この意味においては、かの主客の根底たる無が、一面その物の実在的次位段階に即する相対無でありつつ、しかも他の一面その無たるにおいては二、三なく、絶対者の絶対無と直接すると考えられるように、主観も一面無量種、無量段階に即するそれぞれの主観でありつつ、他の一面、その主観性においては二、三なく、一切の主観はことごとく絶対者の絶対主観に直接するということができる。かの普通に客観を多として主観を一とするのは、主観を、かかる意味での絶対主観への直接的側面に即いての立言に外ならぬ。これ畢竟するに、自覚者たる思想家その人において、その直接現前の自覚主観が、その基準とせられることを示すものでもある。

如上実在の三而一体的体系の側面からは、万有はすべて主客の対立、並びにその根底たる無より成るとすべく、随って実在とはその一々が、いずれもかくの如き三而一体的構造より成る無量の万有の全的統一として観ぜられるのである。かくしてかかる三而一体的構造の絶対的根底は、言うまでもなく絶対無としての絶対者の絶対虚明性であって、今神を全知即全能とすれば、全知はその主観的側面に即する把握であり、全能はその客観的側面に即する把握である。然りとすれば全知即全能の神は、謂わば尚顕としての神ともいうべく、かくの如き顕の神の背後には、さらに絶対虚明としての無の神がなければならぬ。これ儒教ではかの太虚寥廓といい、無極と呼ぶものであって、西欧ではかのスコトゥス・エリュウゲナの所謂「創らず創られざる神」でなければならぬ。しかもこの無の神としての側面こそ、実に一切能生の真の絶対的根底である。ゆえにこれに比すれば、一切万有のそれぞれの根底にある無が相対無たることはいうまでもないが、前述のように絶対者の全知即全能すらも、厳密には尚顕の側面ともいうべき趣があるともいえるのである。かくして相対無は、同時にそのまま相対有でもあって、あらゆる段階における主客の根底にある相対無は、一段上位の主観よりすれば、一種の相対有的限定を受けることとなる。かくして一切の相対無の絶対的根底は、屢説のように、万有の絶対的根底としての絶対無であるが、しかも絶対無と絶対有とは、本とこれ一物であって二物でない。唯これを有に即して把握するか、無に即して把握するかという観点の相違に過ぎない。かくして周子の「太極図説」には、周知のように「無極而太極」とある。

五

上来述べて来たように、万有の無尽相映相入的な一即一切の面、及びそれの顕的側面としての無限なる実在性の次位段階、並びに前述の万有の三而一体的体系の三者は、秩序体系という側面より眺めた実在の主要な様相といい得るであろうが、しかも絶対無限者としての実在の様相は、必然に無量であって、以上はわずかにその主要なるものの二、三につき、仮りに西欧思想家の所説に即しつつ、自覚の本質たる所照の自覚の光に照らして、一瞥を試みたに過ぎない。同時にかくの如き実在の基本的様相は、ひとり西欧思想家の分析によって把握せられるのみでなく、東洋の儒仏の世界観にも、かかる内実は具せられていること言うまでもない。ただ体系的自証に際しては、理論の精緻なる彼を媒介とするのが便利な一面もある。もっとも実在の様相としては、以上の外にも尚、絶対者における主客の絶対的同一性を根底とするシエリングの哲学体系の如きも、確かにその一基本様相を示すものとも思われるが、今は実在のこの側面の考察に深入りすることは省く。けだしこれすでにシエリングの展開した処であるのみならず、上来述べて来た処のいずれもが、それぞれの程度において、実在における主客のかかる全的一体の側面を内含しているが故である。

さて以上はこれを一言にすれば、実在の基本的様相としての万有の秩序を、いわばその静的側面に即して考察したるものと言えるであろう。勿論秩序体系といっても、これが体認には、屢説のように自覚を要とするのみならず、そもそもまた秩序体系そのものが、元来自覚を体とする以上、それは元来動静一如的なものと言わねばならぬが、ただ以上の叙述においては、主として静的側面に即して観じたこともまた掩う可らざる事実である。かくして動静一如を体とする実在の顕現としての万有の秩序は、一面森然たる万古の秩序体系でありつつ、そは他の一面、そのまま直ちに無限なる動的聯関としての無限展開でなければならぬ。そもそも万有は、屢説のように、絶対者の絶対的自己限定の所産という外ないが、しかもかくの如き限定そのものが、すでに有限的立場からは動的展開というべきである。かくして万有は、その実在性の次位の高まるに従って、単に所限的存在たるに止まらないで、そこに能限的一面を呈するに至るのである。これ即ち個物の自己限定と称せられるものであって、語を換えれば「限定の限定」ともいうべきである。ここに「限定の限定」とは、即ち限定の自覚的限定の意であり、随って、それが限定である以上、一面限定の極致というべきであるが、同時に又それが自覚たる点において、単なる所限的な限定態よりの解脱解放を意味する。同時にすべての意識的存在の意識的行為は、常にかかる二重の限定を内含するというべきである。

かくして「限定の限定」ともいうべき個物の自己限定は、限定の展開であると共に又その復帰たるの意味をもつ。そもそも顕現といい展開という時、実は有限存在の有限的立場で言うことであって、もしひと度絶対者の絶対的立場にたてば、所謂一切は俱時現成として、何ら特に顕現展開とすべきものはない理である。これあたかも観劇は観客にとってこそ、その進行は次々に新な場面の展開であるが、劇作家自身にとっては一切は既知であって、何ら新とすべきもののないにも似ている。ゆえに絶対者の立場にあっては、もし強いて言うべくんば、全顕現全展開であり、即ちまた全現成というべきである。同時にこれは内容的には、如何なる聖賢哲人といえども、ついに達し能わない処であって、ここに有限存在の有限存在たるゆえんがあるが、同時にまた如何なる愚夫愚婦といえども、それが一面絶対者に直接する以上、形式的には一念の転入も、よく箇中安立の境に与かるを得るとする。これ個は個として、どこまでも有限存在でありつつ、しかもその自覚による自足の自全態においては、形式的にはそのまま、実在の全現成に与りうるゆえんであって、この意味からは、さらに一歩を進めれば、ひとり愚夫愚婦に止どまらず、かの動植物否一個の石すらも、その自全の形式的完態においては、尚よく実在の全現成裡の一現成たるの意味をもつといえる。否、実在の全現成への形式的参加という点では、却って意識のない石の方が、なまじいなる人間以上に、その形式的完態を呈するともいえるわけである。同時にこれ、かの無心の行雲流水が、よく達人自得の境涯の象徴たりうるゆえんである。

かくして万有の存在は即ちその所限的存在であり、同時それはまた個における能限所限の相即態として、つねに自己限定、即ちまた「限定の限定」たるの意義を有する。しかもかかる「限定の限定」とは、また展開即復帰として、常に自己限定たるの意義を有する。しかもかかる限定の限定とは、また展開即復帰として、畢竟するに実在的生命の循環そのものというべきである。かくして以上は、単にこれを一個の個物的立場において考えたに過ぎないが、屢説のよう、個物は個物に対してのみよく個物たり得るのであり、即ち個物はすべて、個物対個物としての相対的相互限定存在である。ゆえにまたこの意味からは、いやしくも存在するほどのものは、すべてこれ相対的なる相互限定存在というべきである。随って個物の自己限定は、また個物相互の相互限定を含むといわざるを得ないが、しかも個物と個物との相互限定は、それぞれその能限所限の相即一体性を意味する。勿論ここに相互限定の相即一体というは、必ずしもかの量的機械的平衡を意味するのではなくて、まさに実在的平衡の動的緊張の意であり、随ってまた単なる二物間の相互関係に止どまらないで、無量の個物の直接間接なる層層無尽的な相互限定作用にまで展開しなければならぬ。かくして個物の相互限定とは、畢竟実在そのものの自己限定裡の無尽なる相互限定、即ちまたその自己分身的相互限定の意でなければならぬ。

かくして如上、実在の無量なる自己分身的なる相互限定は、即ち実在的生命の展開顕現そのものに外ならぬわけであるが、しかも展開は同時に復帰を意味し、随って展開と復帰の相即は、即ち又その循環周流を意味するわけである。かくして今一個物の自己限定における能・所の限定の相即一体性は、その意を徹して求尋する時、ついにまた万有の無尽なる相互限定的展開というの外なく、同時にここに至ってわれわれは、翻ってまたかの時空が、万有存立の一基本形式たるゆえんに思い至らしめられるのである。即ち万有の相互限定の無尽展開においては、そこには必然に無量多の万有を容れる無辺際的空間を予想すべく、またその相互限定的展開は、限定的展開として、そこには無窮の時間を背景とせざるを得ない。否、時空はかかる万有を容れる形式と言うよりも、むしろ万有そのものというべきであり、万有と相即一体底のものでなければならぬ。ゆえに絶対者の絶対的自己限定は、これを動的には、無限なる時空裡における万有の相互限定的無尽展開という外ない。かくして空間をその静止的側面とすれば、時間はその動的側面であり、しかも時空相即して相離れざるが如く、万有の動静は相即一体如々たるべきであるが、ただ秩序体系という時、人はともすれば静止固定的側面に執して考え易きを常とする。

さて前述のように、時間が絶対者の絶対的自己限定における万有の動的展開の側面であるとは、真の具体的時間としての根源的時間流は、本来絶対的生命の原始流動の顕的側面を示すものであるが、同時に他の一面、かかる根源的時間流の意識的個物における顕現としては、そこに時間意識の側面のあることを看過してはならぬ。即ち意識的存在としての人間の所生が、絶対的生命の動的展開内容としての万有の秩序を、相対現実的に照らすものとして、その重要なる意義を看過してはならぬわけである。かくしてこの側面からは、もしそこに人間の時間意識、即ち時の自覚が存せずして、ただ万有の底を流れる根源的時間流としての原始流動のみならば、万有の動的展開は、その内容的種々相を明かにするを得ず、随って十分にその意義を実にせぬともいえる。しかも時間意識は、時間流そのものに対しては、まさに循環復帰の意義を有するが故に、実在的生命の展開は、人間的自覚を介する復帰循環によって、始めてその十全なる実を挙げるというべきであろう。かくして絶対的生命は、万有の如何なる一微塵においても、その根本自覚性の映現として、生命の循環性を宿さざるはないが、しかもその真相は人間自覚において始めて実になる。げに時の意識は、意識におけるかかる自覚の循環性を離れては、これが把握によしなく、随ってかの三千年の寿も一瞬に等しいとの静観も、人間的自覚におけるかかる一念の循環を離れては、ついに存立し得ないことを知るべきである。

かくしてわれわれは、かの時間の可逆性の主張に対しても、また必ずしもこれを荒唐とのみはいえぬであろう。なるほど有限存在の立場における実在の顕的側面からは、時間的秩序は絶対に厳粛であって、一たび過ぎ去っては、一瞬の前にも還り得ないといわねばならぬが、しかも時間的秩序のかかる厳正の可能な背景には、ある意味では却って時間の可逆的側面を含むともいえるであろう。これ国法の厳正は、大赦をも可能とする立法者の超法性に、その根底のあるが如くであって、時間的次序の紊《みだ》る可らざる厳正は、背後にその可逆的側面をも包摂するものあるが故ともいえるであろう。可逆という言葉そのものが、時間流とこれが把握としての時間意識との自覚的統一に成立するとすれば、時間流はその背後に、可逆の可能をも容れる絶対的流動、即ち永遠そのものを予想すべきである。かくして時間そのものが、実は永遠なる絶対的生命の、無限周流の部分的顕現たるに過ぎないわけである。同時にここで部分的といったものの中心は、言うまでもなくこの現実自己そのものである。時間も他のなべてのものと等しく、この現実の自己そのものを離れては、これが把握によしないわけである。

かくして時の流は、永遠なる生命の無限周流のいわば部分的顕現ともいうべきであるが、しかもこの事は、必ずしも時間内容の単なる繰越しを意味するものではない。もしかく解する者があるとしたら、それは永遠的生命の無量の内容の一端にだに触れ得ぬものというべきであろう。ここに循環といい周流というは、単に一応の表象的比喩に過ぎないのであって、永遠的生命はその無量内容の故に、これが循環周流は真に無窮というべく、随って又これをその内容よりいうも、実に無量の内容の無限的顕現であって、かの有限的循環の機械的平面的繰返しなのとは全くその趣を異にする。随って又かかる絶対無限次元的無限ともいうべき永遠的生命の循環周流は、一面絶対的生命そのものとしては、絶対的なる自己環流であると共に、これをその相対的現実面よりいえば、まさに無量なる人的努力の可能を容れるものというべきである。即ち時間は、一面からは絶対自周であると共に、他面その内容は、人間的営為を契機として無限に展開せられるというべきである。かくしてかの歴史は鑑なりとか、歴史的真理の循環性等の語も、もとより単なる同一内容の機械的繰り返しの謂いでないことは言うまでもない。歴史がその資料としては、絶対に異質的であるべきことは、すでに独逸西南学派の指摘した通りであるが、しかも時間流そのものの根底が、無量多の内容を具する永遠的生命の無窮周流に存するが故に、時の展開としての歴史は、随処にかかる周流性を潜在せしめているとも言える。かくして歴史における如是の循環性は、一面からは、これと交わる具体的空間としての舞台が大であればあるだけ、その循環の直径も大となるべき理である。しかもかくの如き時の循環性も、これが現実の把握は、畢竟じてついに個人の自覚を離れぬ限り、一切の時間流は、本来一切処すべてこれ循環ともいうべく、しかも循環の円環は大小無量種々相であって、そこに何ら限定のあるべきではない。かくしてわれわれの現前一念の自覚は、それを中心として描かれるべき大小無量種々相の生命の循環周流の円環を蔵すべきであって、これ一面からはわれわれが、時の流れのあるゆる瞬間において、歴史上のあらゆる時代の出来事を想起し考察しうるゆえんである。即ち史上のなにがしかの事件の想起考察は、いわば現前の自己の一念を中心としつつ、その事件を含んで描かれるべき自覚の円環の一現成に外ならない。かくして生命の時に即する一切の時・処・位における大小無量種々相の全現成に、われわれの歴史的認識の最終的根拠はあると言いうるであろう。

六　悪の問題

一

個体の存在は、これを絶対的側面からは、屡説のように、絶対者の絶対的自己限定の所産という外ないが、同時にこれを現実の個物の側面からは、個物自身の自己限定であり、随って個物の存在は、かかる絶対・相対の両側面からの限定の能・所の相即一体というべきであろう。然るに個物は、単独に存在するものでなくて無量多である以上、個物の存在は、また個物対個物の関係における相互限定とも見なくてはならぬ。同時に相互限定は、一応は先ず意識の相互相映関係であるが、また具体的には意志の相関関係というべく、ついにはその実現としての行為の相関関係といえる。同時に個人の相互関係が、このように意志的行為の相関関係と見られる時、そこには道徳的関係の成立を見るべく、その場合道徳的関係の根本規範を為すものは、言うまでもなく善悪である。かくして善悪の概念そのものは、一応先ず人間相互の相関関係において成立するというべく、随ってまたその意味からは、善悪の概念は、一応これを相対的と言わねばならぬ。故にひと度かかる相対的立場を脱して、絶対的立場から観ずれば、一切の善悪はすべてこれ「太善」の一元に帰し、世に悪とすべきものは無いともいえる。これ絶対静観の眼からは、いやしくも生起し存在するほどのものは、すべてが皆あるべき所以によるものであって、それ自身形式的には、それぞれ自全の意義を有すると観ぜられるわけである。即ち換言すれば、宇宙そのものの全一的完態に即して、一切万象をその絶対的肯定において観ずることを意味する。

然るに真の絶対は、周知のように、現実の有限相対性の全的払拭による単なる抽象的無差別ではなくして、一切の有限相対性に即する差別即平等であるとすれば、善悪の真相は始めから、一切の悪を無視する抽象的な善悪不二観によっては得られず、一応は無量種々相における善悪の存在を認めつつ、しかもその上に一切包摂的な「太善」の一元観に帰するものでなくてはならぬ。またかくして初めて真に絶対善の立場たり得るのである。然らばかかる絶対善の立場にたつ時、無量種種相における善悪の相対存在は、そもそも如何なる意味を有するであろうか。ここにわれわれは、哲学倫理宗教等の上で、最も重要な意義を有する悪の問題に触れざるを得ないのである。そもそも善とは何ぞやということは、むしろその消極的対極ともいうべき、この悪の問題を問うことによって、却って瞭かになるともいえるであろう。故にまた実在の自覚的体系の考察のごときも、この悪の問題の論究を忘れては、あたかも裏のない衣物のように、真の具体的現実性は有たぬともいえる。かくして悪の考察論究は、実在の体系的考察においては、いわばその裏打ち的意義を有するともいうべきである。

さて絶対善としての「太善」は、何ゆえ如上無量種の段階における善悪の相対的関係の裡に、自己を現ずるかという問題は、しばらくこれを後廻しとして、先ず悪とは如何なるものであるかを、一応体系的に位置づけて見なければなるまい。すべて事物の考察にあたっては、先ずその事物が実在の体系的秩序において有する位相を瞭かにすることが、真相究明への第一歩である。随っていま悪の問題の考察にあたっても、先ず最初にこの点を瞭かにしない以上、前掲の悪の起源の問題を問うわけにはいかぬ。さて悪の体系的位相であるが、これに関しては従来とても、人によって種々その見解を異にするようである。併しながらその相違は本と体系の立て方如何にその根基を有するわけであって、それらは必ずしも全的相違ということは出来ない。人はともすれば哲学史上、異論異説の多きに迷い、甚しきはそれ故についに自己の拠るべき処を失うにも至るようであるが、しかも哲学の対象が唯一大宇宙である以上、史上の学説の様相は如何に異るとも、いやしくもそれが一個の深大なる体系である限り、必ずやその内実においては、相通ずる処があるべきである。故にいま悪の本質に関する史上の諸家の見解は、表面的にはよし如何に異るように見えても、その内実はさまでに大差なきものと言うべきであろう。同時にかかる相違は、実は体系そのものの相違に基づき、そして体系の相違は、畢竟するに当該思想家の唯一個性が、絶対的全体としての大宇宙に承当する、その角度の相違に外なるまい。

然らば悪とは如何なるものであろうか、その体系的位相は果して如何。思うに悪とは、われわれ有限存在としての人間が、その自己中心的見解に基づく行為によって、実在の体系を部分的に歪曲攪乱するものと言うべきであろう。即ちこれを約しては、我見に基づく秩序の歪曲攪乱に外ならない。例えば今、普通に悪の最大なるものとせられる殺人の場合について考えるに、その悪とせられる所以は、一個の生命の生誕は、いかなる人為の力をもってしてもついに不可能であって、かりに地上の全財産をこのために投入したとて、絶対にその不可能なことは、もとよりいうまでもない。けだし一個の生命は、その背後、実に全宇宙の総力が、この一点に綜合集中せられた結晶というべきだからである。かくして殺人ほど端的に、神の聖業にたいする冒涜はなく、これ古来この地上における最大最深の悪とせられる所以である。さらにまた眼を転じて、一人の生命の喪失が、その一人格を中心とする社会秩序の上に惹起する歪曲攪乱も、また断じて無視できぬといわねばなるまい。たとえば一家について見ても、家族のうちその一人の不法な生命の強奪は、その一家の全生活体系に、重大なる攪乱を生ずるといわねばならぬ。なるほど加害者は、法によって処刑せられるとはいえ、一人の人間の生命が、不法にも死を以って脅かされるというが如きは、社会的秩序の攪乱の危険を蔵するというべきである。しかも生命の強奪が、この地上における最大の罪悪とせられる所以は、先にもいうように、それが他の如何なる代償を以ってしても、絶対に償いえない点にあるといわねばならぬ。かくしてこの点からは、現実的には何ら為すことのない一嬰児の殺害も、生命の不法強奪として、それが最大の罪悪たる点に至っては毫も異らない。けだし一人の嬰児といえども、その一家の生活体系にあっては不可欠の一成員であり、いわんやそれは一個の可能的人格として、その将来における無限なる展開の可能を蔵するにおいておやである。まして況んや嬰児の場合には、相手が無心であって、絶対に無抵抗たるにおいて、その生命を奪うに至っては、あらゆる殺人行為の中でも、最大最深の罪というべきであろう。

然らばこのように、悪を秩序体系の部分的攪乱と考えるとして、それは自余の罪悪観に対して、如何なる意義と聯関を有するであろうか。われわれは悪を以って体系の混淆と見るのは、即ちまた異体系の無自覚的摂取ともいうべきであって、これはまた悪の知的主観的根拠としての個我中心的見解というのと異名同実である。唯これを体系の混淆といい、さらには異体系の無自覚的摂取という時、悪の知的根拠としての虚妄の客観的説明として、より応わしきを見るのである。勿論悪はその知的根拠としては、前述のように知的虚妄に基づくともいえるが、しかも虚妄と罪悪とを直ちに同一視することは、悪の立体性としてのその具体的真相を、曖昧ならしめる恐れがないとはいえない。勿論知行本と一体とすれば、妄・悪また一体であって、何等の別がないともいえるわけであるが、しかもこの場合の知は、知行合一知としての真の具体的叡智であり、随って知とはいいつつも、決してかの抽象的なる知的主観の一面にとどまるものではない。かくして主観的側面における体系の混淆は、行為を介するこれが客観的実現にあたっては、まさにあるべき本来の体系に対して、部分的なる歪曲攪乱とならざるを得ないのである。悪が悪として、この人生における最重大問題とせられる所以は、それが単なる主観的観念的映像裡の問題ではなくて、現実に一個の儼然たる事実として、掩う可らず、曲ぐ可らざる人生の最厳粛なる客観的事実として、秩序の破壊攪乱なるが故である。げに一旦の殺害は永遠の殺害であって、ひと度喪われた生命は、永遠に甦るときは無いわけである。

併しながら古来の形而上学説における悪の説は、多くはその非存在・虚無性に帰一するかのようであって、プロチノス、さらにはその淵源たるプラトンにはじまる西欧哲学史上の主なる形而上学説は、主としてこの立場の一貫的継承と見ることが出来る。然らば悪をこのように無とし非有とするとは、そもそも如何なることを意味するであろうか。我われは、単なる言葉の形式的伝承に終らないで、その内実について、自分は自分なりに、自己に固有な角度から領解するでなければなるまい。そもそも悪は前述のように、我見に基づく秩序の部分的な歪曲攪乱というべきであろうが、ここに我見とは、前にも一言したように、己私中心的見解の謂いに外ならない。然るにかかる己私中心的見解とは、即ちこの唯一宇宙的秩序の諦認において、己私的歪曲の行われることをいうに外ならない。勿論大宇宙は大宇宙であって、一切処すべてこれその中心というべきであり、随って今その意味からは、一個人としてのこれが把握と体認は、ある意味では如是現前の自己を中心とする外ないといえる。唯ここに己私中心的というは、ただに現前の自己を中心とするというだけに止どまらないで、さらに自己を中心とする実在体系の主観的歪曲を意味するのである。否かくいうは、本末を誤るものであって、客観的なるべき実在体系を、個我を中心として主観的に歪曲するが故に、その行為が秩序体系の歪曲攪乱となるのである。然るに宇宙的秩序は、それが宇宙的秩序なるが故に、本来何ら一個人の歪曲を容れる底のものではあり得ない。随って今一個の己私を中心とするこれが歪曲的把握は、畢竟するにこれ観念的な幻影に過ぎない。即ちそこには、何ら真の実在性はないわけであって、これ悪が古来実在の体系の上からは、無とせられ虚妄とせられる所以である。然るに知行は本と相即なるが故に、主観におけるかかる幻影的な虚妄性は、畢竟また客観におけるその虚無性ともなるわけである。けだし加害者は相手を殺してその恨を晴らすことにより、一旦はわが胸も治り、周囲の者もこれを尤とするかに考えたその主観的錯誤は、(即ち主観におけるかかる知の幻影的迷妄は)、凶行後における結果によって、ひとり周囲の人々の是認が得られぬのみか、多くは自らもこれを悔いる結果を招来せぬはけだし稀れである。即ち主観におけるその虚妄性に目覚めるに至るわけである。ただ凶行後直ちに自殺するが如きは、かかる主観的迷妄の晴れる暇なくして、自らをその迷妄の犠牲とするものというべく、随ってこれに借すに若干の時日を以ってしたら、必ずやその迷霧の晴れる期が来るはずである。かくして主観の幻影的迷妄に基づく悪行は、これを客観的には、なるほど一面儼たる秩序体系の部分的攪乱でありつつ、しかもそれは根本的には、主観の迷妄に基づくとせざるを得ない。かくして主観の迷妄が、悪として客観的な実証を得るとは、かかる主観の虚妄性は、現実的には客観的秩序の部分的破壊、ないしは欠損を惹起しつつも、真の客観的秩序そのものは、一毫たりとも傷われぬ一面のあることを認めねばならぬ。即ち加害者の主観的迷妄に基づく殺人は、なるほど一面からは、被害者の現実的生命の全的喪失には相違ないが、しかも他の一面、もしその被害にして、被害者の側における何らの迷妄（即ち悪）を包蔵しなかったとしたら、被害者の全人格は本質的には、一毫たりとも損わなかったものといい得るであろう。かくしてこの場合には、悪としての人命掠奪も、本質的には全的無ともいうべき一面があり、この事はかの二・二六事件の際の犬養首相に見ても瞭らかである。

しかもこの最大の実例としては、キリストの磔刑の如きにおいて最も明かである。即ち刑吏は、キリストの肉体的生命はこれを断ったが、その精神的生命に至っては、一毫たりともこれに触れ得なかったのである。即ちこの意味においては、刑吏の悪はキリストその人に対しては、まったく全的無ともいうべきである。否、キリストの真の偉大さが、これによって初めて顕現したとするならば、刑吏の悪は、ただにキリストの内面本質を傷け得なかったばかりでなく、これが積極的顕彰への消極的契機となったとさえ言い得るでもあろう。かくして体系的立場からは無とせられる根拠は、今やその消極態より積極態に転ずるともいえるわけである。即ちわれわれは、真の絶対的全体の立場にたつ時、そもそも体系の攪乱というが如きことは、本来あり得べらかざる事とも言えるのであって、悪の非有性の主張の最終的根拠は、まさにかかる点に存するかと思われる。即ちわれわれ有限者の有限知にとっては、なるほど部分的には体系の攪乱と見えるような事柄も、もしこれを真の絶対的全体の立場より観ずれば、全体としての大宇宙そのものは、依然として絶大なる調和体《コスモス》であって、何らそこには体系の動揺はないわけである。なるほど風吹けば湖面は波立ち騒ぐも、湖そのものは依然として一切の動揺より超出して、万古にその寂静を失わぬ一面がある。かくしてわれわれの有限知には、体系の攪乱破壊・欠損と観ぜられる事柄も、真の絶対的全体としての宇宙そのものからは、何ら宇宙的秩序の擾乱ではあり得ない理である。即ちかかる立場からは、悪は畢竟するに非存在に過ぎないこととなる理である。同時にこれ先きに悪を解するに、体系の部分的歪曲攪乱として、そこに特に部分的という語を附したゆえんである。

二

如上悪が体系的には、己私中心的見解に基づく秩序の部分的歪曲攪乱であるとは、必然にまた悪が、意識的存在たるわれわれ人間にのみ特有なことを語るものでもある。けだし客観的秩序の部分的攪乱は、必然に主観における己私中心的歪曲を予想し、しかも秩序のかくの如き主観的歪曲は、ついに意識の自由性にその最終的根因があるともいえるからである。随って意識を発するに至らない動植物、さらには鉱物の如きにあっては、特に悪と名づくべき現象を見ないわけである。仮りに断崖の下を通る人間が、石塊の落下によって打ち殺されるような場合でも、石の落下は所謂自然的理法の必然であって、何ら意識の自由によるものでない以上、もとよりこれを悪とはなし得ないのである。もっとも一面からは、これを物理的悪とは言い得るであろうが、しかもこれいわば悪の概念の物界への投影というべきであって、そこに何ら本来的意義における悪の存在を認めることは出来ぬ。けだし悪が悪とせられる為めには、そこには、何よりも先ずその行為的主体が、意識的存在としての自由主体であり、即ちまた自覚の可能主体たる事が予想されねばならぬからである。これ悪の人間に特有とせられる所以であるが、これをさらに厳密には、悪は自覚の可能主体としての人間にのみあり得る現象であって、かの狂人のように、自覚の可能を喪失した者には、厳密な意味においては、悪はあり得ぬと言うべきである。

今悪をこのように考えることは、畢竟するに悪は、自覚可能主体としての人間が、その本来の自覚性を十分に自覚しえない、弛緩怠慢に即して生ずるとも言えるのであって、かの秩序の主観的歪曲とは、即ちかかる自覚の可能性の不十分的行使、即ちまたその無自覚性に基づくという外ない。秩序の主観的歪曲とは、すでにも一言したように、秩序の本来的体系を、己私中心的見解によって歪曲するの謂いであって、畢竟じてこれ宇宙的秩序における自己の真位置の諦観を得ない事に基づくわけである。かくして宇宙的秩序における自己の真位置の諦観は、屢説のように所照の自覚を中心とすべきが故に、秩序体系の己私的歪曲は、それだけまた自覚の喪失脱落と言わねばならぬ。即ちそれは宇宙的秩序の正しき諦観を意味し、同時にかかる諦観を背景とするその時その場における自己に必然なる行為が、即ち正善の行為たり得るわけである。されば善悪はこの立場からは、畢竟自覚と無自覚との差であって、即ちまた知の問題に外ならぬともいえるわけである。しかも知の本体は自覚であるが、これを用に即しては自由である。かくして悪の問題は、それが知の問題であると同時に、また自由の問題だということが、そのまま又悪が本来知の問題だとの所以を示すものとも言いうるわけである。

今悪を自由の問題であるとする時、自由はこれを厳密には、主客の両側面に分けて考えることができる。即ち自覚の自由と行為の自由とがこれである。そもそも自由の体は、これを知に即して主観的側面からは自覚というべく、現に自由の内容は、一般に自覚に外ならぬと考えられている。勿論それに相違は無いのであるが、同時に自覚の現成が行為である処から、自由の実現もまた行為というべきであり、随ってこの意味からは、自由の客観的側面は、これを行為とすることは必ずしも無意味ではない。けだし西欧における自由の語も、これを語の本来からいえば、我執の対象からの主観の離脱解放を意味し、随ってこれを東洋の語に当てれば、自由はまさに解脱に当ると言いうる一面がないとはいえぬ。しかもこれを自由と訳して自の一字を附けるところに、欧語としての色調の微妙さを移したものといえる。けだし自由の真意は、なるほど我執の対象からの主観の離脱解放をその本来とはするが、しかも畢竟するにこれ自に由るの外ないことを意味するからである。もとより自由の本義が、自に由る一面のあることは言を要しないが、同時に欧語の自由には、さらに個人を本位とするかれらの人種に特有な、自己中心的色調のあることも又これを看過し難いのである。しかも自由は、それが自覚を体とする以上、その本来はあくまで我執の対象からの離脱解放を意味するとしなければなるまい。

如上自由の本義が、自覚による我執の対象からの主観の離脱解放である以上、これが客観的側面における実現としての行為もまた、自由を含むべきは今さら言うを要しない。即ち知行が相即一体である以上、知における主観の自由は、同時にまた行為における客観の自由を意味し、両者は互に相即すると言わねばならぬ。けだし主観的側面は、その主観性の故に必然無形であって、その体の奈辺にあるかを窺い難いが、これが客観的実現としての行為は、その実現性の故に必然有形であって、何人も容易にこれを見るわけである。しかも行為は客観的実現として、必然に限定なるが故に、そこに内含せらるべき自由性については、ともすれば人々これを看過しがちである。なるほど、限定は限定として一面必定ではあるが、しかもこの限定の必定性は、ひとえに自由主体の自己決定によるのであって、かの物界における自然科学的必然のごとき外的必然によるのではない。かくして如上、自由における主客の両側面といったのは、畢竟するにこれを自由と必然との相即的一体ともいうべく、普通に自由の一語によって現われるものも、常にかかる自由と必然の相即的一体性を蔵するというべきであろう。かくして知の自由は、屢説のように我欲の対象からの離脱超出を意味すると共に、そこにはさらに、行為の自由の則るべき新なる法則の必然を見出すといってよく、これ即ち自由の主観的側面の自覚が、直ちに行為の則るべき客観的法則と照応すべきを意味するが、しかもこれら主客の両側面は、現前即今の一行為において倶時現成である。

如上、自由の主客両側面の考察より、行為の自由性に論及したことは、必ずしも著者が異を樹《た》てようとしてではなく、ただ人によっては所謂「悪を為すの自由」という場合もあるからである。けだし悪をも為しうる自由というこの語は、注意せねば所謂二種の自由ということになって、そこに自由の本義を誤る根本的危機を蔵することなしとも言えない。そもそも自由の本来は、上来述べて来たように自覚を体とし、我執の対象からの離脱超出に即する宇宙秩序の諦認と、それへの随順を意味するというべく、かかる理法の秩序の諦認と随順とを欠くところには、自由の本来はあり得ないのである。唯かかる理法の秩序への随順が、随順として自覚的なる自己限定である処に、自由の自由たる所以がある。然るに今悪をも為しうる自由とは、これを主観に即しては、無自覚にもとづく陰翳のために、その客観的秩序の把握において、知らず識らずの間に、主我的歪曲を生じやすく、引いてこれが客観的実現にあたって、秩序体系の部分的歪曲攪乱となるに至るをいうのである。さればこれを、かの無意識的な鉱物及び植物に比すれば、なるほど何ほどかの自由ではあり、随ってこれを「悪をも為し得るの自由」ということも、必ずしも全然不可とは思わぬが、同時にそこには、次元を異にする真の自由との混淆を招く危険のあることを思わねばならぬ。

このように自由が、われわれ人間にあっては、ともすれば混淆せられやすいのは、畢竟われわれ有限存在においては、自由の体たる自覚の常持続を期し難く、ともすれば自由の消極的否定態としての、悪を為す自由に転落しやすいが故に外ならない。即ち自覚における能照は常持続であっても、これが自覚としての常所照の自覚は、有限者の分際として、その常持続を期し難いからである。かく自覚の常持続の期し難いのは、即ちまたその用《ゆう》としての自由の常持続の期し難いことを示すものであって、ここにもわれわれは、人間的自由の免れえない有限的制約を知らしめられるのである。勿論さらに根本的には、われわれの自覚的自由と称するものすら、自由の絶対的根源者たるかの絶対者における全知全能の絶対自由の映像に過ぎないことは、今さら言うを要しない。即ち自由の体たる自覚が、かかる絶対自由者に与かりうるのは、只その形式としての知に即する一面に過ぎず、随ってその実現としての行為は、地上の一点に限られて、かの絶対自由者の全能には比すべくもない。しかもこれ、今さら言うを要しない自明事であって、いわば人間的自由の本原的制約とも称すべきである。しかもわれわれの現実生活上、さらに重大な意義があると思われるのは、自覚の断絶による自由の喪失脱落としての所謂悪を為す自由への退転顛落であって、これを前述の人間的自由の本原制約に比すれば、かかる現実的制約からの逸脱ないしは脱落と言うべきでもあろう。

論じてここに到る時われわれは、絶対完全者たる神は、かかる危険があるにも拘らず、何ゆえ自由の可能をわれわれ人間に賦与したかの疑問に逢着せざるを得ないであろう。かくして自由の可能は、即ちまた悪の可能とも連続するをもって、神が何ゆえ人間に自由の可能を与えたかという問題は、やがてまた神は何ゆえ悪の可能を与えたかの問題ともなる。これ実に人間最終の問題というべく、われわれ有限なる人知をもってしては、根本的にはついに究尽し得ない究竟的課題ではあるが、今しいてこれに答えようとすれば、畢竟じて「神は愛なるがゆえに」というの外ないであろう。この点については、後に多少の詳論を試みたいと思うが、そもそも自由の可能の賦与をもって、直ちに悪の可能の賦与とすることには、そこに幾多の問題がなければならぬ。自由の体が本来自覚であるとすれば、自由の可能と悪の可能とが、一面相接する処あるは否み難いが、しかもこれ意識の可能性そのものに即いて言うに止どまり、随ってこれを導いて自覚即自由の現成に至らしめるか、はたまた意識の弛緩としての自己喪失によって、所謂悪を為すの自由に頽落するかは、まさにわれわれ人間の責任ではなくてはならぬ。かくして悪の可能とは、即ち人間による自由の誤用そのものであって、直接には神そのものの責任ではないわけである。

しかも他の一面、自由の可能と悪の可能とは、前述のように根本的には、本来意識の可能性に基づく以上、悪を為すの自由は、自由の本来たる自覚の喪失脱落であり、随ってその限りその喪失脱落は、当該個人の全責任というべきではあるが、しかもその根底には、意識の弛緩性の因って生ずる根源自体がさらに問題とならざるを得ない。かくしてかかる意識の弛緩性は、その緊張性と共に、実はわれわれ有限的意識の免れえない根本制約というべく、その根源は一面からは、絶対意識としての神の自己限定より来る必然的制約と言わねばなるまい。かくして、神は何故われわれ人間に悪の可能を与えたかの問題は、やがてまた、神は何ゆえ自由の可能を与えたかの問題でもあり、それはついに神は何故われわれを、有限存在として創ったかとの問いともなるわけである。同時にここに至っては、もはや何人も、「神は愛なるがゆえに」と答えるの外、ついにその術を知らぬというべきであろう。けだしわれわれ有限存在にあっては、屢説のように、存在即被限定存在であって、何等かの限定なくしては、その存在は望み得ないからである。故にわれわれは、自己に与えられたこの限定に即して、自己と共に万有の全存在に対しても、絶対者の大愛に想い到るべきであって、限定そのものに着して、神は何ゆえ悪を為すの自由を与えたか等と問うべきではない。かくして限定は、げに神の万有創造に免れ得ない必然であると共に、また実にわれわれ被造物が、その創造の根源たる絶対者の無辺の大愛に返照する絶対的契機というべきであろう。

三

悪という言葉は、普通にも広く用いられる処であるが、今これを哲学上の問題として考えるとき、真理論としては悪は虚妄であり、またこれを宗教論としては罪というべきであろう。勿論宗教論としても、悪は一応悪たるに相違ないが、ただ宗教性を一層瞭かにしようとする時、悪は単にこれを悪というに止どまらず罪と言い、さらに罪悪ともいうのである。そして所謂道徳的悪が、これらに対して狭義の悪であることは言うまでもない。如上悪は立場によってその名称を異にし、随ってまたそれに応じて、その内容の色調を異にしても、畢竟するに根本的には、同一なるものに対する見方の相違というべく、さらにまたある点からは、次元の相違に基づくとも言えるであろう。そもそも真理は、これをその本来よりいえば真理即現実、現実即真理であって、実在の実相のほか、別に真理というものは無いはずであるが、しかも同じく実在の実相といっても、これに対する態度如何によっては、そこに顕現する絶対的生命の様相を異にするわけである。例えば上掲の真理即現実・現実即真理という以上、真理と現実とは本来一体たるべきにも拘らず、すでに真理といい現実という如く、その名称を異にする異常、そこにはすでに、実在の実相に対する把握の様式において、異るもののあることを示すといえる。またそここそこれら両者が、本来根本的には異らない所以を示そうとして、如上真理即現実・現実即真理というが如き表現も生れるわけである。もし真理と現実との全的同一が、何人にも自明だとしたら、元来かかる言葉もその要はないわけであり、随ってまた存在しない理でもある。かくして今、ある意味ではこの真理及び現実と対応すともいえる虚妄と悪とでは、なるほどその根本では虚妄と悪とは同一だとして、これら両者は、等しく絶対的生命の把握における欠損ではあっても、その様式上からくる相違が、語感の上に掩う可らざる色調の差として、投影しているともいえる。然らばかかる相違は、そもそも如何なる点に存し、また如何なる事由によって生ずるというのであろうか。思うに虚妄は、これを悪と比較するとき、知的立場の色調が強いに反して、悪は行為の立場の色調を帯びることが多いと言えるであろう。かくして悪は、これを知的には虚妄の実現というべく、逆にまた虚妄は、悪の知的映像ともいうことが出来るであろう。即ちわれわれは虚妄の平面的なるに対して、悪はその立体的実現とも言えるであろう。勿論ここに悪とは、所謂道徳的な悪を含むことは言うまでもないが、同時にその根底における形而上学的悪をも意味するとせざるを得ない。

そもそも虚妄または虚偽とは、如何なることを言うのであろうか。もとよりこれは、その実在性の上から見て非有とし非真というべきは言うまでもないが、これを体系的には既述のように、「体系の混淆」または「異体系の混入」ということが出来る。このように虚偽を体系の混淆、ないしは異体系の混入とすることは、例えば半ば水を容れたコップに挿した竹片の屈折をもって、竹片そのものの屈折と為し、あるいはまた落日を眺めて、太陽を樹枝上に懸ったものとするとしたら、これ何れも体系の混淆というべきである。けだしここに体系の混淆とは、表象体系と実在体系との混淆の謂いであり、語を換えれば、また異体系の混入ともなるのである。即ち水を容れたコップに挿した竹片が屈折して見えるのは、表象体系上の一現象に過ぎず、随って今表象体系の立場にたって「竹片が折れて見える」というとしたら、それは何ら虚妄とすべきではない。しかるに、かかる表象体系における一現象をもって、これを実在体系の上に移して、「この竹片は折れている」といったとしたら、これ所謂体系の混淆であり、異体系の混入であって、明かに虚偽虚妄としなければならぬ。かのスピノザがその「倫理学《エチカ》」の中でいっている樹枝上の太陽の表象と、実在の太陽との関係もまた同様である。即ち太陽が樹枝に懸って見えるという限り、何ら誤謬ではないが、太陽そのものが樹の枝に掛っているとしたら、明白な誤謬たること、もとより言うを要しない。けだし前者は、単に表象体系についての立言に止まるが、後者はそれをもって、現実の実在体系の上に移して、これを真としようとするがゆえである。即ちそこには、明かに体系の混淆が存するわけである。かくして真理論としての虚偽は、一応これを体系の混淆にあるというを妨げない。

しかも一歩を進めて、かかる体系の混淆は、そもそも何ゆえ生ずるのであろうか。思うにそれは、それを見る者の体系的次元の相違に対する不明から生ずるといってよく、さらには、かかる自らの無知不明即に対する自覚を欠くが故といわねばなるまい。かくしてまた虚偽虚妄の根本は、畢竟するに自己の不明に対する無知がその中枢根幹を為すというべきである。同時にかかる自己の不明に対する無知と無自覚は、即ちまた無知の最根本的形式というべきであり、随って自覚は常に自己の有限性、即ちこれを知に即しては、自己の無知不明に対する自覚として発すべきである。かの上来屢説の所照の自覚というが如きも、これを知に即しては、自己の無知不明の自覚の謂いに外ならない。しかもかかる無知の自覚も、そこには自覚として、すでに能知能照の出現を予想すべきであり、随ってまたその意味からは、無知の自覚即真知の発現というべきでもある。ゆえに前述の虚偽としての体系の混淆の根本が、自己の不明に対する無知無自覚にあるとは、即ち真知の未だ発現せぬをいうに外ならない。即ち体系の混淆をそれと気づかず、そのままに許容し受容しようとした自己の不明に対する自覚と覚醒は、それに即して直ちに体系の次元的次序の別を照破するものでなくてはならぬ。即ち体系の次序段階に対する自己の不明に目覚めることと、体系の次序段階の明弁とは倶時現成であって、自覚における客観的側面としての実在体系の次序の諦観は、如是現前の自己の有限性、即ちこれを知に即しては、自己の無知不明の自覚に基づいて、これと相即照応すべきである。

かくして虚偽の根本中心は、自己の無知に対する無自覚にあり、随ってまたこれを自欺ということも出来るわけである。けだし自覚とは、如是現前の自己の有限性に目覚めることをその中心とし、随ってまた無自覚とは、現前自己の如是相の自知に対して、自らを欺くものとも言えるからである。即ち自ら自己の如是相を知らぬにも拘らず、あたかもこれを知れるかに考える処に、自欺の自欺たるゆえんがある。同時にこの事は、虚偽に基づく行為的実現としての悪に至っていよいよ明かである。けだし人倫の基本的規範に至っては、その対象化的投影としては（即ちこれを他人の上には）何人も一応自明でありながら、しかもひと度自己身上の事ともなれば、何人もとかくこれを踏み違えんとする。これその違逆を全然知らぬわけではないが、我見我欲の暗雲に遮ぎられて、自ら欺き暗ますのである。しかもかく自ら欺くというは、なるほど一応は自ら暗ますに相違ないが、しかも対象化的投影における認知では、未だ真の体認とはいえないように、自ら暗ましつつ、自ら暗ますと知らぬゆえ、自欺でありつつ自らその自欺たるを知らぬのが、自欺の自欺たるゆえんである。即ち根本的自欺であって、これ未だ自ら欺く一念の微を省察するに至らないものであって、ここに自欺の根源が、自覚の全欠としての根本無明たるゆえんが見られる。即ちここに悪の究竟的根源たる根本無明が、その内容に即しては、根本自欺たることを知るべきである。

　かくして根本的無明性とは、即ち自覚を遮ぎる暗雲としての謂《い》わば非物質的物質性ともいうべく、まさに人間的有限性の根本制約であり、随ってわれわれ有限者にあっては、これが全脱は厳密には不可能なことは、かの常所照の自覚としての常惶々の持続の不可能なことと、まさしく相応ずるといえる。否、かりに自覚の常持続は期し得るとしても、それが自覚として、すでに何ほどかの程度における能・所の別のある限り、厳密にはすでにこの根本無明の介在を認めざるを得ない。これかのプロチノスが、自覚界たる叡知界をもって、その実在の段階上、最上位としないで、超在としての「太一」を、その上に位せしめたゆえんであり、これはまた叡知界の背後に、かの「叡知的物質」を考えたことによっても明らかである。即ちこの叡知的物質という語が、すでに叡知界も非物質的物質性（即ちこれを知に即しては根本無明性）を全脱し得ないことを示すものと言えるであろう。かくしてわれわれ有限者には、厳密には無明の全脱はついに不可能という外なく、ただ無明即無知の自覚に即して、一応形式的に、これが全脱の一境に与かり得るというに過ぎない。無明を照らす絶対能照光への目覚めが、即ち無明よりの形式的全脱というべく、これかの無知の自覚と言ったものに外ならない。先きに悪を我見に基づく体系の部分的攪乱としたが、我見とは謂わばかかる無知の自覚の遮閉ともいうべく、その証拠には、世上我見の強いものほど、自らの我見に気づかない。かくして無明による無知の自覚の遮閉が、これを対照的には、かの実在体系に対する主観的歪曲となり、行為によるこれが実現によって、そこに体系の部分的攪乱、ないしは破壊としての悪は惹起せられるわけである。

かくして自覚は、常に何らかの意味にて、有限性の自覚に即するものであり、さらには所照の自覚として、常に所動的被限定性を全脱し得ないが、いま知に即してこれをいえば、前述のように無知の自覚という外なく、如何なる自覚も、それが人間の自覚である以上、一面、無知無明としての有限性を全脱し得ないのである。即ち根本無明性を全脱し能わぬのである。同時にこの事はまた面を換えれば、如何なる自覚も、何らかの意味における感覚性を全脱し得ないことと相応ずるのであって、われわれ有限者にあっては、その自覚の緊張も、内に何らかの意味での感覚的なものを残留せしめる事によって、初めて可能な旨は、周知のようにすでにフィヒテの鋭くも指摘した処である。そもそも感覚性とは、かの非物質的物質性、即ちまた無知の暗黒性に対する知性の抵抗感ともいうべく、有限存在たるわれわれ人間にあっては、力感は常に何らかの意味での抵抗感を予想し、同時に抵抗感はまた、常に何らかの意味での暗黒性を予想する。かくしてわれわれは今この点よりして、かの悪の宗教的意義としての罪の意義を窺うことも出来るわけである。けだし罪の最大なるものは冒涜の罪であって、それが罪の最大なるものとせられる所以は、自己の全存在の根本因由たる神そのものへの全的否定、即ちまたその全的無知の罪だからである。ゆえにまた罪の本質が、無知即虚無たることを示す点において、冒涜の罪ほど明らかなものは無いともいえる。けだし冒涜とはいっても、畢竟するについに自己身上のことに外ならず、如何なる冒涜も、神そのものに対しては、寸毫の増減をも加え得ぬがゆえである。同時にここに、如何なる無心論者をも容れて悠々たる絶対者の絶対的境涯は存するのである。

　併しながら、冒涜を始めとして、種々の宗教的罪悪をもって虚妄とするのは、元来絶対者そのものの立場より言うことであって、今われわれ自身の立場よりいえば、自己の全存在の絶対根底の否定としての冒涜は、実に自己の全的否定そのものというべく、しかもそれが罪悪たるゆえんは、自らそれと悟らぬ点にある。ゆえに冒涜は、矛盾の最大なるものであり、随ってまたかの自欺の最深なるものと言うべきである。かくしてまた宗教的には、一切の罪は根本的には、ついに神の存在を否定する冒涜の罪に帰するのであって、いやしくも人間が神の存在を信証する限り、少なくともその瞬間には、一切の罪悪は起り得ぬはずである。自己の全存在の絶対根底への全的否定としての冒涜が、自己の全存在の否定たることに気づかぬとは、これを知に即しては無知の最大なるもの、即ちまた全的無知というべきであり、これを恩という点からは、まさに絶対的なる忘恩背徳というべきである。即ち冒涜は、それが自己の全存在の絶対的根底たる神に対する事実上の全的否定だったら、一念冒涜の刹那、自己はそのまま事実的にも死滅する外ないわけであるが、冒涜における神の全否定は、既述のように、実は自己の無知に基づく妄想錯覚に過ぎず、随って如何なる冒涜も、事実的には神の存在に対して一指だに加え得ないのである。随ってまた如何なる冒涜も神の側からは、われらに対して何ら直接報復等というが如き意志はない理《わけ》であるが、ただ冒涜は、それが宇宙的秩序への随順を欠いて、これが反抗攪乱を意図する以上、それだけの応報を免れない処のあるのは、これまた当然といわねばなるまい。

かくして冒涜を典型とする宗教的罪悪が、単なる形而上学的悪と異る点は、それが個我による神への対抗意識として現われる処にある。勿論形而上学的悪も、否、真理論としての虚偽そのものすらも、これを厳密には、内に有限者の絶対者に対する対立対抗関係を包蔵するというべきでもあろうが、唯これらの場合には、それは未だ十分なる対抗的意識となって現われるに至らない。同時にここに宗教的罪悪の深さがあり、随ってまた逆に宗教的自覚が、単なる形而上学的静観に比して、一層深刻なゆえんがある。同時にこれアウグスティヌスが、単なる新プラトン哲学への体系的理解のみでは、真の解脱安立を得ないで、キリストの宗教的教説によって、始めて救われたゆえんでもある。即ち先きに体系の主観的歪曲攪乱と言ったものは、今やここに至っては、個我による絶対者への反逆の意義を有し来たるのであって、自覚は宗教的自覚として、一段とその深刻さを増すわけである。ゆえにまた人間性に本質的なるその根本無明性も、それが単に形而上学的な理論的自証に止どまる限り、それほど深刻ともいえぬが、今宗教的自覚において、この無始以来の根本無明性が、例えばキリスト教においては、アダムの原罪として時間的なる溯源投影性を含むに至って、始めて深刻となるといえる。勿論宗教の中にも、人間性におけるかかる根本無明の、単なる時間的投影の立場に止どまるものもあり、また現実には本質的超時空的関係も、これを時空的投影と解しやすい一般世人には、かの無始以来人性に本具なるかかる根本無明性も、これをその時空的溯源によって、表象的に投影する方が、却ってより深き現実感を与えるとも言える。否これはひとり一般世俗のみのことではない。アウグスティヌスの如きにおいてさえ、尚かつかかる一面があるかに見える処に、今さらのようにわれわれは、我ら人間に本具の有限性を深省せしめられざるを得ないのである。

四

われわれ人間は、絶対完全者たる神の被造物であり、しかもその最高にして神に肖《に》せて創られたとせられるにも拘らず、何ゆえ悪への可能が存するのであろうか。この点に関しては、すでに多少は触れた事ではあるが、しかも問題自体の重要性からは、改めてこれが考察を要するかと思われる。同時にこの事は、ひとりわれわれ人間における悪の本質を明かにするに止どまらず、さらに神は何故これが可能を賦与したかを考えることによって、ある意味からは絶対者そのものの本質に、さらに一段と迫りうるわけでもある。そもそもわれわれ有限者における絶対者の把握は、常にわれわれ人間の現実を手掛りとする外なく、神を全知全能と見ることとそのことが、実は知行の合一をその手掛りとする旨は、すでに屢説したところである。かくして今絶対完全者たる神が、何ゆえ人間最深の欠損たる悪の可能を許すかを探ることは、単に学問思索の上で要とせられるのみならず、実に人生そのものの究竟的課題ともいうべく、かの安心立命と言い、解脱救済というが如きも、畢竟生死の問題と共に、かかる悪の問題の解決に存するともいい得るのである。同にまた生死の問題の解決の如きも、ある意味ではかかる悪の可能の問題の中に、その解決の鍵があるとも言えるであろう。

かくして悪の可能の終局的根拠を問うことは、改めてまた悪の本質を再吟味するの謂いでなくてはならぬ。先きに吾人は現実的立場から、悪をもって体系の部分的歪曲攪乱と考えたのであるが、しかもその根本は、畢竟我見そのものに基づくとせざるを得ない。同時にここに我見と言うは、己私中心的見解による宇宙的秩序の主観的歪曲をいうのであり、随ってまた我見とは、これを絶対的立場より観ずれば、それだけ非真ともいうべき理である。しかも現実の悪は、身体を介する現実的実現として、客観界裡にその実現を見る以上、それは決して単なる主観的映像のみに止まるものではない。即ちその主観的歪曲は、ひと度それが実現せられれば、そこには客観的体系の歪曲攪乱を惹起せずんば止まぬのである。これ悪が現実の人生において、最大の陰影たるゆえんであって、もし悪が単に個人の主観的映像裡の歪曲に止どまるならば、その現実的意義は、さまで重大とすべきではあるまい。然らばかかる重大な結果を招来する根本因由としての我見とは、そもそも如何なるものであろうか。思うに我見とは、これをその客観的側面からは、屢説のように、客観的秩序に対する主観的歪曲というべく、またこれを主観に即しては、その自我的統一の不当拡大といい得るであろう。この立場からは、殺人も窃盗もはたまた姦淫も、すべてはかかる自我的統一の不当拡大と観ずることが出来る。しかもここに注意すべきは、自我のかかる不当拡大の根底には、実は宇宙的自我ともいうべき絶対者の存することである。この点は、人々のともすれば看過して気づき難いことではあるが、悪の本質的究明の上では、もっとも注意すべき肝腎たるを失わぬ。即ち悪はこの意味においては、有限者たるわれわれ人間の、何ほどかの程度における神への不当僭称というべきである。

かくして、悪よりの解脱の最本質的な点は、有限存在の分際をもって、かく神を僭しようとする自己の如是相の自反自省であって、かかる自反自省によってわれわれは、一面には幻影的自己の不当拡大を雲散霧消せしめうると共に、そのこと自身がまた、自己の直接背後なる絶対者との直続を実にするゆえんともなる。即ちこれ屢説のように、所照の自覚に即する能照の顕現実現である。かくしてわれわれの自我的統一は、その不当拡大によっては、もとより宇宙的自我との真の合一を得べきはずはなく、これが棄却否定によって、却ってよくその合一を得るのである、所謂身を捨ててこそ浮む瀬もあれであって、かかる我見の徹底棄却が、そのまま甦生の途である。かく考えて来れば、悪はわれわれがそれを所縁として、真の自覚に転入しうる最深の契機ともいうべく、随ってこれはまた、絶対者の大愛に出づる真の善巧方便というべきでもある。事実、古来絶対者の大愛に目覚めた人にして、何らかの程度において、自己の罪悪意識を契機としなかった者はないであろう。所謂「松影の黝《くろ》きは月の明りかな」であって、我われ有限者にとっては、深刻なる罪悪感の自覚なくしては、到底真の自覚への転入は不可能である。否、深刻なる罪悪感そのものが、実は絶対能照光の自覚的顕現以外の何物でもないのである。

古来悪の可能の終局根拠に関しては、種々なる説がある。けだし絶対完全者たる神の被造物中、その最上位に位する人間に、特に深刻な罪悪の事実の存することは、ある意味では最も解し難い謎ともいえるわけである。随って悪の問題は、古来哲学上最深の問題とせられ、またその解明の試みの上にも、種々の相違を見ることが出来る。しかもかく種々なる見方はあるにしても、帰するところ、悪とは畢竟するに消極存在であり、これを絶対的立場からは、非有非真とする点においては、ほとんどその軌を一つにするといえる。もっともここに消極存在というは、例えばかの楽曲中における不協和音の如きをいうのであって、不協和音の介在は、部分的には確かに一種の不調和であるには相違ないが、しかもこれを大観する時、不協和音の介在が、却ってその楽曲全体の内容を、豊富複雑ならしめるといってよく、これはかのプロチノス以来ライプニッツに至るまで、西欧哲学の中心を流れている広義のプラトニズムの本流を貫くものであって、この点かのヘーゲルの弁証法の如きも、ついに「和解の論理」として、如上の系列から洩れるものではない。この点はその歴史哲学において特に瞭かであって、即ちかれの歴史哲学は、かれ自身もいうように、ライプニッツの弁神論の歴史的実証の展開とも言うべきである。即ち歴史上のもろもろの罪悪に対する和解の弁証法として、その論理的操作は生み出されたといえるのである。かくしてヘーゲル哲学の根基はその歴史哲学にあり、しかもその歴史哲学の中核は、結局罪悪の和解を通しての弁神の一事に帰するといってよい。さればこの根本の一点を看過しては、かれの論理的形式的なる所謂弁証法というが如きも、ついにその展開の真因を捉え難く、随ってまた永遠にその真に触れぬものとも言えるであろう。

如上悪は、秩序体系の部分的歪曲攪乱であって、これを知に即しては、その無自覚に基づく部分観に因ると言うべきであるが、しかも真にこれを大観する時、陰影はそれあるが故に却って物象に、その立体的具体性を賦与し得るように、悪もまた真の絶対的立場より見れば、善をしてより善たらしめる為めの、いわば消極的契機ともいうべきであって、かの世界観人生観の終局としての立命の境涯、即ちこれを西欧ではかの最善観というが如きも、畢竟するに如上の理の諦認に外ならぬともいえるであろう。しかもここに注意を要する一事は、罪悪がかく善の顕彰の媒介となり得る為めには、そこには予め自覚可能者の存在が予想せられねばならぬと言うことである。即ち悪が単に悪として止どまるならば、なるほど殺人において相手の肉体は殺しても、その志は奪う可らずという一面があると共に、とにかくに現実の罪悪が、行為を介する儼然たる客観的事実である以上、例えばその親を殺された子は、たとえ如何にこれを大観したとて、畢竟するに孤児としての現実的不幸は、如何とも免れ得ないのである。かくして人生最深の罪悪たる殺人すらも、尚かつそれが絶対大観の立場からは、消極的意義を有すとせられる為には、かかる人生最深の悲痛事を所縁として、その子の自覚奮起があり、或は一般にそれを機として、凶暴な犯罪を防ぐ点において、一段と制度の改善が加えられ、さらにはそれが縁に連る人々をして、精神的目覚めの深化を招来する等々、要するにその一事が、その損害を償うて余りある善果を結び得てのことでなくてはなるまい。しかもこれひとえに、自覚可能存在としての人間の存在を予想しての事でなければならぬ。即ち一人の人間における自覚の喪失によって惹起せられた罪悪は、それを機として、これを償うて余りあるほどの無量の自覚の喚起を予想してのみ、始めてその消極的意義を有するといえるわけである。

かくして問題はまた、ついに自覚に帰せざるを得ないわけである。そもそも神が人間に悪の可能を許したとは、神が人間に自覚即自由の可能を与えたとの謂いに外ならない。随って悪とは自覚よりの脱落であり、即ち又自由の人間的誤用に外ならぬ。併しながら、問題はかく言っても、もとより十分に尽されたとは言えぬ。即ちそこには、神は何故かかる誤用の危険ある自由を、我われ人間に賦与したかとの問いも出うるからである。もっとも我われがここで、かく問うこと自体は、もとより自己を離れて、所謂批評的態度に出ずるものであってはならぬ。けだし人生の現実相の一部を視る時、吾人といえども一面からは、かかる問い無きを得ないからである。否他人はしばらく措くとしても、ひとり自らの内面を深省する時我われは、衷心よりこの種の問い無きを得ないであろう。しかもさらに深省する時、自己はかかる罪悪の可能を与えられたことを機として、始めて自らの絶対的根源たる絶対者の絶対能照光に触れうることに想い到るのである。同時にひと度この点に目覚めるに至って、人は始めて厳粛なる人生の実相に触れる思いがするのである。即ち人は自らの罪悪感の自覚のない間は、人生は単調平板なること、謂わば絵画の如きに過ぎない。しかもひと度如是現前の自己の罪悪性の目覚める時、吾人には始めてこの人生の無量種々層をふくむ無限の深さが示現せられるのである。

かくして悪の可能の根拠が、本《も》と人間的自由の可能に存する以上、悪の可能性の全的根絶は、そのまま自由の可能の根拠の全的根絶であり、かくしてそれは、悪そのものの全的否定というべきこととなる。かくして我われは、実在の段階上その最上位に位する我われ人間に、何ゆえ悪の可能が賦与せられたかを疑う前に、先ず善そのものの可能の賦与せられていることを深省しなければなるまい。謂う意《いこころ》は即ち、悪は人間的自由の誤用として、まさに我われ人間の全的責任というべきだからである。即ち悪への可能といわれるものは、本と善への可能ということがその本来であり、随って今その本来よりしてこれを言えば、そもそも悪への可能などといい得る何物もなかるべきはずである。即ち悪への可能とは、本来善への可能としての人間的自由を、無自覚にも自らの我見によってこれを誤用することにより、善の欠損を惹起するの謂いに外ならない。かくして悪は、これを人間的自由の誤用というがその本来であるが、かく言っても尚人によっては、かかる誤用を可能とするところに、神の責任を問う痴者もないとは言えまい。しかもこの時我われは、かく自ら誤用の責任を負うことなくして、そのすべてを神に帰するに先き立って、先ずかかる冒涜をも容れる神の大愛に思い至らねばなるまい。然らば何故これを大愛とはいうであろうか。他でもない。ここではこれを機として、却って自己の如是相に自反し来って、絶対者の大愛に目覚めるに至るものが少なくないからである。かくして我われは、絶対に悪に陥らずして清浄に止まることは、厳密には恐らくは不可能というべきであろうが、しかも悪への自反に即して、絶対者の大愛に目覚める可能は、何人にも恵まれていることを忘れてはなるまい。しかもかく悪を契機として、絶対者の大愛に目覚めることこそ、実に我われ有限者における、その全的責任でなければなるまい。

かく考えて来れば、我われ人間における悪への可能性の賦与は、自己への現実自反を欠いて、単にこれを対象化的投影において、その原由を求めている限り、絶対完全者としての神における最大の矛盾として、これを解しうる日はないであろう。げに最深の秘義は、常に最大の矛盾の底に秘められているように、最大の愛もまた無自覚者にとっては、最大の矛盾として観ぜられる外ないのである。現にこの点は、有限存在たる我われ人間においても、かの絶対者の映像性を具することの最も深い師父にあっては、或は可愛い子には旅をさせ、また厳師のその最愛の弟子に対する態度は、もっとも厳粛を極めて、時としては心無き傍観者をして、冷酷とまで思わす場合すら少なしとしない。かくして今神がその肖像たる我われ人間に対して、悪の可能を賦与したのは、それを機として我われ自身が、その自反に転入して、よくその「嫡出子」たるの実を得しめんが為めの、神の限りなき大愛と言わねばなるまい。しかも以上は謂わば情を主とする宗教的立場に即して述べたのであるが、今これを理を主として形而上学的に考えれば、かのスピノザがその著「倫理学」の第一部の筆を擱くにあたって、何ゆえ神は万人をして、ことごとく理性に従うように創らなかったかは、神が絶対完全者として、万有をその最高より最低にいたるまでの無量種、無量段階の創造を可能とするが故であるとの旨を述べている処に尽きるともいえるであろう。即ちこれを一言にすれば、大宇宙の無量無尽の内容を顕現せんが為めの神の大愛という外ないであろう。

五

宗教はこれを大別する時、解脱教と救済教とに大別することを得、今我が国の仏教についてこれを言えば、かの自力教と他力教とは、その典型的なものといえる。もっともこれはひとり仏教とのみ限らず、かのキリスト教にもかかる区別がないわけではなく、かくしてあらゆる宗教は、ある意味では、これら解脱教と救済教とを両極として、その間に自らの位相を占めるとも言い得るのである。然るにこれら両教の悪に対する見解に至っては、一見正逆の趣が存するのであって、これら両教の特質は、悪に対するその態度の解明によって、瞭かになるともいえるようである。今これを一言でいえば、解脱教にあっては、悪は畢竟じてついに無と観ぜられるとすれば、救済教では、悪はかの極重悪人の自覚ともいわれるように、最深重なものとせられる。勿論体験を証するに、さらに体験を以ってするとも言うべき宗教にあっては、その現実の求道は、何れか自己に所縁の一道に専念驀直なることによってのみ、それぞれ解脱或は救済の境に与かり得るというべきであろう。しかるに今体験内容を理法に即して、体系的に自証し展開するを念とする哲学にあっては、その立場は、それとはいささかその趣を異にするものがあるといえる。即ち哲学にあっては、かく一見相反するかに見える両者の間に、何らかの意味で会通点が見出されなければばならぬとする。しかも会通は、その会通性の故を以って、必然に理法に即して行われるを常とする。かくして今これら両者の会通も、畢竟するに自証の体系的展開に即して行われるの外なく、同時にこの事はまた、悪の本質に対する考察上、さらに一段の徹底というべきであろう。

然らばいま解脱教の特質は、これを体系的考察に照らす時、そもそも何処に存するというべきであろうか。勿論一口に解脱教といっても、そこには種々の種類があって、かのキリスト教との対比からいえば、全仏教そのものが一種の解脱教ともいい得るであろうが、今は考察の便宜上、その最も典型的なものを求めて禅をとることとする。今禅を以って解脱教の典型として、これを体系の上に照らして見れば、解脱教の特質はこれを一言でいえば、箇の自全境に徹することにより、そこに内在する絶対的生そのものに契当するものと言いうるであろう。随ってこの時、悪とはかかる箇の自全境に徹し得ない処から生ずる絶対的生命との遠離離隔というべく、故にまた、これを秩序体系上よりいえば、体系の主観的歪曲ということも出来るであろう。ゆえに悪とは、畢竟じてついに知の根本的迷妄に外ならぬわけである。随ってまたこの立場からは、悪はこれを客観的には非有非真ともいうべく、又これを主観に即しては無明というべきであり、これを一言に約すれば、悪とは畢竟じて本来無というべきに帰するといえる。これかの神秀が「身は是菩提樹、心は明鏡台の如し。時々に勤めて払拭せよ。塵埃をして惹《ひ》かしらること勿れ」といったのに対して、六祖慧能がこれを徹底的に破折して「菩提本《も》と樹無し。明鏡も亦台に非らず。本来無一物、何れの処にか塵埃を惹《ひ》かん」と喝破した所以でもある。即ち解脱教にあっては、「箇」に徹することによって、そこに箇に内在する全の全現成を得、これを体系的には、宇宙的秩序と一如の境に達することを以って、その本来とすると言うべきであろう。随ってこのとき到処皆真であって、本来偽とし悪とすべき何物も無しとするのである。

然るに翻って救済教を見るに、解脱教がかく箇に内在する全に着目して、これが全現の立場に立つに対して救済教は、箇の現実相に着目することによってその有限無常性、即ちこれを内容的には、自己の為我性罪悪性への深省の立場にたつ。故にこの立場からは、救済とは箇に即する絶対者の絶対超越性に基づくその能摂々取として観ぜられる。即ち絶対者の能照即能摂の大悲は、箇の有限性と罪悪性の深刻な自反を機として開顕せられるとするのである。随ってまたこの立場にあっては、悪は最も現実的なるもの、否現実そのものの根本特性として理解せられる。かくしてこれは、かの周知の親鸞の「罪悪深重の凡夫」の一語が、最もよくこの趣を示すというべく、この立場からは、悪は現実の最深刻なる実相とせられる。然らばかくの如き罪悪感の重視は、これを実在の体系に照らして見る時、そこに如何なる意義を有するとすべきであろうか。思うにそれは、我われのこの現実の自己が、その欲念我執の為めに、自己を中心として流行するこの宇宙的秩序に対して、容易に随順し得ない事実を、その厳粛なる自反において徹見するものに外ならぬ。欲念による対象への愛執固着は、或はすでに過ぎ去れる過去の幻影への偏執となり、或はまた未だ来らざる未来に対する焦心苦慮となる。しかもこれ何れも宇宙的秩序の流行に対する真の体認とはいい難く、いわばその主観的歪曲を企図するものともいうべく、しかもそれが主観的幻影である以上、畢竟じてその非有非真たることは、かの解脱教において説くが如くであるが、しかも人間主観の現実としては、容易にこれが迷妄を自覚するに至り難く、ゆえにその主観的歪曲すら自らはかくと悟らず、随ってまたその非真非有たることにも気づかない。ゆえに今救済教において、この現実の自己を、欲念偏執の自己として徹して諦観することは、即ちこれをその能照の光に即しては、かかる自己の有限性の自覚に即して、絶対能照光の光被包摂に与るというべきである。

かくして救済教の立場は、罪悪そのものの非真非有性を、客観的に投影対象化することなく、一路直ちに絶対自反に徹して、そこに現実自己の罪悪性を見、同時にそれに即して、そこに絶対者の絶対能照光に摂せられる自己を見るのである。即ち救済教にあっては、その絶対自反に徹することによって、自己は徹頭徹尾罪悪より免れ得ぬもの、即ちかの地獄一乗の身と観ずることによって、その主観的内省においては、あくまで自己の罪悪性に徹しつつ、しかもそれによって却ってこれが超脱を得しめられるのである。けだし能知は常に所知を超脱し包摂するが故に、今自己の罪悪性の絶対自反に即する絶対者の絶対能照光は、よくこれを超脱してしかも融化するを得るのである。然るに今解脱教にあっては、悪よりの解脱超出は、あくまで箇に徹することによる全の一現成として、一個自全の境界を得るにあり、これを体系に即しては、即今現前の一念の全現成による宇宙的秩序への融会合一というべきである。然るに救済教にあっては、その罪悪よりの超出は、如上自己の有限力によるを得ないで、如来廻向の本願力によるとするのである。かくしてそれは、自己の徹底的罪悪感の自覚を根本契機とするが、今これを体系上に返照して考えれば、常に自己を中心として流行する宇宙的秩序に背反せんとする現前一念の根本自反に即して、我見の融化消滅を得、かくして自ら宇宙的秩序の流行に随順するを得るのは、かの「弥陀の願船に乗托して」との言が、最もよくこの趣を髣髴せしめるといえる。かくして解脱教と救済教とは、両者各おのその途を異にするとはいえ、その究竟的境界に至っては、そこに一脈相通ずるものあるを覚えるのである。即ち解脱教の立場は、一切相対の棄却超出の一境として、所謂迷悟不二の立場であるが、救済教もまたその悪人正機を説くにおいては、まさにこれと相即する絶対境に立つことを証するともいうべきであって、その究竟境は、畢竟「身心脱落」「自然法爾」の語が最もよくこれを示す。

かくして禅と浄土教とを、その典型とする解脱救済の両教は、畢竟また個における全の現成の上に生ずる様式上の対立というべきであると共に、さらにまた我われはそこに、人間性そのものにおける二種の類型を見出し得るともいえる。即ち解脱教は、個に内在する全の全現成を宗とする点において、一面これを意志的といい得るに対して、救済教の方は、全の超越的側面を仰ぐ点において、情を主とするものともいえる。ゆえに又これら両者は、これを客観界の構造に即しては、前者を時間に連るものとすれば、後者は空間に即するものとも言えるであろう。即ち意志的努力的な自力教が、長期の修業を要とするに対して、情を主とする他力教にあっては、その究竟の世界は、或はこれを浄土といいまた極楽とも呼んで、常に空間的に彼岸的投影を介して体認せられるを常とする。しかも時空は屢説のように、相即一体として無限交錯であるゆえ、意志的努力を重視して長期の修業を説く自力教において、他面かえって即今の現成公案を力説し、また究竟的境界を彼岸的に投影する他力教にあっては、その故に現世成仏を認めずして、この現世の生涯においては、正定聚の位（死ねば必ず成仏するとの位）に止どめようとする。即ち意志的時間的なるものは、それに即して即今時間超断の永生の一境への契当を説くと共に、また情的被包摂感を宗とする他力教においては、かえって現世的には、時間超断の現成ともいうべき成仏の許認を与えないのである。

かくして解脱救済の二教は、これを主観的には意志と静観との会点に成り、又これを客観的秩序に即しては、時空の会点に現成するものとして、一応両者会通の道を求め得たかに思うのである。かくして客観的なる時空の真の具体的統一は、これを主観的には、意志と静観との合一として自覚の現成たる旨は、すでに知行論その他を通して考察して来た処である。ゆえに今罪悪よりの離脱超出の徹底は、内《うち》主観の底に徹して自覚の真光に触れると共に、外《ほか》客観の奥底に徹して、時空を提げて真の全的統一としての現成でなければならぬ。しかも主客は本と相即一体である故、これらの両者は元来また同一事でなければならぬ。否すでに自覚を根本とする以上、これら両者は本とこれ唯一自覚裡における主客の両側面でなければならぬ。解脱救済という時、一応は単に主観裡のこととも思われるが、しかも我われ自身が、すでに身心の相即体であり、否、心そのものすらも、すでに主客の相即体である以上、真の解脱救済の実現は、決して単なる主観的想念裡の問題でなくして、実に全客観界との合一を如実にしなければならぬ。しかも主客の真の合一は、主観の自省による客観の包摂としての自覚の外なく、しかも主観の自省のさらに一段の徹底は、畢竟主客の一切を提げての所摂即所照の自覚に外ならない。かくしてこの常所照の自覚の現成こそ、解脱と救済との真の会点というべきであろう。

普通にいわゆる宗教的境界の理解は、ともすれば単に主観的とのみ考えられるが、吾人は如上体系的知見に照らして、これが会通を試みようとしたのであって、それは解脱といい救済というも、それが真に如実たる為めには、必ずやそれは単なる個人的主観態を破って、何等かの意味において、客観との合一を実にする処がなければならぬと考えるが故である。即ちこれを客観界の秩序体系に即していえば、何等かの程度において時空の具体的統一に至らなければならぬが故である。随ってまた解脱といい救済というも、それが真に如実たる為めには、必ずや内に何ほどかの自証を内含すべきであって、これは意志を主とする自力教においても、はた又情を主とする他力教にあっても、全然同一でなければなるまい。かくして自証を内含することが、やがてまた両者が自覚的体系を介して、その会通を得る所以であって、勿論理は通ずるもの、随ってまた他面流れ流されるものとして、体系的自証を以って必ずしも最勝とするわけではなく、各人それぞれの資質に応じて、一個の安立境に与かる可きは言うまでもないが、同時に自証の体系はその体系性の故を以て、そこにはまた自《オ》ら不動なるべき一面も具わるのである。かかるが故に、解脱教も救済教も、各おのその内含する処の自覚の体系的自証を待って、初めてそれぞれその安立する処について、真に不動の確立性に達することが出来るのである。同時に又かかる体系の有する不動性は、謂わばなおその知的体系性に止どまるが故に、他面行信によるこれが現実的基礎を得なければ、竟いにまた投影的抽象性に堕して、その不動の確実性とする処も、畢竟また単なる概念の枠となって、却って一種の幻影的浮動性に了るのである。

　かくして悪よりの離脱超出は、畢竟するに、ついに自覚の現成の外ないが、しかも自覚の本来は屢説のように常所照の自覚であり、しかもこれ最現実的には、実に我がこの現実生命の直接的淵源への、回光返照による所照の自覚と相即するでなければ、未だ十分にその真を得たものとはいい難いであろう。同時にこの事はまた自覚の真の実現は、現実の客観界の具体的秩序への参加として、自己の現前一念に会する時空の自覚的統一を要とすべきを意味するのである。しかも時空は具体的内容的には歴史と社会であり、そして歴史と社会の最現実的なる会点は、ついに国家の外にない。ゆえに人間的自覚の真の実現は、所照の自覚が自己と共に、父子祖孫一系の生命の絶対的淵源に返照するところに成立する。かくしてかかる溯源的自覚と所照の自覚との相即融会にこそ、真の自覚は成るというべく、かかる自覚に照らして、これが実現としての行為が、時空統一の真の具現たるの意義を有するに至って、初めてその真に達するというべきである。かくして善悪の問題も、これを最具体的には、ついにわが現実生命の根本的能生者への返照に即して、始めてその究竟的具体性に達するというべきであろう。

七　実在と歴史

一

以上この書は、冒頭以来、哲学上の主要問題に即して、それぞれの角度から眺めた唯一実在に関する考察であるが、そこに共通するものは、その何れもが、超時間的立場にたつ点において相通ずるといえる。即ちその何れもが、所謂「永遠の相の下に」観ぜられた実在の実相たる点においては同様である。もとよりその不十分なことは言うまでもないが、ただその方向としては、一応これを形而上学的と言い得るかと思うのである。併しながら実在の考察は、ひとりこれのみでは終らぬのであって、そこには更に時間的展開ないし実現も、一つの重要な考察の対象というべきである。即ちそれは広義における歴史の立場であり、同時に歴史は、これを絶対根底たる実在の自己顕現として見る時、そこに所謂歴史哲学なるものが成立するわけである。かくして形而上学とは、超時間的永遠の相の下における実在的生命の考察であり、これに対して歴史哲学とは、人間的努力を通してその時間裡への顕現の考察と言い得るであろう。かくして形而上学と歴史哲学とは、謂わば実在的生命の動静の両面を、最も根本的に考察するものとして、哲学上の二大部門というべく、またその二大対立を為すとも言えるのである。故にその根底として形而上学を予想しない歴史哲学の空疎なことは言うまでもないが、同様にまた歴史哲学を含むことのない形而上学も、その内容は乏しからざるを得ない。今ここには歴史哲学の細叙に立ち入るのがその本意ではないが、如上の意味からして、一応その位相を概観するの要があると思うのである。

そもそも形而上学的立場は、前述のように超時間的永遠の立場である故、そこでは人間の時間的努力の実現も、これが道程としての過程的考察は為されず、随ってそこでは、ともすれば自然界の自然的現象も、人間的現象も、人間の自覚に基づく自覚的努力も、皆一様に観ぜらるかの趣がある。飛矢の飛矢たる趣は、これを横からその進行について見る点にあるというべく、もしこれを縦に無限大の距離から観ずるとしたら、飛矢も頑石も等しくこれ一点たるに過ぎない。なるほど形而上学的考察も、一面からは実在の次位段階を認め、またその無限なる相互聯関を認めはするが、畢竟これを大観すれば、いわば無限大の距離からの静観とも称すべきであり、随ってそこには、個における自覚実現の段階差等よりも、むしろ自覚そのものの無限性が、主としてその考察の対象とせられる。随ってそれは、自然と人為とを打ち貫いた絶対静観の立場とも称すべきであって、無限なる時間裡の人間努力を透過し了って洞観せられる永劫不変の実相の顕彰を念とする。ゆえに形而上学的考察の前には、すべての人為は大自然と共に、永遠なる神的理法の顕現でありその象徴に外ならず、随ってここでは、両者の別は必ずしも絶対的とはせられない。

然るに今一転して歴史の立場ともなれば、これは人間的努力を専らとする立場であり、随ってそれはまた人間努力を、単なる自然現象より峻別しようとする立場だというべきである。形而上学的立場からは、個体はすべて絶対者の絶対的自己限定の所産であると共に、個体自身もまたその自己限定を可能として、その限定における能・所の相即一体裡に、個体的存在があるとするのは屢説の通りである。かくして個体の自己限定は、同時に個体と個体との相互限定の謂いであって、ここに万有の無限聯関の動的側面を見ることが出来る。以上は個体の実在性の次位いかんを問わず、一応は一切の個体について言えることであるが、しかも現実の立場にたてば、人間以下の動植鉱物のそれと、意識的存在としての人間とにあっては、その自覚の段階において、全く天地霄壌の差があると言わなければならぬ。石と石との相互限定は、引力相引く程度を出で得ないが、いま人間対人間の相互限定にあっては、それは或は一世の聖哲の自覚の継承たり得ると共に、また世界大戦の一誘因ともなり得るのである。かくして歴史の立場は、形而上学の立場が超現実的なのに対しては現実的であり、随ってまた前者が自覚無自覚を、一如に大観する静観の立場であるに対しては、これはその実現の次位と段階とを重視する立場である。

上述のように形而上学の立場は、また事質諦観の立場として、これを理の静観の立場と言いうるに対して、歴史の立場は現実的実現の立場として、これを事の立場ということが出来る。故にまた前者が諦観の一如平等性を主とすれば、後者は現実的実現の立場として、特殊具体の立場ということも出来る。併しながら吾人がここに考察しようとするのは、歴史そのものの内容ではなくて、まさに歴史の立場そのものであり、さらには実在を背景として、これが位相を概観しようとするにある。即ち単なる歴史的事実の記述の立場ではなくして、歴史の位相の静観としての所謂歴史哲学の立場である。そもそも時間的なものは、すでに述べたように、超時間的なる永遠の自己限定というべきである。随って時間裡における歴史の立場は、本来それ自身によって存立し得るものではなくて、必ずや超時間的なる永遠の自己限定という意味を有しなければならぬ。同時にかく考えること自身が、すでに単なる歴史の立場を去って、歴史哲学的立場にたつものと言ってよい。かくして又われわれは、形而上学と所謂歴史学との橋梁として、歴史哲学の位置を考えることも出来るわけである。現に歴史的自覚の徹底によって、自ら歴史哲学的考察に到り得ると共に、形而上学的思索の動的現実的展開は、すでにヘーゲルにおいても見られるように、必然に歴史哲学を生むわけである。

前述のように、時は永遠なるものの自己限定であるが、同時にまた逆にわれわれは、時の自覚の徹底によって、そこに永遠なるものに承当することも出来るわけである。所謂「限定の限定」がこれである。限定の限定とは、限定における制約の否定を通しての能限への復帰であり、即ちまた限定の自覚的還元でもある。かくしていま時間的限定におけるこれらの両面よりして、歴史を超時間的なる絶対的生命の自己顕現と見る立場と、人間的努力による絶対的生命の実現と見る立場とを生ずる。即ち絶対なる「天」を主とすれば、歴史は人間を通してのその顕現といい得るが、いま「人」を主とする立場にたてば、歴史とはまさに人間的努力の極、ついに「天」と交わるに至るものとも言うことが出来る。かくしてその「天人合一」たる点においては一つであるが、天を主とするか人を主とするかによって、その趣を異にする。かくして広義の歴史の立場の特色は、後者即ち人を主とする点にあることは言うまでもないが、しかも歴史と歴史哲学とを別かつとすれば、前者が人を主とするに対して、後者は天を主とするものと言うべきであろう。併しながら、人を主とするといっても、人間的努力の終局的源泉は、畢竟じてまた自覚による絶対生命の顕現たるの外なく、同時にまた歴史が人間的努力に即する実現である以上、絶対的生命といってもこれが自覚的実現は、必ずや人間的努力を通して行われるの外ない。即ちこれを要するに、歴史は天・人その何れを主とするも、畢竟互に相俟って、天・人合一の具体的実現の道程そのものという外ないであろう。

かくしてわれわれは、如上の考察よりしてまた、かの歴史の合理性非合理性の問題を考えることも出来るわけである。近時歴史哲学を口にするもののほとんどが、歴史の非合理を説くが如くであるが、これ人間的立場を主とするゆえ、その絶対的根底たる実在の絶対合理性を明かにしえない処から来る必然の結果と言うべきであろう。歴史的実在については、われわれ有限的理性の立場からは、もとより一々の出来事に関して、その合理性を悉くすことは不可能である。かくしてこれを内容的には、一応非合理的とするも当然と言うべきであろう。併しながら絶対者の本質が全知即全能として、その内容が宇宙そのものである限り、一切の歴史的事件はその根底において、絶対合理即絶対必然とすべき処がなければならぬ。勿論ここに絶対合理即絶対必然というは、もとよりわれわれの有限的理性を以って、形式内容共にこれを窺い得るとの謂いではないが、同時にまた有限的理性といえども、それが理性である以上、その理性たるの実を実現して絶対自覚の立場にたてば、歴史的展開の跡は、必ずしもこれを、単なる非合理的偶然性の集積とのみ見るべからざることに目覚めるわけである。勿論これには、前述のように、歴史の跡を観ずる者自身が、何よりも先ず自覚者たることが要とせられる。けだし歴史の絶対合理性の消息は、自覚の心鏡裡においてはじめて映現すべき事柄だからである。

前述のように歴史の絶対合理性の一面的消息が、自覚の心鏡裡に始めて映現するものとすれば、如上歴史の絶対合理性の諦観は、何よりも先ず個人の歴史において最も瞭かなはずである。けだし個人の歴史はその生涯の終末が、万人等しくその絶対的なる本原的限定として決定せられて、常に一完結を呈するが故である。いまわれわれが、未だその人生途上の進行の只中にありながら、尚よくその自覚においては、自己に関わる過去一切の事象の絶対的合理性を信証し得るのは、なるほど自己の一生そのものは尚未完結であるとはいえ、しかもわれわれは、自己に先き立つ幾多の先人の生涯を、その完結態において把握し、これを自らの生涯の自反への自覚的媒介とし得るのみならず、それらの先人の生涯は、これを大観する時、その年齢の現実的制約に即して、そこには万人に通ずる定型すらも見出し得るが故である。

然るに今個人を超えて国家民族の歴史ともなれば、そこには個人の歴史と異り、終末完態の必とすべきものがないわけである。なるほどそこに栄枯盛衰はあるが、しかも一個の民族的生命は、個人の生命の如くその本原的限定による絶滅を必としない。少なくともその趣は、個人のそれとは全然異るのであって、ここに歴史の非合理性の主張の重大なる一根拠があるということが出来る。況んや今一民族の歴史を超える世界史そのものともなれば、現実としては全くその終末の言い得るものはなく、随ってこれが完結的把握は、如何なる意味においても、絶対に不可能という外ない。所謂歴史の非合理性の終局的根拠は、実にここに存するといってよい。

かくして今一個の民族の歴史も、これを具体的な個々の事実に即いては、もとよりその意義は悉し難くて、非合理と称する外なきものが多いのではあるが、しかも自覚は一面その自覚性の故を以って、時空的には一時一処に限定せられる外ない渺たる一個人の自覚裡にも、その根底には、全的調和聯関の可能を信証せしめるものがあるともいえる。しかもこれ、もとより一個の限定的角度よりの影現に過ぎず、随ってそこには十分なる意味にて、その必然的意義を明かにし得ない諸もろの史的事実のあるを免れぬことは屢説の通りである。しかも自覚の自覚たる信証の故を以って、根本的には絶対なる無限光海裡に、一切事象の光被照徹せしめられるべきを信ずることが出来る。かくして一々の歴史的事象の有すべき必然的意義の認知は、これを認識の立場からは、一個の卓越した史家、ないしは歴史哲学者を要とすべく、現に西欧ではかのヘーゲルの如きはその一人と言い得るであろうが、しかもそれが信証に留まるべきことを忘れて、信を喪失して証そのものに徹しようとすれば、これすでに人間的分際を超出せんとするものであって、その真を失うことあるを免れぬ所以である。これかのヘーゲルの偉大を以ってしてもその歴史哲学は、その根本方向としては、まさにかくあるべきでありつつ、しかもその個々の記述については、間々強弁歪曲の譏りを免れ得ないゆえんである。が同時にまた実現の立場からは、われわれは一個の偉大なる魂の出現によって、部分的には常に非合理性の光被せられてゆくを見るのである。かくしてわれわれは、未だその必然的意義を瞭かにし得ない一個の史的事象については、これが理解認識としては、一個の卓越せる歴史哲学者の出現を俟つというべきと共に、さらにまた実現の立場からは、それを契機として一個の深大なる経綸の大才の出現に俟つというべきであろう。

かくしてわれわれは、今一人の個人としては、ひと度自覚の立場にたてば、自己の今日まで歩んで来た一切の歴程が、すべてこれ自己の今日あるを得るために絶対必然だった趣を、その一々について身証し得ることは、いやしくも自覚の一端に触れたほどの人ならば、何人も首肯しうる処であって、自覚とはかかる点からは、またこれを一切過去の全的肯定というべきでもあろう。然るに今一個の民族の歩みともなれば、これが信証に至っては、如実には単なる一人の力を以ってすることを得ないで、実に卓れたる史家の自証の光に俟たなければなるまい。けだし自己の過去は、その幼少時を除いては、一応何人もこれを直接自証の鏡面上に影現せしめ得るとしても、一個の民族の歩みに至っては、幾多の先人の記録に基づく歴史叙述によるの外なく、畢竟これ卓れたる史家の史眼に俟つ外ないからである。併しながら一個の民族国家の歩みは、当該民族がその自覚的実現としての国家組織を有する限り、その歩みは一貫的統一的の持続を保し得るが、いま世界史そのものに至っては、かくの如き全的統一としての世界国家が実現せられない限り、その歴史的展開における統一的把握は、根本的には不可能という外ないであろう。かくして今顕現の立場としては、世界史は一応これを神的生命の顕現といい得るであろうが、これを実現の立場としては、神的生命の実現は、全世界史を背景とするそれぞれの民族国家の歩みを焦点とする相互聯関的諧調による外ないことを知るべきである。

二

先きに個体は絶対者の絶対的自己限定の所産であると言ったが、これもとよりその極小の一面に即いていったに過ぎないのであって、絶対者の絶対的自己限定は、絶対的創造としてまさに極大而極小、極小而極大なるものでなければならぬ。即ちこれを小にしては、一個の個体の創造すら、尚かつ極小とするに足らず、一個の極微個体といえども、これを構成する無量の極微要素より成る点からは、無量創造裡の一合成体として、まさに一小宇宙ともいえるであろう。かくして絶対者の絶対的自己限定としての造化創造の極大なるものは、言うまでもなく宇宙的限定そのものであって、この点からは創造者としての神は、宇宙そのものを超越するとすべき一面があるとも言えるであろう。古来神と宇宙との関係については、両者を全く同一視して、神の宇宙への全内在を説く所謂汎神論の立場、並びにこれに対して、宇宙を神の所造的内容として、神に内在すとする万有在神論《パンエンティスムス》との二種に大別し得るが、要するにこれ一実に対する二様の見解とも称すべきであって、畢竟するにその内在に即して見るか、はたまた超越に即して見るかの差に過ぎない。併しもし汎神論において、神の単なる宇宙への内在面のみを認めて、その超越的側面の有るを認めぬとしたら、これ厳密には神の絶対性の拒否というべきであろう。けだし宇宙そのものは絶対者の造化の所造として、必然に神に内在包摂せられなければならぬが故である。これ絶対者を、単に個体的限定における相対的能限面に局限しようとすることへの異論を生じうる所以である。

かくしてひとり個物のみならず、世界そのものが神の造化創造の全的内容であり、随って万有は、それが神の絶対的自己現定の所産たるにおいては、一切が同時限定・倶時現成というべきである。故にまたその意味からは、かげろうの儚なき生涯も、悠久なる世界史そのものも、まさしく全的に相等しいというべきであろう。同時に絶対的自己限定は、他面その絶対性の故に、無量種段階の限定を層々無尽的に含むわけであって、これを個体の側からは、個体の無量なる自己限定というべきである。われわれはすでに、生長すら為し得ない鉱物の自己限定と、植物のそれとの間には、重大なる差を看過し得ないが、この差は人間と自余万物との差に至って最も重大といえる。かくして世界史はその外延上からは、全宇宙史上まことに渺たる一点にも比すべきこの地球上の出来事に過ぎないが、しかもひと度内包的には、実に全宇宙史そのものさえも、内含する処があるとも言えるであろう。否、宇宙史というが如きも、われわれ人類にとっては、実に世界史を通して始めてその意味を有ち来たるという外ないとさえいえる。かくしてこれを外延的には、小は大の中に包摂せられる外ないが、ひと度内包的立場にたてば、外延上大なるものが、却ってより小なるものの中に包摂せられるのである。

かくして世界史そのものが、絶対者の絶対的自己限定の一主要顕現というべく、われわれはもとより、天体の運行そのものの上にも、絶大なる神の栄光の片影を窺い得ること言うまでもないが、興亡起伏果てしなき世界史そのものの上には、さらにより深大なる神の摂理を読むことが出来ると思われる。これヘーゲルが、かの世界史を以って弁神論の事実的実証とし、自らの歴史哲学を以って、ライプニッツの弁神論の実証的展開としたゆえんである。この事はさらに又古来東洋にあっては歴史は鑑とせられ、古来幾多の国々の栄枯盛衰・興亡起伏の跡を観ずれば、何れも皆然るべき所以を瞭かに観じ得るわけであって、これ古来史が経と並んでこれと相即し、経史一体として史が常に経の普遍の理の実証的意義において重視せられて来た所以である。かくして前に述べたように、ヘーゲルが自らの歴史哲学を以って、ライプニッツの形而上学の実証的展開としたのも、畢竟これとその意を同じうするものであり、即ちそれは経の理の史的展開における実証に外ならず、その意味からは、その展開の様式は全くその趣を異にするとはいえ、ヘーゲルの歴史哲学の趣意は、これを東洋に求めれば、かの孔子の「春秋」におけると本《も》と同意であるとも言い得るであろう。かくしてまたわが国の記・紀に至っては、自余の国々のように、経を外に予想しての史ではなくて、実に経そのものを内包する史たる点において、如上の理の一層徹底した具現とも言えるであろう。

さて上述のように、世界史そのものが、実は最も深奥なる造化の所産というべきである。造化創造という時、人はともすればこれを、単に自然物の上に限ろうとする傾きがないわけではない。なるほど自然物の生成も、もとより絶対者の絶対的自己限定の内容であって、一木一草、一虫一魚にいたるまで、一つとしてわれわれ人間のよく創りうる処ではない。併しながら、これらの自然物を素材として、深く立体的に人間文化の世界を建立する歴史的世界は、さらに深奥なる意味での造化の世界でなければならぬ。かくしてこの意味からは、自然界の創造を以って第一次的創造とすれば、われわれ人間の歴史的世界の創造は、まさに第二の創造というべきである。普通には第二の創造といえば、芸術家の芸術的創造を意味するとせられるが、それはその形式上の完態から言うことであって、もとよりその意味なしとはしないが、同時にこれをその内容の上からは、歴史こそ真に第二の創造というべく、かかる第二の創造によって、第一の創造も始めてその無限の真意を開示して来るというべきであろう。かくしてまた、かかる第二の創造としての人間の歴史的営為こそ、げに神の創造の真中心であるとの見も立つわけである。また現にかかる立場から、近頃「歴史的実在」の話を用いて、歴史的実在こそ真実在だとする見解もあるようであるが、これ如上の立場にたつ人間の歴史的努力の強調の立場と解すべきであろう。

もとより人間的努力も、これをその絶対的根底より見れば、絶対者の絶対的自己限定より洩れるものではなく、いわんや人間の歴史的努力というが如きも、無量なる第一次的創造の範囲から離れえない以上、単なる歴史的実在を以って真実在とするは、人間的努力の強調に傾くものといわねばなるまい。特に歴史という言葉は、それが時間裡における展開を意味する以上、その顕われた処は常に動き流れる相においてであり、随って単なる歴史的実在を以って、真実在と為す可らざることは言うまでもない。ただ実在の秘奥は、もとより一木一石の裡にも窺われるが、しかし興亡起伏果しなき人間の歴史的努力の跡を大観する時、さらに一層その深意の示現されるを見るとの意味においては、また深く省察すべきもののあることを認めざるを得ない。げに天地の深意も、われわれ人間の自覚を通して始めてその真に到り得るとすれば、かかる人間的自覚の伝承深化たる歴史的実現を通してでなければ、天地の深意も竟いにこれを窺うに由ないとも言えるであろう。かくして単なる歴史的実在が真実在とはいえぬとしても、同時にまた真実在は、歴史を通して始めてその真に触れるといい得る一面がある。即ち全歴史的展開を逆観してその絶対的源頭に承当する時、天地の心も始めてその深き秘奥を示現するといえる。勿論歴史は歴史として、これをその時間的展開の流に沿って大観すべきは言うまでもないが、しかし単にかかる順観に止どまる限り、未だ十分に歴史の絶対的根源に承当するものとはいい難いであろう。即ちそこには、翻身一転、全歴史的展開の一切が、今日ここに如是現前のこの自己の上に焦点を結ぶものとして逆観する時、そこに始めてわれわれは、真に歴史を一貫する根本生命に触れうるのであり、またそこに真実在の秘奥にも触れ得るといえるわけである。

今歴史の深意を斯くの如く見て来る時、われわれは単なる普遍的世界史のみをもって、真の歴史とすることを躊躇せしめられるわけである。即ち歴史が真に歴史たり得るためには、それは一個の自覚的統体の歩みという意味を持たねばなるまい。即ちそこには何よりも先ず、精神の一貫不変的なるものがなければならぬ。単なる時間的展開のみであれば、これは流転ではあっても、真の意味における歴史とは言い難いであろう。かくして歴史が真に歴史たり得るためには、必ずやかかる展開の底をつらぬいて、常に不変的なあるものの常持続がなければならぬ。さればこの意味からは、歴史の真は単に漠然たる普遍的世界史の上にのみ見られないで、却って一国家の歴史の上に見られるとも言えるのである。否世界史という時、それは畢竟するに、歴史哲学者の抽象的概念に過ぎないとも言えるのであって、如実なる世界史そのものの全的把握は、古未来だ如何なる史家によっても、実現せられてはいないと言うべきであろう。近時かのウエールズ等の世界史と銘打ったものがないわけではないが、しかもそれは、未だ真に統一的なる一貫的理念の展開を跡づけたと言いうるものではない。即ちそこに見られるものは、それぞれの国家及び民族の並列交錯的叙述に過ぎず、しかもそれは、白人の一人としての彼の手に成ったがゆえに、畢竟するにこれ白人的観点に立つ白人種の歴史的展開の跡づけというべく、これあたかも普遍的なる世界史の哲学たることを自負したヘーゲルの「歴史哲学」においても、東洋はその最古の一時代を、謂わばお義理的に一瞥したに過ぎず、かくして結果的には、畢竟じてついに西欧的な歴史哲学たることと同前といえる。

かくして普遍的世界史の十全なる把握は、有限存在としてのわれわれ人間には、根本的には不可能というべきであって、畢竟真の世界史は神の有というの外ないであろう。勿論かく言うことは、決して世界史的叙述の意義を否定しようとするが如き意志は毛頭無いが、同時に某々国家民族を本位とする各国民史の単なる歪曲的並列をもって、普遍的世界史等と誣《し》いる者があるとしても、何らこれに盲目的に聴従すべきでないと共に、歴史の深さは一つの国家民族の歴史的な歩みを通して、始めてその真に達し得ることをいうに外ならない。勿論ここに一国家の歴史といっても、それは言うまでもなく、単に自国の歴史のみを捨象し孤立せしめた所謂自国史を意味するでないこと、もとより言うを要しない。真の自覚が、如是現前の自己を中心とすべきである以上、真の歴史も自国史をその中心とすべきことは論を俟たないが、しかし同時に一民族の真の自覚的展開の歩みは、常にそれと交渉聯関を有する他の国々の歩みに返照して知られるのであり、さらには純然たる他国の歴史すらも、我にとっては大いに他山の石とすべきものが、ないわけでもないであろう。我が国の徳川時代における一般の史的教養は、周知のように主として支那の歴史書によったものであり、随ってそこには、もとよりそれだけ自国史に対する知識の欠除の否み難きもののあったことは事実であるが、しかし同時にまた、よし他国の歴史とはいえ、一国の歴史、特にその具体的なる叙述に接することによって、そこに歴史を通して与えられる深大なる人生普遍の教訓を受けたところも少なくはなく、さらには翻ってわが国史の上に返照した人々さえ少なくなかったことは、たとえ他国の歴史といえども、とにかくに一国の歴史に深詣することは、やがてまた自国の歴史に返照し来たるべきことを示すものと言えるわけでもある。かくして今歴史の真は、世界史を背景とするその国の歴史にあるとすることは、けっして排他的に一切の他国の歴史を却《しりぞ》けようとするので無いこともとより言うまでもない。いわんや、たとえ平面的羅列的であって、そこに真の統一主体を欠くからといって、いわゆる普遍的な世界史の意義を否定する意図は毫末もないといってよい。ただ言おうとするのは、ただ漠然と単なる「世界史」という普遍的な言葉に魅せられて、如実なる国史の内容を無視する所謂歴史哲学者に対して言うまでである。かくして今邦人にあっては真の歴史哲学は、単なる西欧の歴史哲学書の比較研究のみからは生まれず、その為には先ず翻身一転、自らの民族国家の歴史的生命の大流に身を投ずべきであろう。

勿論かく言うことは、普遍的世界史の存在を否定しようとするでないこと、上来屢説の通りである。否、事実としての世界史は、悠久なる太古より、刻々その歩みを進めてもって今日に及んだものであるが、唯その自覚的把握としての歴史叙述は、われわれ人間の有限知の現実としては、その十全を期し難いことを言うまでである。かくして神の懐には、全世界史、否、全宇宙史そのものが、一瞬の間断もなく記録せられつつあるわけであるが、唯有限なるわれわれ人間における歴史的現実の把握としては、一個の自覚的統体を中心とせる一貫持続的歩みでなければ、厳密なる意味での歴史認識とは成り難いことをいうまでである、しかも真の自覚は、常に普遍的なるものを基盤として、これに回光返照せられることを要とする。ゆえに今一個の民族におけるその歴史の意義も、全人類の理念に返照せられることなくしては、その真を得難いと言わねばならぬ。例えば現に我が国にあっても、その民族的使命の自覚は、自らの存在が世界人類に返照して、如何なる意義を有するかを知るに至って、始めて真に自覚的となる。随ってその意味からは、我が国の歴史も、それが世界史を背景として、自らの真意義を自覚するという点からは、真の日本史は、まさに今日に出発するともいうべきであろう。同時にこの事は、やがてまたわが国の学問も、その真の第一歩は今日に始まるということと、まさしく相応ずるといえるであろう。

三

歴史という言葉は、すでにヘーゲルも指摘しているように、史的事実と史的叙述との両義を具する。そしてこの事は、また自《オ》ら歴史的自覚における主客の両側面を示すものというべく、歴史もまた人間的自覚を離れては成立し得ないことを意味するというべきである。げに歴史的事実のない処には、何ら歴史的叙述の有り得ぬことは、今さら言うまでもないが、同時に何らの史的記述もない処には、もとより十分な意味において、その歴史性をいうことは出来ない。なるほど、有史以前と称せられる時代にも、時の経過が無かったわけではない。しかも時の経過を自覚せざれば、未だ歴史的自覚は出現せず、さればまた歴史的自覚のない処に、史的叙述の成立し様はない。かくして歴史叙述の成立は、何よりも瞭かに歴史的自覚の出現を語るというべきである。けだし自覚は、それがある程度に徹すれば、必然そこに自らを表現して来るべきであって、いま歴史的自覚においても、それがある程度の深さに達すれば、そこには必然に自らを歴史叙述として、表現して来なければならぬわけである。随って今歴史叙述がないからとて、厳密には、もとよりそこに何らの歴史的自覚もなかったとは言えぬが、同時にまた、未だ歴史的叙述に至らない歴史的自覚というものの程度の程を知るべきである。けだし自覚は常にその表現と相即すべきことを、その本質とするがゆえである。

もとよりわれわれは、歴史的叙述に到るまでに、すでに何ほどかの程度の歴史的自覚を予想すべきである。けだし自覚は一面飛躍的であると共に、また他の一面、常に連続的持続的なるがゆえである。ゆえに自覚において、その飛躍的一面のみを見て、その連続的一面のあることに気づくに至らないのは、未だ十分に自覚の真に至らざるものと言わねばなるまい。我が国の歴史叙述の最古は、周知のように古事記及び日本書紀であるが、しかもそのうち日本書紀は、その編集の形式において、それまでに至る多くの伝承並びに古記録の一大集成たることは、特にその神代巻における「一書曰《ニク》」の文字によっても想見せられるが、しかし古事記もその外形の上からは、一人の稗田阿礼の記憶の叙述とはいえ、そこには阿礼に至るまでの悠久なる時の経過における、無量の歴史的自覚の断片として、伝説口承等の集積を予想せざるを得ない。即ち阿礼の口述は、彼女に至るまでの口承伝説の記憶による集積そのものであって、決して彼女一人の個人的作為による想像構想などでないことを知るべきである。かくして聖徳太子による「天皇紀」を始めとして、我が国の最初の歴史叙述は、不幸にして今日に伝わらないが、しかし、当時全然異質の文化だった儒仏の二大文化への接触は、やがてそれらに触発返照せられて、自国の古聖先王の道に還えらしめられた所以であって、これ実にわれらの民族における歴史的自覚の第一声として、まさに特筆大書すべきものがあると思われる。

しかしそれについても思わしめられることは、記紀の出現した時代は、これを今日より考える時、まさに国初より現代に至るまでの、ほぼ半ばに近い時代だという一事である。これ今さら事新らしく言うまでもない事ながら、われわれはここに歴史的自覚の出現の如何に容易でないかを、今さらのように感ぜしめられるのである。けだし自覚の困難については、一人の個人においても瞭かであって、われわれは自己自身の存在すら、この地上への生誕と同時には自覚し難く、われわれがその一応の自意識に達するさえ、生後かなりに長い日子を要するのである。これ人間が古往今来、直接自己の面を見ることの出来ないのと共に、われわれ人間の有限性の二大根本制約ともいうべきである。即ち現在直下の自覚の不尽性は、これが時間的投影としては、畢竟するに自らの生誕そのものに対する無知とも言えるわけである。同時にこの事は、さらに個人を超えてこれを見ても、如何なる公共団体といえども、その成立と同時にその事業の歩みを記録したものはなく、その歩み来った足跡への反省は、その団体の成立後、かなりな歳月を経過した後であるのを常とする。しかもそれすら多くは、その間一貫の歩みを続けて、相当の成績を挙げたものに限られるともいえる。かくして今民族の自覚的組織としての国家の場合にも、その真の自覚は、事実として相当の期間、一貫的な歩みを継続した後のことであるべく、我が国の歴史といえども、もとよりこの普遍の理から洩れるものではあり得ない。この意味からは、歴史叙述以前に、歴史的事実の儼存することを認めるのは言うまでもないが、さらには歴史的自覚以前にも、厳密には尚若干の歴史的事実の存在が認められるともいえるであろう。

かくして歴史叙述に先行して、多少の歴史的事実の存すべきことについては、一応異論はないとしても、さらに一歩を進めて、歴史的自覚以前にも、すでに多少の歴史的事実があるという点については、にわかに速断を許さぬものがあるとも言えるであろう。思うに、ヘーゲルもすでに道破したように、歴史の真の初発は国家の成立であり、そして国家の成立は、一個の民族におけるる自覚的なる自己建立でなければならぬ。併しながら歴史の始源としての国家の成立が、民族の自覚的自己建立であると言うことと、それが歴史的自覚であるという事とは、必ずしも直ちに同一とは言い難い。否、国家建立における自覚は、謂わば絶対初発ともいうべきであって、所謂歴史的自覚とは異るとすべきであろう。勿論歴史的自覚といえども、それが自覚である限り、一面自覚の特質たる絶対初発性の趣を有たぬとはいえぬが、しかも歴史的自覚の歴史的自覚たる所以は、まさにその溯源即ち展開ともいうべき点にある。即ち自覚は、その絶対初発においては自立の形式をとるが、さらにその一段の深化は所謂歴史的自覚として、その淵源に溯源反応すると共に、翻ってその今日に及べる所以を跡づけるを常とする。即ち自覚の溯源性は、ひと度その絶対的淵源に承当する時、それは一面直ちに、超時間的現在の無限の直下に存すべきであるが、同時にそれはその客観的対象化として、その時間的溯源性をも含むでなければならぬ。ゆえに自覚の真は、何らかの意味においてこの溯源性、即ちまた歴史的自覚の一面を内含するというべきである。

かくしてわれわれは、ひとり歴史叙述のみならず、いやしくもそこに何らかの意味での歴史的自覚の存する限り、すでに自覚に先行せる歴史的事実の先在を認めざるを得ないと共に、かく時間的には歴史的自覚に先行するというべきそれらの事実も、それが歴史的事実と言われる所以は、実にかかる歴史的自覚の溯源的返照によるものでなければならぬ。かくしてこの意味からは、歴史的事実の歴史的自覚に対する関係は、時間的には先行先在でありつつ、その意義の認識においては、本来同時相即というべきであろう。しかもこの事は、ひとり歴史に関してのみならず、一般に広く自覚そのものについても言い得ることであって、かの造化といい創造というは、もとより一面われわれの自覚と認識を超出することは言うまでもないが、同時にまた他の一面、われわれの自覚と認識を欠いては、有るも有るにならず、随ってまた造化も造化とするに由なく、創造もまた創造の真意義を発しないといいえる。かくしてそこには自覚の有する特色と共に、またその免れ得ない根本制約とが見られるわけである。ゆえに今、歴史的事実についても、勿論一面からは歴史的自覚以前にも、その先在を認めねばなるまいが、同時にまた他の一面、歴史的自覚の溯源光の返照によって、初めてそれは歴史的事実としての意義を得るといえるのである。しかも歴史的自覚のさらに一段の徹底は、言うまでもなく歴史叙述でなければならぬ。随って今歴史的事実が真に歴史的事実たり得るのは、これを現実としては、ついに卓れたる史家の歴史叙述を介して、初めて可能というべきであろう。

かくして自覚は、常に自覚主体の自反に始まる以上、真の歴史的自覚は、民族そのものの自反によるとしなければならぬ。同時にこの意味からは、わが国における歴史の撰集は、公的には記紀として勅撰に出発したが、しかもそれ以後の歴史に至っては、ついに勅撰の継承を見ないで、それぞれその撰述主体を異にすることは、すでに周知の事柄である。即ち「大鏡」を始めとする四つの「鏡」から「神皇正統記」「愚管抄」「太平記」「読史余論」「日本外史」から「大日本史」に至るまで、数多くの歴史叙述を持つわけである。同時にこの事は、逆にまた真の歴史の焦点は、それぞれ世界史を背景とする自国の国史に存すべきであって、かの所謂普遍的世界史と呼ばれるものは、全人類にとってその理念ではあるとしても、現在のところ未だ十分なる意味において、現実たり能わぬことを示すものでもある。けだし歴史的自覚が、一個の自覚的主体を予想すべき限り、「世界国家」の建立が、現実には尚不可能とせられる現在においては、全人類の歩みも、これを勝義における「世界史」として把握し表現することは、厳密には尚不可能としなければなるまい。もちろんかく言うことは、世界史への努力を無意義などというのでないことは言うまでもない。否その意義の重大さを認めるだけに、却ってそこには現実的に不可避な、われわれ人間の根本制約の看過すべからざるを言うまでである。もとより一国の歴史の把握も、現実の一国家が世界的聯関を離れぬ限り、それは常に世界的関聯を背景とすべきであり、随ってまたそれと相即する世界史的展望を予想すべきは言うまでもない。ただ言おうとするのは、所謂普遍的世界史というは、これを哲学的思惟の対象としては、勿論概念的にその本質を論ずることは出来るとしても、その内容に即する具体的な歴史叙述としては、世界国家の成立を見ない限り、厳密にはなお不可能というべきかと思われる。

かくして以上を要約するに、歴史の本質は、そこに生命の一貫的あるものの自覚的展開を予想するということである。即ち歴史の歴史たる所以は、何よりもそこに一貫的なるものの持続的発展がなければならぬであろう。もちろんかくはいっても、現実としては、そこに一張一弛を免れえない事はもとより、さらには断続さえも保し難いともいえるであろう。だがそれにも拘らず、それが歴史といわれる為には、何らかの趣において、そこにはある一貫的なものがなければなるまい。かくして人類にあっても、未だ国家を形成するに至らない間は、よしそこに断片的な文化の語るべきものはあるとしても、畢竟歴史を形成するに至らないことは、すでにヘーゲルも言う処である。然るに今人類そのものの理念に至っては、その把握と認識の様式は、決して一様的な限定を許されないのである。キリスト教を奉ずる西欧諸民族は、それを理念とする現実界の統一建立を夢想し、そこにその角度からの世界史の叙述を可能とするといえるが、しかし西欧そのものにおいてさえ、キリスト教の出現以前、すでにギリシャ文化があるのであって、これら両者の統一は、必ずしも唯一者の持続展開とはいい難いのであり、現に西欧近世の哲学思想は。ある意味ではこれら両者の統一への努力と見ることも出来る。西欧自身において、しかもそのうち単に思想信仰のみに関してさえ、すでにかくの如くである。同じくキリスト教国でも、周知のように旧教国と新教国とでは、著しくその趣を異にする処があり、また旧教国相互の間、並びに新教国相互間といえども、その現実的統一に即いては、それぞれその趣を異にして、必ずしも一様とは言い難い。いわんや世界にはキリスト教国ならぬ幾多の民族国家の存在するにおいておやである。

かくしてわれわれ人間の歴史的自覚は、全人類の打成一丸的な組織としての、所謂「世界国家」の歩みとしての歴史的自覚は、全的溯源たることを得ないで、常に自らの所属する民族の自覚的組織としての国家を通しての溯源的自覚の外ないわけである。勿論その際自覚内容としては、単に自国の歩みのみでなくして、自国を中心とする全世界的聯関たるべきことは言うまでもないが、同時にかかる世界的聯関の中心を為すものは、現実としては、依然として自らの属する国家でなければならぬ。かくして世界史の内容は、これを現実には、それぞれの国家を中心とする無量の渦流に即して展開せられつつあるというべきであって、決してこれを単に一様の平板なる一大流とのみ見ることは出来ない。否現実の事実としては、仮りにこれを全一的唯一大流であるとしても、その如実なる自覚的把握はついに不可能という外ないであろう。われわれがここにこの点を力説する所以は、単なる「世界史」という名称の有するその形式的普遍性のゆえに、ともすればその抽象的無内容さに気づかぬ点を恐れてのことである。かくして現実における世界史の把握は、自国の歴史的歩みを中心として、自国と聯関の多い世界の主要国家間の相関的関係裡に展開せられつつある世界史的大流の把握の外なく、随ってそれは所謂普遍的世界史そのものではなくて、自国を中心としつつ世界史的展開裡にその主要な役割を演じて来、また現在も演じつつあるそれぞれの国家及び民族の歴史との相互聯関的把握の外ないのである。かくしてわが国の国勢が、近時この世界的聯関裡に占める意義は周知のように重大であり、特にそれが有色人種の台頭の指導的位置に立ちつつあることは、その歴史的自覚において、まさに空前とも言うべきであろう。

四

歴史的自覚も、それが自覚である以上、必ずやそこには何らかの意味における歴史的実現を予想すべきと共に、また現に歴史的実現として自己を現じつつあるのである。同時に歴史的実現もそれが実現である以上、その窮極は畢竟また自覚の実現としての行為の外にはあり得ない。しかも行為は、それが歴史的実現と言われ得る為には、必然そこに歴史的意義を有しなければならぬ。然らばここに歴史的意義を有するとは、そもそも如何なることを意味するであろうか。これを大観的には、今一つの行為が歴史的意義を有するとは、それがそれ以後の歴史的進行の上に、何らかの程度で影響する処のあるべきをいうのである。例えばこれを西欧においては、かのウォータールー（ワーテルロー）の戦の如き、ひとり奈翁（ナポレオン）の勢力の根本的失墜を意味するのみならず、それはやがて仏国の勢力の衰褪を意味し、さらにはそれ以後の西欧諸国の勢力分野をも、変更せしめる重大事件となっている。またこれをわが国に見るも、わが国の明治維新は、周知のように、初めて世界に向かって国を開いたものとして、民族として実に空前の歴史的事件というべきであろう。けだし明治維新にいたる前の約三百年は、周知のように徳川幕府による鎖国の時代であって、全くこの東海洋上に孤立独在していたといってよいのである。かくしてこの鎖国という事柄もわれらの民族にとっては、一つの重大な歴史的事実といってよいが、しかもそれ以上に重大な意義をもつのは、やはりそれに続く明治維新による「開国」というべきであろう。何となればそれは、わが国が初めて国際的社会としての世界的関聯への参加することを意味するがゆえである。

かくして歴史的事実の背後には、何らかの程度における歴史的自覚が予想せられるが、しかもその自覚の浅深と、その実現の小大とは、必ずしもその外形的一致の求め難い場合もないわけではない。かの英雄豪傑の、単なる自己中心的な欲望も、その情熱の巨大さは、よく歴史的偉業の原動力足り得る場合もないわけではなく、それは必ずしも遠く異邦にその例を求めるまでもなく、わが国の歴史の上にも無数にその実例を見出し得る処であるが、しかもその背後に湛えられた自覚の正順であると否とは、時と共に次第に明かとなるといえる。これ古来東洋にあっては、歴史は鑑といわれて来た所以であって、その功業の外的小大の如何に拘らず、その精神のよく不滅たり得る所以である。しかもここに注意を要する点は、歴史において真に不滅の光を放つものは、単なる歴史的意義の自覚というに止どまらず、これを当人としては、まさに絶対必至の一道を辿ったものというべく、即ち歴史的自覚の背後、直ちに絶対的自覚に直接するものでなければならぬ。否真の歴史的自覚とは、単に個と全との直接的合一の自覚のみに止どまらず、その深化は必然に個的生命の淵源への自覚的溯源を含んで、そこに絶対生命と合一し、その無窮の絶対初発性に与かるものというべきである。

併しながら、悠久広大なる世界史の大流を大観する時、歴史の流は、単に斯くの如き絶対順正の自覚のみによって導かれては居ないのである。否、世界史を大観する時、むしろ巨大なる情熱と力の所有者の大望に基づくものが、その多きを占めているともいえるであろう。これかのヘーゲルが、「理性の狡智」と呼んだものに外ならぬのであって、彼によれば世界理性は、偉大なる情熱の所有者たる幾多の英雄豪傑をして、自らの努力が、その世界史上に演ぜられる意義を自覚することなくして、世界理性の企図遂行の犠牲たらしめられるのであり、かかる意味において、所謂「理性の狡智」というのである。これ一面如何にも現実に徹した見解の如くではあるが、しかも彼にあっては世界理性は、同時に絶対的理性として神と異名同実である以上、それに対して「狡智」という呼称を附けるのは如何なものであろうか。今もし吾人がその立場にたつとしたら、それはむしろ「理性の神秘」とも呼ぶべきかと思われるが、その何れにしても、世界史上の偉業が、必ずしも深大なる歴史的自覚にのみ発しないということは、現実認識の智慧の一面として、改めてわれわれの注意に価いするというべきであろう。これを個人としては徳と力とが、必ずしも完全に調和しないことにも通ずるというべく、また実に徳とは調和であるが、力は概念そのものがすでに、調和を得ない辺に基づくともいえるであろう。

かくして吾人は、上来歴史的自覚という語を、不用意にも混淆のまま用いて来たのであるが、ここに到ってこの歴史的自覚という語には、元来二様の別のあることを知るわけである。即ち一つは現実の歴史的実現の動力としての歴史的自覚の謂いであって、これ発しては、一個の巨大なる歴史的偉業を成就すべき一大動力としての自覚である。然るに今一つのものは、謂わば歴史叙述に即する自覚ともいうべきものであって、端的には歴史把握に即する歴史的自覚というべきである。ゆえに前者は、必ず深大なる歴史的実現となるに対して、後者は必ずしもその自覚の表現が、歴史的偉業たるの実を挙げるとは限らないのである。もっとも歴史叙述に即する歴史的自覚も、これを窮極的には、やがてまた歴史的偉業の力を内包すべきが、その本来と言えるでもあろう。げに史家も一管の筆よく三軍を遣り、千軍を叱咤するにも優る巨大な意義を発揮し得たとしたら、もって瞑すべきだとも言えるであろう。

歴史叙述の基底としての歴史的自覚は、全歴史的展開を貫く一貫的精神を把握すると共に、さらにその展開を実証するためには、種々なる史料とそれの比較考量を要とする。かくしてかの独逸西南学派が、歴史成立の根拠を、再び繰り返すことなき唯一回限り的な事件への着目に置くのは、これ歴史叙述の方法論中、史料の蒐集並びにそれの取捨選択の一標準を示すに止どまるものというべきである。即ち歴史叙述の立場においても、単なる史料の選択を越えて、全歴史的展開を貫く一貫的或る物の把握は、より根本的な標準というべく、これに比すれば、かの唯一回限り的個性的というが如きは、かかる一貫的なるものの展開を実証する為めに、史料選択上のいわば第二義的標準たるに過ぎない。いわんや単なる歴史叙述の立場を超えて、現実の歴史的実現そのものを導く根本動力としての歴史的自覚に至っては、それは歴史叙述の場合における自覚のごとき、単なる観照的立場を超えて、まさに死生巌頭に立って、乾坤一擲的な捨身の行を敢えてせしめるような信念の力でなければならぬ。即ちそれには、もとより一貫的な精神の把握を要とするは言うまでもないが、そこにはさらに、それによって照破せられる自国の現状を、世界的聯関の裡に把握して、自らの真位置を知るべきである。しかもそれは、単なる歴史叙述の自覚のような、平面的観照的な映像に止どまるのではなくて、まさに現前一瞬の決意に、自らの生命の全的投擲を期するもので無くてはなるまい。

かくは言うものの、もとよりこれは、歴史的実現の中枢核心に即いて言うことであって、さらにこれを大観すれば、無限に多元的なるこの現実的世界は、決して単なる自覚者のみによって動かされるものではないのである。これはすでに前述ヘーゲルの「理性の狡智」の語によっても明らかなように、現実界の動向は、むしろ多くの場合、偉大なる情熱の所有者としての英雄豪傑の大望野心によると言わざるを得ない。しかもさらに注意すべきは、所謂大将だけでは戦は出来ぬの喩えのように、この現実界は、ひとり中心的指導者の大望野心に導かれるのみならず、さらに又かれらに従って、その指揮下に四肢の役目を演ずる無名の大衆の、無自覚的な動きに基づく処も大としなければならぬ。故にかかる無名の大衆と合一することが無ければ、如何に崇高なる理念といえども、現実的にはその功を収め難く、この事は広く世界史にその例証を求めるまでもなく、わが国の歴史の上にも、幾多その実例を見るのである。かくして歴史的実現は、それが現実の実現である以上、無自覚なる無名の大衆の動向によって左右せられる処も、決して少なしとしないのである。

かくして今、絶対静観の立場にたって世界史を、神的理性の自己顕現の過程と観ずれば、もとより世界史は、一人の力の如何ともすべからざる大流ではあるが、ひと度立場を換えて実現の立場にたてば、如何に微力なりとはいえ、われわれの一挙手一投足も、理としては何等かの意味において、世界史の大流に影響すべきを知るのである。勿論これは、理の自覚の浅深の度に比例するのであって、あらゆる民族において偉大なる自覚者は、その自覚の内容を、国民の行く手を照らす導光として、樹立し顕彰するのである。同時にかく民族の歴史的実現の方途を照らす光は、必然にその民族の自覚的組織としての国家建立の根本理念に基づくのであり、随って歴史的実現をみちびく光の淵源は、必然に当該国家建立の根本精神に外ならぬのである。かくして国家建立の基石としての立国の精神は、歴史的展開の前途を照らす光であると共に、又この光は不断の歴史的展開の実証をへて、次第に洗練深化せしめられてゆくのである。歴史を単に一般的世界史とのみ見れば、人類の理念というような、漠然たる一般的理念の外にその基準はないが、自覚のさらに一段の深化は、それぞれの民族に固有な角度から、かかる普遍的な理念に如何にして貢献すべきかを明かにするに至って、それぞれ独自の具体的形相を帯びるに至るのである。同時にこれ一面からは人類の普遍的理念に貢献する途であると共に、これを現実としては、自国の展開の根本基準となるわけである。

かくして今如上の立場からわが国の現実を顧みれば、歴史的進展をみちびく根本理念は、すでに民族の原初の時代に潜在的に含蓄せられていたといってよく、爾来それは、わが国の歴史的進展の根本方向を規定する民族の根源的エネルギーとなって、今日に及んでいるのである。そしてそれは、常に如上民族の根本的淵源より発しているわけである。かりに今かかる根本的淵源を、その根本統一の純一性によって、仮りにこれを空間的に象徴するとすれば、即ちそれは記紀における神話が示しているという外なく、われらの民族の過去二千年に及ぶその全歴史的展開の根源的エネルギーは、そこに発するというべきであろう。かくして現実の歴史は、時間的にも空間的にも、その現実内容としては、無量の無自覚者を包含しつつも、そのよく今日に至ったのは、ひとえにかかる民族の根源的エネルギーが、全民族の血液に滲透偏満しているが故という外ないであろう。かくして又わが国においては、ひとりその歴史の展開が比較的順正に行われて、かの非常変革の時機に際しても、否むしろかかる場合にこそ、却ってかかる国民的理念が作用らいて、一面非常の変革を断行して、よく更始一新の実を挙げると共に、又よくその根本方向を誤らしめないで来たといえるであろう。かの江戸城の明け渡しを始めとして、維新直後に行われた藩籍奉還の如き、変革は即ち変革であっても、かの異邦に見るような、国家の根本基盤の断絶喪失としての所謂革命ではなくして、却って根本基盤の確立としての維新の大業たり得た所以である。

五

近時歴史に関する哲学的関心は異常の高揚を示し、為めに哲学とは歴史哲学の外になく、「実在」といっても、畢竟するに歴史的実在の外ないとの説をなす人々を輩出せしめつつあるが、しかし歴史の立場は、単なる理法の体系的考察のみに止まらず、他の一面には現実における相対的実現の立場ゆえ、歴史という語の意味する具体的内容について、十分明確に把持するの要がある。その点さすがにヘーゲルは、西欧近世の代表的な歴史哲学の始祖の名に背かず、彼は単に歴史或は歴史的社会的と言わないで、歴史の内容として、一面世界史という語を示すと共に、他の一面大いに国家の意義を重視して、一切の文化は、すべて国家を基盤とすべきことを力説している。かくして今歴史と言っても、その内容について何ら具体的に示すところがなく、世界史と各国民史との関係を明かにしない所謂歴史哲学論は、現実の歴史的実現の理説としては不十分なるものと言わねばならぬ。けだし世界史と国史、即ち各民族国家の歴史との関係を明にすることは、畢竟するに又世界史における各民族国家の有する使命を瞭かならしめるものだからである。

そもそもディルタイなどの影響によって、歴史を社会と相即せしめて考えることは、一面からは大いにもっともであって、即ち現象的な自然認識の立場を一段と深化せしめる時、そこに具体的時空の内容として、現実の歴史及び社会の相関関係を見るに至るは、まさに当然というべきである。併しながら単に歴史及び社会というのみでは、その意義の明瞭を欠くところがあると言うべきであろう。何となれば今特定の限定がない限り、この歴史的社会的という語は、これをその内容に即しては、畢竟するに世界史及び世界的社会の義に解するの外ないからである。またその際社会を単に漠然と社会といわないで、国際社会を意味するとすれば、すでにそれだけ国家の意義を認めるものというべきである。けだし国際的《インターナショナル》とは、すでにその語も示すように、国家間の関係を認めるものであり、随ってそこには、すでにその構成単位としての国家の存在を予想するからである。併しながらそこで問題となるのは、かく社会という語を国際社会の義に解する時、これと相即する世界史との関係を、如何に解すべきかが問題となるであろう。というのも国際史という言葉には、一種の曖昧さが伴うともいえるが、それは所謂国際社会には、如何なる意味においても、歴史的主体というべきものがないからである。かくして世界史と相即すべき社会は、結局は現実的統一を有する世界国家でなければならぬわけであるが、しかも現実には、今日のところ未だ世界国家の成立を見るまでには至っていないのである。これ単なる机上の論議によって決せられる問題ではなくして、実に実現認識の浅深の問題というべきであろう。即ち存在即被限定存在であり、被限定存在は同時に相対存在たるべきは、存在そのものに免れえない最根本的制約である限り、全人類というは無対の極大存在であり、随って全人類が包摂統一せられる世界国家の成立は、遥遠なる未来の問題という外ないであろう。

そもそも世界史の意義を、国家との相関関係において最も深く把握したものは、恐らくはヘーゲルを以って嚆矢とすべきであろう。否その後今日に至るも、ついに彼に及ぶほどの歴史哲学者は出現しないかに思われるが、しかも仔細に考察する時われわれは、彼の所謂世界史の概念さえ、実はなお抽象性を脱し得ぬことを認めざるを得ない。けだし彼が世界史と称するものは、その内容からは畢竟、西欧白人種の歴史的展開に過ぎないことは、彼の大著「歴史哲学」そのものが、何よりも瞭かにこれを示している。なるほどそこに「東洋」という言葉がないわけではない。しかしそれは、単に太古の時代に関して一瞥を与えているのみであって、それ以後の所謂世界史の展開の上には、全く一顧だも与えられてはいないのである。これ思うに彼の眼には、人類史上東洋諸国は、かれの所謂古代的専制制度のままで、永遠に湮滅して忘却の淵に葬り去られたものと考えたが故であろう。事実また彼がかく考えたのも、彼の置かれた時代と国籍とを考えれば、一応もっともと考えられるのである。併しながら彼自身、自ら最高にして最終的と僭した彼の哲学体系も、その死後間もなく崩壊したように、否それにも勝って今日の東洋は、彼の時代の東洋でないことを知らねばなるまい。白人種に特有なその自負心を以って、われわれ東洋人における自覚の欠除を力説するが、しかもわれわれとしては、自覚は必ずしも彼ら白人種の独占物ではなく、いわんやキリスト教徒の専有物ではない。否、彼が蔑視して以って専制盲従とした東洋の世界にも、独自の自覚様式が存していることは、少なくともわれわれ邦人は、その悠久なる歴史を通して体認し顕彰しつつあるのである。

かくして彼の所謂世界史の内容を為すものは、畢竟するに白人中心の歴史観であって、未だ全人類を一如平等とする一切包括的な立場にたつ、真の世界史的大流を意味しているのではない。

これ前述のように、彼の属する白人種、特にゲルマン人種において著しいとせられるその先天的主我性と、他面彼の置かれた時代的制約とから来る傾向というべく、必ずしも深くとがめるには足らぬが、しかも同時に他面、それを以って世界史の絶対的真理とすべきでないこともまた言うを要しない。同時にこの点は、彼の哲学がその絶対観において、その客観的内容たるべき真の一即一切的な世界観構造を欠くことにも因由するというべきであろう。即ち彼にあっては、まさにその形而上学に相当すべき「論理学」が、意識の自覚的展開を論ずる「精神現象学」、並びに実在の時間的展開としての「歴史哲学」において、具体的に行使せられている所謂「弁証法」なるものの骨骼の論理的解明ともいうべき程度に止どまって、そこには絶対的実在の超時間的切断面ともいうべき万有の一即一切・一切即一的な無限聯関の趣は全く認められないからである。

同時にこの点は、それが現実問題に転じては、彼の世界史において、国家民族の有すべき使命の見方の上にも、反映するのを見るのである。即ち彼によれば、地上に出現した諸もろの民族は、世界史の舞台において一個の主導的な役目を演じ了れば、その世界史的意義は完了せられて、やがて世界史上より没落すると見るのである。しかるに滑稽なことには、かく言いつつも彼は、自らの哲学体系と共に、自己の属するドイツ帝国のみは、これより除外せられると見做したようである。然るにわれわれ東洋人、少なくともわれわれ邦人は、世界史における国家民族の使命に対する見解は、これとは根本的に異るものがあると思うのである。即ちわれわれにあっては、彼の如く必ずしも某々の特定民族を以って、世界史上における主導的民族とも考えぬと共に、たとえその国力において、多少の衰褪を生じたとしても、必ずしも世界史的舞台より葬り去られるものとも考えないのである。そもそも神の全知の鏡面に映ずる世界史の舞台には、地上一切の民族は、それぞれ共存共栄の相互的関聯として映ずべきであって、勿論その間比較の上では、それぞれ栄枯盛衰のあるは、現実界の常として免れ得ないが、しかもわれわれはそれを以って、直ちに世界史的舞台よりの全的脱落と宣することはしないのである。かくしてこの意味においてはわれわれは、かの印度の如きも決して全然退場し去るのではなく、時来たれば起って英国の羈絆《きはん》より脱するの期あるべきことを信ずるのである。

かく考えて来れば、世界史は神的内容の展開顕現たることは言うまでもないが、同時に今これを有限相対なる現実的実現の立場からは、世界史は、少くとも我が国現時の自覚的自立に至るまでは、十分にその内容を具現しなかったものと言わざるを得ない。即ち最近に至るまでの近世世界史は、実は白人種中心の立場にたったものであって、未だ真に全人類をその自覚の象面に映じたものではなかったと言わねばならぬ。もっともかく言うことは、邦人中特に学問に従事する人々に、ともすれば有り勝ちな、彼に対する盲目的隷属の耳には、或は異様に響くかも知れないが、西欧白色人種をして、彼等と対等の位置における東洋の一国を発見せしめたのは、恐らくは日露戦争以後の事といってよいであろう。かくして今世界史を以って、漠然と単に所謂世界国家と相即するかに考える抽象見に陥らず、又かの白人種の優位独占の偏見にも陥ることなくして、世界の現状を如是に大観すれば、真の世界史はまさに今日を以ってその第一歩を踏み出しつつあるともいうべきであり、これ実に我が国が世界の一半としてのアジアの一員として、その世界史的自覚の第一歩を踏出し初めたが故である。同時にこの点の認識は、わが国の真の学問が、まさに今日に始まるとの認識と相即して、まさに一実の両面とも言うべきであろう。

併しながら、かく言うことは必ずしもわが国を以って、世界史の支配的位置に擬するで無いことというまでもない。元来水草を追うてその居処常ならず、牧畜を主とした彼ら白人種の本性は、ともすれば争闘的であるに対して、われわれ東洋人の本性は、その農耕を主とする処からして、自《オ》らに和を好むのである。ゆえに永く圧迫せられて来た有色人種に対しては、将来大いにその自覚の喚起に力めるとしても、しかもこれは必ずしも直ちに、矛を翻して全白色人種の征服を意図するものでは断じてない。けだしこれは思想的に考えても、一即一切・一切即一的な現実界の全的肯定の論理は、彼にあっては僅かにライプニッツに見るのみであるが、われにあっては、なるほどその典型的なものは華厳の教学であるとはいえ元来すべての教説が、陰に陽に斯くの如き一切の全的肯定の絶対観を、その根底としていると言えるからである。かの儒教における万物各具一太極の説はもとより、わが国の神道においては、キリスト教の如く単に一神に執せず、一神に即して八百万の神々を説くことも、またかかる一切の全的肯定の立場にたつと言ってよい。随って現実界の常として、各国家それぞれに栄枯盛衰のあるは、もとより免れないとしても、同時にまた理としても情としても、それら各国家の全的没落湮滅を希求しないで、その再起復興の期のあるべきを希うのである。かくしてわれわれ東洋人の見る一個の民族の負うべきその世界史的使命は、自余一切の民族とのその多元的諧調の裡に、如何にして自己に固有なものを発揮して、以って全人類に貢献すべきかにあるといってよい。もとより自己に固有なものの実現の為めには、何よりも先ず自己の現実的存立を基底とすることゆえ、かかる自国の存立の根底に動揺を生ずるが如きことは、厳にこれを却けざるを得ないが、同時に全世界的なる専制権を独占しようとするが如きは、必ずしもその希求する処ではない。

かくしてわれわれ東洋人の世界史観、即ち世界史における国家民族の使命に関する考は、自国の世界支配権の独占を必としないと共に、また他のそれをも是認せず、随ってまた自己の世界史的舞台よりの没落を欲しないと同時に、また他のそれをも欲しないのである。即ち一即一切・一切即一として真実在の理の自覚的展開を、実在の最具体的顕現としての国家相互の間にも、これを希求するわけである。もとより有限相対なるこの現実界にあっては、理がそのままに全現するとはいえず、随って部分的には、これに反する幾多の事例の存することは、否定し得ないであろうが、しかも大観して世界史における国家民族の有すべき意義を如何に考えるかは、いわゆる毫釐千里の差を生ずるといってよい。なるほどヘーゲルは、その「歴史哲学」においては、彼自らも言うように、ライプニッツの弁神論の精神を継承したものと言えるかとも思うが、しかも彼は余りにも自覚の展開過程の形式たる「弁証法」の論理に執した結果、ライプニッツの弁神論の理論的根拠としての一即一切・一切即一の論理を継承しなかったが為に、ついに歴史的展開の上に、その絶対肯定の理念を論証せざるを得ず、随って部分的には歪曲強弁の譏りを免れ得ない所以である。勿論一人の歴史哲学者たるヘーゲルの継承すると否とに拘らず、現実の世界史そのものの根底には、実在の絶対的論理としての一即一切・一切即一の理法は、儼として動かぬが故に、その展開は彼の企図したように、単に縦の時間流の上にのみ、その一切肯定の全現を期すべきでなく、むしろこれと交る空間的な世界史の「場」に内含せられているその一即一切・一切即一の理は実現せらるべきであり、随ってこれが真の時間的展開の全現は、まさに悠久なる世界史そのものの全的展開に俟つ外ないであろう。かのキリスト教における最後の審判の思想の如きも、自《オ》らこれと連るものあるを覚えるのである。

かくして今われわれ自身の立場としては、如上の意味よりして、かの「白人種即人類」の謬見を打破して、一切の人種一切の国民は、すべてそれぞれの意義と使命とを有することを自覚すると共に、また他をしてこれを自覚せしむべきである。しかもこれを現実としては、先ず東方アジアの諸民族の自覚覚醒を促すのがその第一段階であろうが、しかも自覚は常に、自覚の炬火を以ってするでなければ点火し得ないゆえ、われわれとしては先ずわれわれ自身が、自己の属するこの国家の世界史的使命を自覚することが、その第一歩でなければなるまい。自覚が隷属よりの解放である限り、それは単に政治的軍事的等々、単に現実界の一部面における隷属よりの解放に止どまることなく、最根本的には、何よりも先ず精神自身の自覚と自立が要とせらるべきであろう。同時にこの事は、ある意味では現在すでに実現せられつつあるともいえるが、しかも精神の真の自覚的自立は、根本的にはそれが現実界の一切の領域に統一的に全現せらるるを要するのである。かくしてわれわれにとって現下の最緊要事は、実にわが国自身の現実的自立を、その内面より支えるような世界観、即ち真のわが国の学の樹立建設の要がある。げにわが国の学問の真の第一歩は、まさに今日を以って始まると言うべきであろう。

八

肇国即開闢《ちょうこくそくかいびゃく》

一

すべて始源を問うことは、そのものの本質を明かにする上で、一つの有力な方途であるが、このことは今歴史において特にその然るを覚えるのである。けだし歴史の本質は、屢説のように自覚の展開にあり、そして自覚の展開は、所謂外展即内展として展開即循環であって、実にその端無きものである。かくして今歴史の始源を問うことは、やがてまた自覚の始源を問うこととも言えるが、しかも循環してその端無き自覚の始源を問うことは、本来不可能であって、畢竟絶対そのものに承当せざるを得ないわけである。およそ世界に国を成すほどの国は、歴史の始源が神話を以って始められるものが少なくないが、これ歴史の始源を尋ねることは、畢竟自覚の端緒を尋ねることでありかくしてそれはついにその端無き無限循環の淵源を尋ねるに外ならず、最後は結局超現実的な神話に帰せざるを得ない所以である。故にその国の歴史が旧くて、その始源が神話を以て始められるということは、却って歴史の内面本質が、最も素純な形式において示されているものと言うべきである。即ちそこには、所謂分別知としての抽象的悟性の窺いえない深義の存することを知らねばなるまい。

そもそも近時哲学における歴史的関心の高まりに伴って、歴史という語の用いられる事が盛であるが、しかし歴史の具体的意義については、必ずしもその正しい把握を期待し得ないものがある。即ち歴史という時、哲学に従事しつつある者の多くは、直ちに普遍的世界史を考えるようであるが、しかし我われが現実に把握しうる歴史は、如実には世界史を背景とするそれぞれの民族国家の消長であって、決してかの所謂普遍的な世界史ではないのである。かくして普遍的な世界史は、かの世界的統一としての所謂「世界国家」が、現実には容易にその実現を期しえない事と相応ずる点についてはすでに述べたが、この事はさらに歴史の始源の問題としても、これを旁証し得るかと思われる。即ち歴史の始源といっても我われ人間は、世界史そのものの始源を明白に示す如何なる神話をも有しないのであり、かくして人類における歴史の始源は、所謂客観的には容易にこれを究尋しえない根本的な難問であり、随って神話を有す民族の場合には、一応それぞれの民族の歴史的神話に求めるの外ないといえる。同時にまたこの事は、それぞれの民族は、各おの自国の歴史の始源としての神話において、それぞれ自己の民族に固有な天地開闢説を有つわけである。かくして人類が、全世界史の始源として、各民族に共通なる神代と、共通的な天地開闢説を有たぬ処に、人類がその自覚的な全人類の打成一丸的な組織の具現によって、全面的に神に直接するを得ないで、各民族それぞれ特有な角度から、それぞれその「天」に接しているわけである。即ち世界史はその具体的実現の立場からは、それぞれの国家を中心として展開せられる「生」の一大交流たることは、如上歴史の始源の考察からしても旁証せられる事柄である。これへーゲルが、世界史の概念を哲学の上に導入しながらも、ひと度歴史の始源の問題となれば、明白にこれを国家に帰せしめた所以である。

併しながら我われは、ヘーゲルが歴史の始源を国家に求めた点に関しては、さらに精細な考察を要すると思うのである。即ちヘーゲル自身にあっては、この点は必ずしも十分に、その根拠が瞭かにされて居るとは思えぬが、そもそも国家は如何にして歴史の始源たり得るであろうか。すでに述べたように、歴史の始源を問うことは、それ自身、哲学的にも重大な根本問題でなければならぬ。そもそも歴史と比べては、遥かに抽象的であり、その意味からは、謂わば歴史の影ともいうべき「時間」について見ても、時間は元来無始無終であって、そこには容易に時の始源を言い得ないのである。世俗には時間も宇宙の始源としての、天地開闢と同時に創生せられたかに、漠然と考えられるようであるが、時間を創生せしめる天地開闢は、その時間創生の故を以って、直ちにこれ超時間的一境というべきであって、所謂時間裡の事柄では無いはずである。がそれにも拘らず普通に天地開闢という時、畢竟時間的範疇を用いて時間裡のことであるかに考え易いのである。しかしそれが背理なことは少しく反省すれば、もとより言うまでもないことである。かくして時間の始源は、結局これを時間的に問うを許されない理である。また実に本来無始無終なるべき時間の始源を、時間裡に限定し得ないのは、もとより当然というべきである。

このように時間の始源は、これを時間裡に限定するを得ないとは、即ちまた時間的に問うことは出来ぬとの謂いであって、畢竟じてこれ時間そのものの自覚性、即ちまたその循環性を語るというべきである。即ち時間の始源は、所謂時間的には、如何にその源に溯るとも、畢竟じてこれ時間裡のことであって、真の時間の始源には達し得ないのである。かくして真の時間の始源は、かかる時間的系列の連鎖を超断して、躬を以て承当する現前直下の奥底に存するというべきであろう。同時にまたこれは、自覚の根底としての所謂「無底の底」であって、これを時に即しては、時をその自己限定とする時の能限者としての永遠そのものであって、真の時の始源は、却ってかかる超時間的一境にあるとしなければならぬ。しかもこの点は、自覚の単なる一形式としての時間においては、その形式性の故を以って、比較的容易にこれを知り得るとしても、今単なる形式的な時間でなくて、自覚的内容的な時間としての歴史にあっては、その真の始源を問うことは、ある意味では一層困難と言わねばならぬ。歴史はそれが時間の具体的根底として、否さらには、時がその現実内容を自覚したものというべき以上、歴史の始源の問題は、これを所謂歴史上には求め得ないわけである。自覚は屢説のように、内に無限の溯源性を含むのである。そして自覚がかく無限の溯源性を含むとは、即ち自覚の層々無尽性に対するその一面的把握にすぎぬのであって、真の歴史的自覚は、謂わばその自覚の現在を中心として、長短無量の半径より成る大小無数の自覚の円環を包摂すると言うべきでもあろう。

故にいま歴史の始源を国家の始源に求めることは、なるほど一応それに相違はないといえるが、しかもそれは国家の建立が、一個の民族における自覚の出現たることを予想するでなければならぬ。即ち自覚を本質とする歴史の始源は、これを単なる直線的時間の系列の裡に、時間的に限定することは出来ないのであって、強いていえば民族の自覚の自己実現としての、国家建立に求める外ないわけである。即ち歴史の始源は、歴史の本質が自覚に存する限り、元来自覚の始源たるべきであり、しかも自覚の始源の中での最大なる絶対初発的具現は、即ち民族国家の自覚的建立そのものでなければならぬ。これへーゲルにおいて、歴史の始源が国家に求められたゆえんであろう。併しながら、自覚はその自覚性の故を以って、必然に絶対初発性を含み、随ってそれはまた、時間裡よく時間的制約を超出することをその本質とする。即ち自覚は経験的には、必らず某々の時間的限定裡に発する外ないが、しかも自覚の本質は、その循環して端なき処にあり、同時にかかる循環無端性は、また実にその絶対無窮性に外ならない。ゆえに歴史の始源は、一応はこれを国家に求め得るとしても、ここに国家とは、言うまでもなく国家建立の謂いであり、随ってまた真の歴史の始源は、国家建立の背後、直ちに絶対者の絶対無底性に直接する辺にあるという外ないわけである。即ちまた絶対無始源性に逢着せざるを得ないのである。

かくして歴史の始源を問うことは、一応先ず国家建立の源たる建国に溯るべきであろうが、しかも歴史の始源は、その溯源を徹底するとき、単なる国家建立には止どまり得ないのであって、さらにその無窮の根底たる絶対無底性として、天地開闢にまで至らなければ納まらぬわけである。これ有限存在としてのわれわれ人間にとっては、まことにやむをえない絶対的希求の一発露というべきである。これ洋の東西を問わず、あらゆる民族の歴史が、その一応の起源を国家建立としての建国に発すると共に、さらに遠くそれ以前に溯って、何等かの意味において、それぞれの天地開闢説を有する所以である。同時にここに注意を要する点は、かく建国の背後にその絶対的淵源として、それぞれの天地開闢説を有する点では、いやしくも神話を有する国家にあってはほぼ共通的といえるが、しかもかかる超現実的な神話としての天地開闢説が、現実の国家に対して有する内面的連続の度は、それぞれの国家において、それぞれ異るということである。なるほどキリスト教を奉ずる限りの西欧諸国民は、宗教的には一応旧約聖書の天地開闢説を奉ずると言えるべきであろうが、しかもかかる旧約聖書の天地開闢説と、現実に自己の属する国家の歴史的連続性との間に、果して如何ほどの内面的連続を信じているであろうか。かくして地上の各民族は、それぞれ何ほどかの程度において、天地開闢説を有しないものはないともいえるであろう。同時にこれは自覚の絶対初発性の時間的投影として、有限存在たる我われ人間にあっては、まことに免れ難い処ではあるが、しかもかかる投影的な表象化による把握様式を介して窺い得られるその天地開闢説と、現実の国家との内面的連続性に至っては、そこに無限の差を認め得ざるを得ないのである

翻ってわれわれ自身を顧みるに、我国の天地開闢神話は、周知のように記・紀の神代巻に窺われるが、古事記によれば宇宙神として天御中主神を挙げ、日本書紀では国常立尊から始まるの相違はあるが、やがてナギ、ナミ二神によって、国祖神としての天照大神が生まれ、その孫ニニギノミコトが天上界より、この葦原の瑞穂の国たるわが国に降臨せられ、わが皇室の始源となったという点について、記・紀共に何ら異るところはないわけである。かくしてわが国の神話の特質は、かかる天上界からこの地上的世界への一系的連続を説く点にあるというべく、そこにはわれらの神話のもつ長短の二面があるといえるであろう。即ちわが国の神話は、超時間的な天上界より時間的な現実界への連続性を、その層々無尽の段階によって明らかにしようとしたものと言ってよい。即ちかくの如き超現実界から現実界への展開は、その連続性を説こうとすれば、結局これを投影して表象する外ないわけであり、かくしてわれわれの祖先は、そこに必然的に、神話的表現を採らざるを得なかった所以である。だが同時にこれは単なる時間的系列上のことと考うべ

きではない。何となれば、それは超時間的なるものを、仮りに時間的系列において、表象的に把握しようとするやむを得ざるに出ずるものだからである。超時間的なものは、もとより一面からは、一切の時間的系列を包摂するともいえるが、同時にそれは又常に現前の一念裡に、その無限系列を包摂する一面のあることを看過してはならぬ。かくして我が国の神代物語は、一面からは無窮の時間的系列上の久遠悠久の太初とせられると共に、他の一面直ちにこれ即今現前の現在に直続するというわけであるが、そこで直続するというは、所謂理念上の希求ではあっても、現実としての生理的血統的連続とは言い難いことを知らねばならぬ。

さて歴史の始源は、国家の始源としてその肇国にあるとは、一応の論理としては了し得られるかと思うが、しかも肇国の背後直ちに永遠の世界に連続するとは、その真意果して如何であろうか。自然科学的抽象知に馴れたわれわれには、建国以前はともすれば無知蒙昧なる単なる未開人種であり、さらに遠くは星雲時代にまで溯って考えるのが常である。確かに事象を外側から対象化して考える時、われわれはかかる生命の自然史的展開の真理性を認めざるを得ないが、同時にそれは、現実の事象を単に外側から対象化して考える、一種の抽象的把握たることを知らねばならぬ。そもそも神話は、素朴純真なる古代人の自覚内容の表象的投影に外ならない。否これを表象的投影と解すること自身が、すでにわれわれ現代人の分別的悟性知による抽象的把握であって、古代人そのものには、今日われわれには神話的と見える表現も、実はその段階における主客未分の相即態における生命の全現だったわけである。かくしてそこには、一面的厳正を誇りつつ、しかも畢竟じてついに客観的な一面観に過ぎない近代の自然科学的進化説の、到底到り難い自覚の内面的消息の内含せられていることを看過すべきではない。かくして自覚に基づく歴史の始源が、民族的自覚の絶対初発としての建国に合一し、同時に建国はそれが民族的自覚の絶対初発の故を以って、さらにその根底の「無底の底」としての絶対無底性に直接することによって、必然そこに天地開闢説が生まれるのは、まさに生命至深の必然というべきであろう。

二

歴史の始源を尋ねて、国家の始源としての肇国にまで溯るは、如何にも至当であるが、今それに止どまらないで、さらに肇国の絶対淵源としての天地開闢にまで溯るとは、そもそも如何なる意味を有するであろうか。しかしながら歴史の本質が具体的時間の自覚である限り、歴史の始源の溯源尋求が、ひとり国家の現実的始源としての建国に止どまらず、さらにその背後、無窮の淵源に溯って、そこに天地の絶対初発たる天地開闢に撞着するは、まさに人知の絶対尋求性の必然というべきであって、必ずしも怪しむに足りない。同時にかかる人知の絶対尋求性の真の根底は、翻って又かの絶対者の絶対全知という外ないのであり、かくして人知の絶対尋求性は、即ちまた全知自身の自己希求に外ならぬと言うべきである。かくして歴史の始源の尋求が国家の起源への溯源となり、その極ついに天地開闢に承当するは、人知における絶対必至の希求というべきであろう。

しかもこの際注意すべきは、我が国の神代伝説において、その天地開闢より肇国に至るまでの間は、全く無年代というべきであって、全然時間的測定を超出するという事である。否、一応肇国と建国とを分ちうるとする我が国の神話にあっては、ひとり開闢より肇国に至る間のみならず、さらに肇国より建国に至る間も、全く無年代即ち超時間的時代とせられているのである。そもそも記・紀の叙述においては、天地開闢より神代七代をへて二尊の国造りに到って、始めてそこに人文的並びに地文地理的意味における国土の創生が説かれるのであり、そして二尊に次いで天祖の肇国の大業に連るわけであるが、しかも注意すべきは、これら記紀の叙述の順序は、実はわれわれの祖先が、その自覚的溯源において辿った処の、まさに正逆の投影に外ならぬということである。即ち如実なる自覚の事実としては、何よりも先ず民族の自覚的自己建立としての建国こそ、絶対的事実でなければならぬ。（具体的実証的立場から、わが国の建国をどこに見るかは、神武天皇の存在自体が疑問視せられている今日、客観的に何時頃ということは、いまだ学界の定説となってはいないが、しかしその点はこの場合哲学的論理の反省としては、直接何らの関係はないといえる）しかもかかる建国の大業に即する民族の自覚的叡知の光は、その深化と共にやがて溯源返照して、ついに絶対的生命の絶対能照光と会する処、そこに自覚の絶対的根底としての絶対無底性に承当し、ここに始めて天地開闢説が現われるのである。ゆえに国家建立の自覚的大行がなければ、神話的な天地開闢説は問題とはならないわけである。即ち天地開闢は、理として時間的には、建国はもとより肇国にも先き立つべきはずであるが、しかもひと度それが如実の自覚の問題となれば、その順序は全く倒逆せられて、建国の自覚より溯源して肇国に至り、そして肇国への溯源に即して、その自覚の光に返照せられて、そこに始めて天地開闢論が問題となるわけである。随ってこの意味からは、天地開闢即国家建立という時間的順序を翻転せしめて、肇国即開闢という方が、却って自覚の内面的真趣を示現する途ともいえるであろう。もとより在的側面としての時間的順序からいえば、開闢より肇国へと言うわけであるが、しかもこの開闢より肇国へという時間的順序が、正逆に翻転せられて肇国即開闢となる処に、自覚の溯源返照性を窺い得るのであって、われわれはここに自覚の循環性の最根本原型を見るというべきである。

そもそも自覚は上来屢説のように、ひとり如是現前の自相を知るに止どまらず、翻って自己が今日此処にかくあるを得るに至った所以にまで、溯源返照する処がなければ真の自覚とは言い難い。かくしてかかる自覚の溯源返照性は、即ち自覚の絶対根底たる絶対虚明への返照そのものであるが、われわれ人間の有限なる、この絶対虚明への自覚的返照も、これが自証的把握の確認の為めには、かかる溯源性を一面時間的投影として包摂せざるを得ないのである。かくして自覚の返照深化は、必ずや内にその在的側面に即する無限の時間的系列を辿って、ついに絶対的淵源にまで溯らざるを得ないのである。かくして自覚はこれを根本的には、畢竟絶対的なる覚自体よりの遠離を予想しつつ、その溯源的復帰への希求として発するといってよい。そもそも人間の出生そのものが、実は絶対者よりの遠離脱落というべきであって、現に旧約聖書における創世記の楽園追放物語は、これを象徴しているといえる。かくしてわれわれの自覚は、かかる覚自体よりの遠離脱落からの復帰返照というべきではあるが、しかもひと度遠離脱落した以上、その復帰返照は、実に在的系列の一切を辿り尽しての根源復帰たることは出来ない。即ち自己の出生育成の全時間的展開における在的系列に沿う溯源返照の徹底は、ついにこれを期し難いのである。即ち端的には、如何に深き自覚に立つといっても、これを内容的には、ついに自己の全過去を透観包摂するを得ないのである。同時にこの事は、これを小にしては一個人の自覚より、これを大にしては一民族の自覚に至るまで、理としては全く同一といわなければならぬ。かくしてここにわれわれ有限存在の有限存在たる根本制約が存するわけである。

併しながらかく言うとき、人或は言うかも知れない。併しわれわれは自己の生年月日までも知っていると。しかもこれは、如実には、自己の能生者であり、同時に他の一面傍観者でもある両親から知らされたのであって、人は自己の生年月日を、直接自ら自知し得るのではない。かくして人は自ら自己の面を見ることができないのと、自己の生年月日を直接自知し得ないのとは、実にわれわれ人間の有限的制約における最根本的な二大徴標というべきであろう。然るに今個人と異って神を能生者とする民族にあっては、その自覚以前については、何人もこれについて語ることができないのである。即ち、民族の自覚的組織としての国家建立以前については、これを語り得る如何なるものも在り得ないといってよい。かくして今、肇国の自覚に発して溯源返照して肇国に撞着することにより、そこに得られる民族としての自覚は、少くとも当該国民には絶対初発として、一面直ちに天地開闢と直接するとせられるであろうが、しかも絶対者の絶対無限なる、その絶対的超越性は、肇国と開闢との間に無窮なる超時間的間隔を置かざるを得ないのである。否、肇国と建国とを分ちうる我が国にあっては、この両者の間にもまた、無限の超時間的系列が考えられている。これ神代が一切の年代的限定を超出する所以であって、かの神代について記されたる年数の如きは、実はかかる無窮性、即ちまたその時間超出性を象徴する概数たるに過ぎず、随ってもとよりかの在的系列と相即すべき実時間と見るべきでない。これ神代が藐乎として遥遠悠久とせらるる所以であって、如何なる考古学その他の実証的科学も、ついにこれを実証的には窮尽し得る期はないであろう。これ自覚は絶対初発であり、随って自覚以前はまた、超時間的絶対界に直接して、そこには如何なる意味においても、所謂実証的尋求を空ずるものがあるからである。かくしてこの事はまた、前述の肇国即開闢論の真を証する所以でもある。もっともこの点についていては、天地開闢はその開闢の故をもって、本来超時間的一境に直接することを考えれば、自ら明らかな事ではある。即ち開闢は開闢として超時間的と時間的との会点であり、時間的なるものが、超時間的なるものに撞着する刹那の全問題というわけである。さればまた開闢と肇国との間に、何ら時間的系列の辿り得ないことは、理の当然といってよい。もし両者の間に、時間的系列の辿り得るものがあるとしたら、かかる開闢は真の開闢でなくして、時間的系列上の某々の一出来事たるに過ぎない。ゆえに開闢の開闢たる所以が、必然肇国との間の時間的系列を超断すべきを意味する。即ちそこには、何等の年代的限定をも容れ能わないことを意味するわけである。ゆえに記紀の示す天地開闢より、諾冊二尊に至るまでの神々は、もとより所謂人間的限定を全脱して、諸もろの形而上学的解意を容れる余地のある所以である。かくして開闢と肇国との間は、かく時間的連続を超出しながら、しかも肇国の自覚は、自らの絶対的淵源として、必然に開闢にまで溯らざるを得ないのは、肇国の自覚の直下、そこに直ちに絶対的生命の働くが故である。しかも単なる有限者は、厳密には自らの力のみでは絶対者に還りえない理である。かくして有限者の絶対者への復帰は、その根底に絶対自身の自己還帰の意を宿すことを知るべきである。かくして自覚の溯源性の投影たる時間的系列にあっては、その「極限」において撞着する時間的間隙は、肇国以前の超時間的無窮性の系列として表象せられざるを得ない所以である。しかも自覚そのものとしては、肇国の背後直ちに天地開闢がある。否、天地開闢以下肇国に至るまでの超時間的系列の重畳があるのである。

如上自覚の立場からは、肇国即開闢であって、開闢の自覚が元来肇国に基づくべきは、一切の自覚に通ずるその溯源返照的一面であって、例えばこれを個人について見るも、或は自己の生い立ちの由来を尋ね、或はさらにわが家の由緒を尋ねるが如きは、相当の年齢に達してからのことであって、しかもそれは必ずや何等かの程度における自覚を機として発するを常とする。随ってもしかかる自覚の機縁が無ければ、遂いに自己の淵源に返照することなくしてやむ場合もないとはいえぬ。この時これを無自覚といい、その生涯を意義無き人生とはいうのである。ゆえに今一個の民族が、自ら起ってその自覚的組織としての国家を肇造するは、翻ってまた自己の淵源に溯源し返照する所以でもある。ゆえに自覚は常に溯源返照的一面を包摂すべく、その意味からはまた、歴史は本来自覚の溯源返照の所産というべきでもある。

世には神代について、その年代的記録のない点よりして、その確実性を疑うものがないでもないが、しかし斯くの如きは、自覚の本質に対する洞察を欠くものといわねばならぬ。特に神代とのみ限らず、一般に時間意識そのものが、意識の回顧返照に成立するものであって、これわが国の紀元年数が、歴史上の某の一点から溯源逆算したものに基づくのみならず、これを小にしては個人の一日の時間さえ、すべては意識の回顧返照的側面に成立するわけである。しかもわれわれ有限知の溯源性には、そこに自ら限界あるを免れず、随ってまたこれを超出する一境は、竟に時間以前であり、また実に時間以上でもある。ゆえに神代特に二尊以前の神々の系列は、所謂在的側面としての事の連続的系列を示すものではなくて、謂わば人間意識特に民族の意識における主客未分の一境に対する、溯源的返照の記録というべきである。即ちこの事はまたわれわれ人間の意識が、その絶対根底たる絶対意識への溯源返照の諸もろの段階の象徴的表現というべきでもある。これ同時にこれらの神々の御名が、種々なる形而上学的解意を容れうる所以であって、われわれはそこに宇宙的生命の発現する層々無尽段階に対する一象徴を観じうると共に、またそれはひとり肇国とのみ言わず、実にわが国の歴史のあらゆる時代の現在の直下に働く絶対的生命の内含する形而上学階層の象徴と見ることも出来る。しかもこの側面のみを力説することは、一面また大いにその危険なしとしないのであって、すべて真の深さは、これを客観的に投影して始めて明らかとなるのであって、然らざる限り、単なる主観的浅見に堕する危険がある。

かくしてこの肇国即開闢の説は、また歴史のあらゆる瞬間が、常にこの肇国と開闢とを、その直下に現在に包摂すべきを意味するのである。即ちひとり肇国の自覚裡に天地の開闢が影現するのみならず、また実にあらゆる現在が、即今直ちに開闢の自覚に連続すべきである。けだしわれわれ有限者の自覚は、これを経験的には、もとより時間裡における一発現には相違ないが、しかもその内面は、一面直ちに超時間界に直接するといってよい。けだしこれ自覚そのものが、元来超時間的なる絶対能照光による所照の自覚に外ならぬが故である。即ちこれを一言にして、自覚は常に超時間的一面を有するわけである。かくしてその意味からは、真の肇国は常肇国の自覚において始めて実となり、真の開闢は、常開闢の自覚において始めて実となる。けだし開闢と肇国とは、本とこれ自覚の絶対初発性におけるその幽顕の両側面というべきであり、随ってまた常肇国の自覚は、そのまま常開闢の自覚でもある。実に肇国といい開闢という、何れも現在一念の自覚を離れてはすべて空であり、かくして上来屢説の肇国即開闢という「即」の一字が、そのまますでに現在の一念裡における、これが自覚的相即を示すというべきである。

三

歴史の始源が国家の始源としての肇国であり、そして肇国の絶対根底はついに天地開闢に承当するとは、即ちまた歴史の絶対的始源が天地開闢そのものであることと相応ずる。かくして開闢即肇国が実在的展開の次序とすれば、肇国即開闢は、謂わばその自覚的溯源の次序ともいうべできあろう。しかも両者共に「即」の一字をもって連ねる処に、理としては両者の相即一体性を窺うべく、即ちまたその自覚的循環を語るものというべきである。同時にこの事はさらに、歴史と国家との相即一体性を証するものでもある。そもそも歴史という時、厳密なる意味では、畢竟一国家の自覚的展開の歩みがその中心となるというべく、かくして所謂世界史とは、それぞれの国家の歩みの相互聯関に発する多元的歴史の総体というべきであろう。なるほど個人についても、一応はその歴史をいうことも出来るが、しかし一個人の歴史は長くても僅々百年を出でず、随ってそこに自覚の展開があるとしても、それは無量の国家による国民的自覚の相承展開というべきものではない。然るに国家の歴史ともなれば、そこには必然に、無量の国民による自覚の相承実現が観ぜられ、またかかる自覚の相承によって、そこにその国家民族の一貫的特質が瞭かとなる。即ちその歴史性が瞭かとなるわけである。そもそも個人と国家との別は、ひとり歴史の本質を瞭かにする上で重要なばかりでなく、同時にまた国家そのものの本性をも瞭かにする。世上ともすれば単なる個人をもって、直ちに国家の上に推論しようとする人も少なくないが、しかし前述のように、われわれの個人的生命には限界尽期あるを免れない。如何なる聖哲英雄も、人寿の本原的限定は如何ともすることは出来ぬ。然るに民族の自覚的自己実現としての国家にあっては、なるほどそこにも始源が無いとは言えぬが、しかも上来の所論のように、その自覚的なる自己建立としての肇国こそ、真の始源というべきであって、自覚以前にあっては、何ら始期の限定すべきものがないというべきである。故にまたもとよりその尽期の予断はでき得べくもない。勿論客観的対象化の立場からは、すでにその始期のある以上、そこには必ずやまた尽期がなければならぬとも言えるが、しかも畢竟するにこれ客観的対象化のことであって、始期にしてすでに捉え得ない以上、もとより尽期の限定すべきものも無かるべきである。これを個人にしては、如何なる努力も人寿の本原的限定より超出できないが、国家の生命に至っては無窮を期すべきがその本来であって、かの中途にして断絶し絶滅するは、少なくとも人間的努力の立場からは、その自覚的努力の弛緩喪失の結果というべきであって、何ら本原的限定としての絶対的尽期とすべきではない。かくして個人にあっては、時としてはその肉的生命の断滅が、却って永生の道となる場合も少なくないが、今国家的生命の場合には、その生命の断滅は実に絶対的断絶といってよい。随って今国家にあっては、自国の存立に一応はその絶対的意義があるというべく、かの個人におけるが如く、自らの断絶によって、人類そのものに貢献し得るというが如きは絶対にあり得ぬこというべきである。

如上国家的生命の永遠性は、即ちまた国家が単なる人為でなくして、最深の意味における天人合一たることを語るものである。すでに一個人の生命すら、もとより単なる人為ではなくて、その生きるや、自らの意志自らの努力のみによるのではない。併しながら、今国家にあっては、その天と連らなることの深奥なる、もとより個人のそれと両日の談ではない。勿論一面からは、個人的生命はいうまでもなく、一茎草の微、否、一粒砂といえども、その天に直接するにおいては同一といえるが、しかもその直接性を実にする段階に至っては、単に千差万別であって、その間真に無量種の段階ありとせざるを得ない。しかも今一切の存在中、天即ちこの絶対的生命との直接性を実にするの深きは、一応国家に至って極まるともいえる。かく言うは、もとより聖哲賢人の自覚の深厚を認めぬわけではないが、しかもこれ畢竟するにその自覚の優位に即しての謂いであって、ひと度その実現に至っては、如何なる聖哲賢人も、直接にはついに個人的生命の限定を出でえぬ処がある。然るに今国家的実現に至っては、その自覚の実現は、実に無量の個人による自覚の相承的実現として、その尽期を知らぬのである。

かくして国家が、天人合一の最高至深なものであるとは、前述のように、その天に基づくところの深奥なるを語ると共に、他の一面それに応じて、その自覚の実現的努力においても、またその最大なるものといってよい。いま個人的生命の本原的限定は、所謂定命として一定の命数あるを免れないが、民族的生命に至っては、その無量多による継承のゆえに、本来何らの尽期の無かるべきことは、一面その天に根差すことの深奥なるを示すと共に、またその実現的努力も、無窮なるべきを語るものに外ならぬ。そもそも国家の建立が、民族としての自覚的自己実現であり、国家の存立はその持続展開であることが、最も瞭かにその天人合一性を語るものというべきであろう。けだし天人合一とは、これを最先端には自覚の外なく、自覚こそはまさに絶対と相対との会点として、所謂天人合一の焦点というべきである。即ち自覚とは屢説のように所照の自覚として、能照所照の相即一体境に外ならず、随って所照の自覚に即して知られる絶対能照光は、いうまでもなく天であるが、しかも自らこの天としての絶対能照光による所照存在たる旨に至っては、自覚として自らこれを覚せざる限り、ついにその実を得るの期はない。かくして自覚こそは、真に天人合一の最端的というべきであるが、しかも自覚の実現の最大なるものは、言うまでもなく民族の自覚的組織としての国家的実現の外ないのである。

かく言うことに対しては、人あるいは人類的自覚をもって、自覚の最大なるものと為すかも知れない。しかし注意を要する点は、かく人類的自覚という時、その所説は多くは個人の範囲を出でず、仮りに団体的組織を有する場合といえども、もとより国家の深大なるには比すべくもない。けだし人類的自覚の真の全現としては世界国家の外ないが、しかもその実現が現実には真に容易でない以上、全人類が真の人類的自覚に至るは、厳密には遥かなる道程を予想すべきだからである。かくして人類的自覚は、現実には真の国家的自覚の裡に内含せられて、はじめてその威力を発揮しうるというべきであろう。かの普通に所謂人類的自覚と称せられるものは、多くは個人主体のものであって、所謂世界主義と個人主義とが異名同実であることは、ギリシャの古より変らぬといってよい。かくして真の人類的自覚は、現実には、却って真の国家主体によって、その実現の推進を見ることを知るべきである。同時にかの世界史の内容は、現実には多元的なる各国家の歩みの相互関聯というべく、かくして真の世界史的イデーは、現実には各国の歴史に内在するというべきであろう。かくしてまた、厳密には真の天人合一境の地上的実現は、単なる個人的自覚でもなければ、また所謂人類的自覚にも存せずして、常に全人類を背景とする現実の国家的実現と相即して、そこに内在して作用《はた》らくことを知るべきである。随ってまたわれわれ人間の真の立命は、かかる国家的自覚とその実現に即して、始めて真にその安立を得るのである。随ってまた真の自覚は、かの国家を無視する所謂宗教的自覚に止どまることをもって、必ずしも十全とはしないのである。

以上国家こそは、真に天人合一の最高至深の実現なる旨を、主として自覚の立場より論じようとしたのであるが、今この事は、これをその存在的側面より見れば直ちに瞭かなこととともいえる。そもそも国家は、民族的自覚をその中心とする組織であるが、勿論有限相対なるこの地上にあっては、純粋なる単一民族のみで組織せられている国家は、むしろ少ないと言うほどであるが、しかも如何なる国家も、その中枢的部分を形成しているのは、必然に一個の優越せる民族の自覚ならざるはない。言うまでもなく一個の民族の溯源は、結局天に基づくという外ないが、しかも単なる自然民族としての無自覚態にある間は、勿論これを国家とは言い得ないのであって、それが一個の国家組織を形成するには、必然そこに偉大なる自覚者の出現を予想すべきである。かくして全民族が偉大なる自覚に導かれつつ、その自然的無自覚態より目覚めて、自らに固有なその本原的限定の特質、即ち自らの天賦の使命を自覚するに至るのである。同時にそこに当該民族の自覚的自己建立としての建国は成るのである。かくしてその天賦の特質たる民族的使命の最初の自覚者にして同時にまたその組成者こそ、即ちあらゆる国家において、その建国の創始者と呼ばれるものであって、これ即ち当該民族の特質の絶対初発というべきである。しかも斯くの如き国家建立の自覚は、もとよりかかる創始者の単なる人為に出づるものではなくて、実に深く民族の天賦としての、その本原的限定の自覚によるのである。しかも本原的限定は、その本原的限定性のゆえに、いやしくも当該民族の一員たる限り、何人にも本具内在しているはずであるが、しかもこれが深大なる自覚に至っては、実に国家肇造の大才における一切私意の払拭の極、ついに現われ出でべき自覚の絶対初発性である。

斯くの如き国家創建の大才における民族の絶対的自覚は、その絶対初発性のゆえに、深く民族固有の天真に直接するというべく、随ってまたその自覚内容は実に神天の命たるの自覚を有つ。これがわ国の神話にあっても、国祖は同時に天祖たるの意を帯び、国祖の詔命がそのまま神勅とせられた所以であろう。同時にここに天とは、われら人間の有限性のゆえに、その表象化的一面を拒否するものではないが、しかもその本質は、あくまで自覚の根源の絶対性にあるとせざるをえない。これあたかも、永遠は超時間的なることをその本質とはするが、同時にその故をもって、却って時間的無窮性を包摂すべきにも似ている。「超」とは元来「包」の意であり、随って一切相対を超出すべき真の絶対は、却って一切の相対を包摂するものでなくてはならぬ。かくしてすべての自覚は、その自覚性のゆえに、元来何れも初発的な一面を具すべきであるが、しかも真に絶対初発的自覚といい得るものは、国祖肇国の大自覚というべきであろう。かくして民族の絶対初発的自覚者たる国の祖は、一面自覚者として在的現実的側面を具すべきと共に、他の一面、自覚の絶対初発性の故をもって、一切の現実的限定を超出して、天における国祖との意義を有するとせられる所以であって、天祖の一語は最もよくこの間の消息を示すといえるであろう。

かくして国家が、天人合一の最高具現としての趣は、国祖の自覚の絶対初発性に、その大本を有するわけであり、随ってかかる絶対的自覚の相承継述の最中枢的意義を有するものを祭祀とする所以である。即ち祭祀は、国祖が天人合一としての絶対自覚に与かる最具体的方途ともいうべく、これ地上のあらゆる民族において、その歩みが祭政の一致に出発したゆえんである。しかしながら、国家体制の複雑化と共に、かかる素朴な祭政一致的な政治組織は、しだいに変化改廃を見るは必然であるが、しかも祭政の分離した欧米諸国にあっても、議会その他重要な政治の開始に際しては聖書が読まれ、これをわが国においても、官中における祭祀は毫も変らぬのである。かくして祭祀の継述せられる限り、その意義においては、永遠に常肇国常建国というべきであって、祭祀は実に永遠なる報本反始の道であると共に、また実に生命新生の最根本的方途でもある。ゆえに祭祀の絶えない限り、民族的生命はその永遠の若さを失わぬともいえる。そもそも民族の生命そのものは、本来永遠性をその本質とするが、自覚反省による凝固の融化を欠く時、必然そこには永遠性よりの脱落を招来せざるを得ない。かくしてわが国はもとより、西欧諸国の教会にあっても、古来祭祀が重視せられ一切の根幹とせられるのは、即ちそこに、生命の無窮性が依って懸ると考えられるが故であって、これ生命は、その常反省、常反始によって、その絶対的本原たる永遠的生命との直接を新たならしめ得るという生命の普遍的真理の一例証に外ならぬが故である。

四

我が国でも記紀の伝える処によれば、大八州の国土とそれに住する諸もろの神々は、すべてこれナギ・ナミ二神の生み給うところとある。そしてこの二神の生み給うた最愛神の日神が、ついにこれを統べ給い、ここに我が国の根基が初めて成るとせられている。これはそもそも如何なる意味を有するとすべきであろうか。すべて統一の最も根本的なものは、能統者が所統者に対して、単に相対的優位の立場にたつというだけでなくして、能統者が能統者であると同時に、また実に能生者たる場合である。即ち真の能統者とは、その統べられる者を生む者でなくてはならぬ。この意味において、如上のわが国の神代伝説は、最もよく統一能生の真を示現するものというべきであろう。即ちひとり国民のみならず、国土そのものまでも国祖神の所生であるということは、即ち我が国にあっては、かかる国祖神の直系の統を嗣ぐとせられる天皇が、一切の国土人民を統治することを意味するといってよい。しかも問題は、かくの如き神話的伝承あるが故に、かかる政治的信仰を生じたのか、はたまたかかる政治的信念より、その根拠として、かかる神話伝説が生じたのか、これ実にわれらの民族における最根本処に関わる問題であるにも拘らず、われらの分別的知性によっては、ついに解明しえない難問だということは、かの鶏と卵との間にその先後を論じると等しく、これ畢竟するに、主客無限に相映す生命の無窮循環性によるという外ないであろう。

そもそも生むとは如何なることであろうか。自らが所生存在の分際にあるわれわれ人間には、生むことの真は、厳密には竟いにこれを神秘という外ないであろう。けだし生むとは一応無よりの創造と言い得るとしても、絶対的虚無から有の出現することは、到底思議不可能という外あるまい。故に生むとは本有の幽が、その絶対的自己限定によって、自らを分身顕現せしめると言う外ないであろう。しかもかかる幽・顕の別に、有限者と無限者との根本的区別があるといえる。けだし有限者は、その有限性によって一応顕的存在であるが、同時に又その知るところも、厳密には顕的存在の域を出で得ない。かくしてわれわれ有限的存在としての人間が、その顕的存在の分際において、わずかに隠的世界の消息の一端に与かりうるといえるのは、唯自らの有限性の自覚、即ち又その所照即所生存在たるの自覚に即して、絶対的生命との直続性を実にすることによってのみ始めて可能である。ゆえに今上述の二神による国土神人の創生伝説のごときも、深く自らの自覚に立たない限り、畢竟するにこれ単なる一場の物語りという外ないであろう。即ち人は、自らの如是現前の自相の深省を介しない限り、如何なる自覚の象徴的表現も、単にこれをその対象化的映像において捉えるの外なく、ついにその真に到り難いのである。しかもこの事は、肇国と言うがごとき地上最大の事象の場合において、一層その深きを覚えるのである。

げに二神の国造りは、それ以前の諸神を通して現われた絶対的生命の絶対創造性の最端的なる象徴との意義を有つ。同時にこの点は、二神の最愛最貴の日ノ神が、天祖として肇国の大業の創始者たることによって、一層明かだといえる。即ち我らの民族的生命の真の自覚は、日ノ神においてその絶対的初発を見るとせられるが、この事はまた翻ってかかる絶対初発の自覚と直接して、必然に国土人民の創生も含意する。けだし絶対的自覚は、その根底は直ちに宇宙的生命の絶対虚霊である故、もしこれを時間的系列の上に影投すれば、その背後直ちに国土人民の創生に直接すべきだからである。かくしてわれわれは、日ノ神によって国土創生の事が成されたと伝えられないで、日ノ神に先き立つナギ・ナミ二神によって、この事が成されたとせられる処に、わが国の神代伝説が、その民族太初の自覚を伝えるにおいて、精微なことを思わしめられるのである。即ち民族自立の絶対初発の自覚は、その根底は直ちに絶対的なる宇宙的生命の太虚神明に直接すべきであるが、しかもこれが自証の在側面たるその投影面においては、これを単に日ノ神一神の事としないで、その直前なるナギ・ナミ二神の営為としているのである。即ちここに日ノ神が、天祖として一面超絶的であると共に、他の一面、国祖としての一面を賦与えられる所以である。

勿論ナギ・ナミ二神に至るまでの諸神の系列は、一面本末始終の系列であると共に、他の一面からは、唯一宇宙的生命の絶対創造に働らく諸力の系列的投影として、同時倶有の唯一生命力の諸階層というべきでもあり、同時にそれらの現実的結晶として、二神の国土人民の創生を見るわけである。かくしてこれは、謂わば宇宙的生命の絶対的創造作用を、この現実の我が国土に即して把握せるものというべく、如上ナギ・ナミ二尊の国土人民の創生が、日ノ神たる天祖肇国の絶対自覚に先行するとせられる所以が見られる。ゆえに二尊の国造りは、日ノ神の肇国の絶対的自覚に返照せられて始めて明かとなり、また日ノ神の絶対自覚は、二尊の国造りを背景として始めて可能な理である。かくして我が国の肇国の根基は、かく二尊の国造りと、日ノ神の絶対自覚との相即一体性に成立するというべく、国土の創生も、日ノ神の自覚によるこれが返照がなければ、ついにその意義を発し得ぬというべく、されば日ノ神こそは、実に天祖として、我が国肇国の真の大本として、絶対尊信の対象とせらる所以である。かくして日ノ神の出現こそは、我が国の神代伝説における真の眼睛的一点であって、すでにも述べたるように、それ以前もそれ以後も、すべては日ノ神たる天祖の光被によって、その存在的意義が可能とせられるのであって、即ちそれ以前は、その絶対光の溯源返照であり、またそれ以後は、その絶対光の継述相承の系列に外らぬ。

そもそも、すでにも一言したように、真に統一するとは、厳密には自らの所生存在に対して始めて言い得ることであって、即ち真の能統者は、同時にその能生者でもなければならぬ。けだしこれ真の能統とは、また能摂の謂いでもあって、一毫といえども、その統一より洩れるものがあっては、真の統一とはいえない、然るに真の能摂・能統は、又もとより単なる外面皮相のものであってはならぬ。即ち真の能摂的能統者は、常にその所統の所摂者を超越すべきは言うまでもないが、同時に真の超越は、必然内在を伴うが如く、真の能統能摂は、所統所摂者への能照能入を意味しなければならぬ。然らざれば真の能統ではなくて、単に表面皮相の外的綜合たるに過ぎない。かくしてこれを存在的側面よりいえば、能生即能統というべきであるが、今自覚の内観の立場にたてば、同時にまた能統即能生の意義に目覚め来らざるを得ない。即ちこれをわれわれの分際においては、絶対能照光の光被による所統即所照の自覚に目覚めることが、わが生命の真の生誕の意義に目覚めるの謂いでなくてはならぬ。即ちこのとき、能生即能統の在的側面を倒逆せしめることにより、能統即能生という内面的世界は開顕せられるのであって、即ちまた肇国即開闢の具体的内容に外ならぬともいえる。しかも所統所摂への真の能入能照は、能統者が単なる能摂者たるに止まらないで、同時にまた能生者たり得る点にある。かくして能生能統の真の消息は、畢竟能生即能統、能統即能生というべきであって、ここに生命の自覚的循環の最基本的原型を見るのである。同時にまたこの場合、能統的側面にはたらくものを義とすれば、能生的側面はまさに慈というべく、かくして能統即能生、能生即能統たるを得て、統一は始めて真に内外表裏を兼ね具えて、情義相伴う生命の最具体的統一たるを得るのである。

同時に如上の理の絶対的原型は、言うまでもなく絶対者としての神と、その被造物たる万有との関係であるが、しかも現実界におけるこの理の最具体的顕顕は、規模を小にしては先ず親子の関係である。即ち創造神は、その万物の創造にあたっては、直接万有を生むことをしないで、常に親子の関係を通して生む処に、却って到る処自らの肖像を顕現せしめつつある所以である。即ち一切の被造物におけるかかる親子的関係を見る時、そこに不完全かつ小規模ではあるが、尚よく絶対的生命の趣の一端に触れ得る思いがするのである。同時にかかる親子の能生所生の関係裡に、直ちに絶対的生命の能生所生関係の映像を窺い得るとするのが、即ち孝の絶対的自覚というべく、これが典型的意義を有するものに中江藤樹の「全孝」の学がある。即ち「全孝の学」とは孝の形而上学的根拠を明かならしめるの意であって、即ち孝の絶対根底を、宇宙的生命の絶対虚霊性にまで返照するの謂いに外ならぬ。

かくして能生即能統の理は、これを小規模には、万物一つとしてこれに与からぬはなく、一微小昆虫といえども、その親より生れぬものはないが、さらにこれを植物に見ても、松は必ず松の実より生じ、梅は必ず梅の実より生ずるように、一木一草、皆その種たる親より生れないものとてはない。しかもよくこの理を自覚し、かかる自覚の溯源的返照に即して、生命の報本反始の循環周流に与かるを可能とするのは、ひとりわれら人間にのみ恵まれた慶福である。勿論この理の現実的実現の程度並びに様式に至っては、もとよりそれぞれの民族によって種々相違はあるが、しかも世界何れの国においても、孝をその道徳的徳目として数えないものはなく、唯その全徳目中における位置をいかに見るかに、それぞれの相違を見るわけである。然るにわが国においては、かかる孝の自覚は、単に親子の関係にのみ限られないで、さらに能統者と所統者との上にまで、拡大せられる観がある。かくして親子の間に、絶対的能生所生の映像を観じるのは、世界到る処の民族にも、これを見ることができる。また実に一切万有の上にも、これを観じ得るわけであるが、この理を天人合一の最具体的実現としての国家組織の裡に観じて来たところに、われらの民族の特質があるといってよい。

しかもこれ上来述べて来たように、実に我が国の創生神話にその端を発するといってよい。なるほど理は偏一切処であって、理としては一つのケシ粒の裡にも、全法界を宿すともいえるであろうが、しかも理の如実実現にあたっては、これと相即して常にこれが地盤となり基底となる在的側面がなければならぬ。ゆえに理としては、国家は、天人合一の最具体的実現であるべきことは、偏一切処にあまねき理であるが、しかも現実としては、この理は実現はげに容易としないが、それは、この地上の有限相対性からくることであって、現に国家自体が深刻切実な意味における相対的存在というべきであろう。しかし我が国にあっては、如上肇国神話に象徴せられるような民族の性情によって、能統と所統とは絶対的対立をしたことなく、国土人民は所生存在として、能統者の内に包摂せられるの本意は、国史の底を潜流して失われぬと見てよいであろう。

五

この書の冒頭以来述べて来た処を顧みるに、実在の真相は、これを理法の秩序に即して観ずる時、一即一切・一切即一的なる無限聯関というべきであって、即ち万有相互の無尽相映・相入的関係にあるが、しかもその根本は、畢竟するに唯一絶対者の絶対的自己限定、即ちその造化創造に外ならない。しかもかかる実在の真相は、万有のすべてにその自覚体認が可能なのではなくて、自覚可能存在としてのわれわれ人間のみが、よくこの理に与かり得るのである。しかもかかる実在の如実体認にあたっては、何よりも先ず自己の有限性、即ちまた内容的には、自己の為我性の自反自省に徹するを要とする。即ち宗教的には、自己の罪悪性、業障性の自覚に徹するを要とするのである。しかもかかる自己の有限性、即ちまた罪業性の自覚は、これを如実には、翻って自己と共に万有を照らして止むことなき絶対者の絶対的常能照光に目覚めるべきを意味する。即ち常所照の自覚にたつべきを意味する。しかもそれは翻っては、所照に即する能照の自覚であり、これを内容的には懺悔に即する感恩ともいうべく、二者本と別物でなくして深く相即一体である。かくしてわれわれ有限者は、かかる意味における常所照の自覚に即して、始めて実在の真相の一端に目覚めるというべきである。

かかる立場にたつが故に、吾人の立場からはかのライプニッツの単子論的世界は、いわば所照の自覚裡に影現する絶対者の対象的側面と考えうるわけであるが、しかもかくの如き実在の如実相の影現並びにこれが把握は、必ずやそれに即する主観的側面における所照の自覚を予想すべきである。かくして真実在の如実体認は、必然に自覚を予想し、さらには自覚の実現としての行為を予想する。これ真の哲学体系が、単なる思索のみによっては得られず、必ずや自らの深省と、これに即する念々慎独の行を要とする所以である。人間はもとより一切万有、すべてこれ絶対者の絶対的自己限定の所産として、その分内を出で得ないが、しかもその消息の自証体認に至っては、何人も直ちにこれに与かり得るとは言い難い。しかも個人におけるこれが自証は、畢竟するについに個人的たるに止まる。仮りにこれを哲学体系として描いて、哲学愛好者の群に示すとしても、畢竟これ一部極少の人々の求知心を充すに過ぎず、またこれを宗教的体認に移して布教宣伝するとしても、その及ぶ範囲はついにこれ特定の宗教的教団の組織裡に止どまって、その具体的実現を完うし得るとは言い難い。もっともその立場にたつ人々としては、それによって世界人類の浄化を期しうるとし、事実また否定的契機としては、確かにその意義を有するともいえるが、しかもこれが積極的実現の現実的基盤が何であるかを明かにせざれば、畢竟じてついに否定的契機の域を全脱し得ぬといわねばなるまい。

かくして自覚の真に現実的なるものとしは、ついに民族を主体とする現実の国家的自覚の外ないともいえる。否、国家のみがよく自覚の現実的なる実現主体と言いうることは、また逆に個人の自覚というも、現実には国家の内において始めて可能なことに返照すべきであろう。実にわれわれ人間は、単なる個人としては、自覚には入り難いのであって、自覚は何よりも先ず自己と相対する対者をその契機として要するが、しかもこれ未だ相対的自覚の域を出ずるものではない。かくして真の絶対的自覚は、絶対者の絶対能生の大行を、現実のわが個的生命の直接淵源たる父母、並びに、かかる父子祖孫一系の無量の生命を、その所生即所統存在とする民族的生命を通して、絶対者の絶対能照光に承統する所にまで至らねばならぬ。即ち人にしてその親より生れぬはなく、人にして一個の国家に属せざるはない以上、かかる現実の最具体的限定の自覚に徹して、人は始めて真に絶対的自覚に与かるを得るのである。

かくして如上の立場は、もとより何ら吾人の創見などと言うものではなく、わが国の建国以来二千年の歳月を通して統承せられて来た、われらの民族的生命の自証の論理に外ならぬが、唯ここには現代に生を享けた一邦人の立場から、いささかその哲学的領解を試みたに過ぎない。如何に普遍の理であっても、これが領解の自証展開となれば、その間、人によってその展開様式の上に、多少の相違を生ずるは免れないが、これ決して絶対的な相違というべきではなく、具体的真理に対するその領解展開の個性的相違に外ならない。勿論わが国においても、明治維新までの思想史は、謂わば儒仏の摂取史ともいうべく、随って儒は儒、仏は仏として、一応われの本来とするものに内面的に接続するに至ったとも言えるが、しかも当時は、未だ儒仏の理法の会通のための媒介的論理たる西欧の哲理に触れなかった為に、いまだわれを中心とする儒仏の内容の自覚的鎔融の域には至らなかったのである。この事は例えば儒教の中では、最も日本化せられたと言われる崎門の学、または水戸学等においても言いうることであり、また仏教においても、道元・親鸞・日蓮のごとき所謂日本仏教と称せられる人々はもとより、さらには全仏教のうち、最もよく日本的消化に至ったと思われるかの葛城、慈雲尊者においてすら、その内容はとにかく、少なくともその形式の上からは、畢竟仏の教たることを全脱したとは言い難いのである。かく言うは、もとよりこれら日本的儒仏の価値を難ずるの意は毛頭なく、言おうとする処は、ただまさに来たるべきわが国当来の学問としては、それらの比類なき卓越性にも拘らず、尚それのみに止まり得ないことを言うのみである。かくして全一学たるわが国の真の「学」の樹立建立は、わが国本有の道をその中核としつつ、これらわが国化せられた儒仏の内含する理法の会通の論理としての西欧哲理に接し得た今日以後のことであって、この意味からは真のわが国の学問は、まさに今日に始るというべきであろう。

如上わが国においては、学は本来民族的生命の自証展開が、その中軸となって来たというべく、単なる個人の抽象的自覚、並に解脱の展開のみでは、真に十全とはしなかったのである。この事はまたわが国にあっては、古来儒仏におけるように、必ずしも聖人聖者をもって最尊最貴とはしなかった所以でもある。かくしてまたわが国においては、古来真に深遠偉大な思想家とせられた人々は、根本的には何れも如上民族的自覚の領解展開者といってよい。これ古くは儒仏の最初にして、かつ最大の自覚的摂取者たりし聖徳太子を始めとして、近くは儒教においては山崎闇斎に始まるかの崎門の学統を始めとして、水戸学素行学等においても言われる処であり、また仏教においても、前述葛城の慈雲尊者においてこれが好実例を見出し得るといえる。しかもわが国では、このように偉大な思想家の多くは、根本的には、何れも民族生命の自覚的なる領解展開者であるということは、必ずしもその思想の本質的な広狭には拘ぬといってよい。否、思想の真の深さと具体性とは、むしろこのような一種の制的限定を通して、そこに絶対界の開けて来るところに生まれるとも言うべきであろう。

そもそも精神界の広袤《こうぼう》は、いわば内包量的であって、決して表面的外延的なものではない。故に今わが国においては、真に偉大深遠な思想家は、何れも根本的には、民族的生命の自覚的な領解展開者であるとは、かの個人的自覚における抽象的普遍性の展開により、その外面的なる広袤の広さを誇って、ともすれば自覚の深奥なる具体性に還えるべきを知らない西欧の思想家と比べるとき、却ってその自覚の深遠さを示すとも言えるであろう。唯、この際注意を要するのは、かかる内包的側面は、外延的側面のような形式化と凝固を忌むということである。即ち凝固し終る時、すでに内包的側面を離れて外化せられたものと言うべきであろう。随って邦人思想家の思索は、根本的には民族生命の自証展開が、その中軸となるべきだといっても、ひと度生命の自証展開ともなれば、それはあくまで自己に徹した生命の自証展開として、必然に体系的なるを要すべく、そこにはいささかたりとも、伝承の形式性を許すべきではない。即ち思索はあくまでも自証であり、領解はどこまでも深く自己の身根に徹して自証展開たるべきである。

かくして如上の意味からは、わが国当来の全一学としての哲学は、もとより単に古来の伝統的思想の模写的再現に止まるべきでは断じてなく、そはまさに学として、あくまで厳正なる体系的自証の展開でなければならぬ。そしてその為には、西欧哲理の有する学的体系性が、その主要な媒介とせらるべきことは、今さら言うを要しないが、しかもそれは、畢竟するに媒介の域を出ずるものであってはなるまい。媒介が媒介として働く為には、その根基として強靭なる生命が予想せられることを忘れてはならぬ。かくしてわが国当来の全一学は、思想家自身の個的生命の底において承当する絶対的生命の体系的展開でなければなるまい。しかもかかる思想家自身の生命の底において開かれる生命の自証が、真に絶対的生命の自証である為には、必然そこには民族生命の自覚によって支えられる処がなくてはなるまい。もしそうでなかったとしたら、それは未だ真に絶対的生命の自証とは言い難いであろう。何となれば、真に絶対的生命の自証といわれるものは、先ず民族的生命に接続して、その底を打ち抜くところに初めて承当するものでなくてはならぬであろう。同時にこの事はかの世界の四聖といわれる人々の思想が、いずれも人類の普遍的真理を開顕するものでありながら、それぞれ自己の属する人種的、民族的色彩を帯びることの上にも証せられるであろう。

かくしてまた、前述のようにわが国にあっては、古来真に偉大深遠といわれた思想家は、根本的には何れも民族的生命に対する雄深なる体認者だったというべきであろうが、このことは、何らそれらの人々の学的思想を制約したとは思われない。けだしその自証にして真に如実ならば、その展開形式は常に唯一必至、その時その人にとって絶対的であるべく、随ってその様式は真に無限の可能性を具すべきである。これあたかも円にあっては、その中心としての円心は唯一であるが、それに至る半径は、円周上の無量の点よりして可能なのにも似ている。かくしてわが国当来の全一学は、その中心はあくまで民族生命の溯源に徹して、そこに絶対的生命に承当すべきであって、しかもその場合生命の承当は、必然展開に転ずべきであるが、しかもその展開たるや、それは自証の展開として、必然に体系的である外ないであろう。しかもわれわれは、そこに体系性の要とせられる点において、かの体系的なる西欧の哲学に学ぶべき必然があるといわねばならぬ。即ち主体としてはあくまで「自」でありながら、そこに内包せられたるものの自証的展開のためには、かれの体系性に学ぶべきことが不可避とせられるゆえんである。しかも大観すれば、かく言うは実は思想家自身の自証の立場より言うことであって、今無量種無量段階における自覚無自覚を包蔵する全民族の立場からいえば、その大本は畢竟じてついに人心の絶対的根底としての絶対虚霊性、即ちこれを民族の伝統的用語を以ってすれば、畢竟じてついに「清明心」の一事に窮極するというべきでもあろう。即ちその自証展開においては、所謂地上一切の文化をその脚註として六合にわたるを期すべきも、ひと度現実の脚下に還り来たっては、密に退蔵すべきであって、かの「清き明き心」とは、げに邦人として一人の洩れるところなき自覚の最現実的帰結ともいうべきであり、わが国今後の全一学たる哲学も、如上の意味においては、すべからく先ず現実脚下のこの一点に返照し来たるべきであろう。

あとがき

このたび致知出版社より、単行本として『恩の形而上学』が出版発行せられるにあたりおこがましくもその所懐の一端を述べる機会を与えられたことは、まことにありがたい極みと申上げずにはいられません。まさに、本書の『恩の形而上学』こそは、実質文字通り、森信三先生の学問的処女作と申しあげてよく、日本的哲学の一派独立宣言と申してもよいものだからです。それだけに難解なもので道元の『正法眼蔵』に匹敵すべきもので、もとより半知半解のわたくしのよくし得るものでないことは、もとより言うまでもないことです。しかるに何故その「あとがき」をおひきうけしたかと言えば、愚鈍ながらも三十八歳にして、生涯の師として接見を許されて以来、五十年余になりますがひたすら随順師事（そのうち生身の師に仕えて二十七年）いたしましたゆえであります。

ところでこのたび、その粗文を草するにあたり、記録によれば昭和五十三年六月以来五度目の精読に及びましたがなかなかに難解にて正に「日本的哲学入門」いな「全一学入門」の書とも言うべきものであるのを痛感いたしました。

ということはこの『恩の形而上学』の著述の出版ありてこそ正に日本的哲学の樹立の上に（す

でに「全一学」の語を多用せられておられますが）この書の存在の意義が大きいであろうと思います。正に日本的哲学と冠しうる学問体系の創建者こそ森信三先生であるという実証を示すにふさわしい名著たることをいま改めておこがましくも感得せざるを得ません。しかもこの著述が昭和十三年八月であり、先生おん年四十三歳の著述であり、現在すでに先生没後二十四年の経過であります。

かかる意味において本書が単行本として、このたび致知出版社より、出版されることの意義は大きく、今こそ大いに注目せられるべき画期的出版であることを提言し、わたくしの粗辞を慎みたいと思います。なおその上冗語を弁ずるなれば、東洋的徳目の根源を「恩」の一語に凝縮せられたところに注目すべきでありましょう。

平成二十七年九月吉日

寺田一清

〈著者略歴〉

森　信三

明治29年9月23日、愛知県知多郡武豊町に端山家の三男として生誕。両親不縁にして、3歳の時、半田市岩滑町の森家に養子として入籍。半田小学校高等科を経て名古屋第一師範に入学。その後、小学校教師を経て、広島高等師範に入学。在学中、生涯の師・西晋一郎氏に出会う。後に京都大学哲学科に進学し、西田幾多郎先生の教えに学ぶ。
大学院を経て、天王寺師範の専任教諭になり、師範本科生の修身科を担当。後に旧満州の建国大学教授として赴任。50歳で敗戦。九死に一生を得て翌年帰国。幾多の辛酸を経て、58歳で神戸大学教育学部教授に就任し、65歳まで務めた。70歳にしてかねて念願の『全集』25巻の出版刊行に着手。同時に神戸海星女子学院大学教授に迎えられる。
77歳長男の急逝を機に、独居自炊の生活に入る。80歳にして『全一学』五部作の執筆に没頭。86歳の時脳血栓のため入院し、以後療養を続ける。89歳にして『続全集』8巻の完結。平成4年11月21日、97歳で逝去。「国民教育の師父」と謳われ、現在も多くの人々に感化を与え続けている。（年齢は数え年）著書に『修身教授録』（致知出版社刊）等。

恩の形而上学

平成二十七年九月十五日第一刷発行

著　者　森　信三
発行者　藤尾　秀昭
発行所　致知出版社
〒150-0001 東京都渋谷区神宮前四の二十四の九
TEL（〇三）三七九六―二一一一
印刷・製本　中央精版印刷
落丁・乱丁はお取替え致します。　（検印廃止）

ISBN978-4-8009-1079-0 C0095
ホームページ　http://www.chichi.co.jp
Eメール　books@chichi.co.jp